Wolfenbütteler Forschungen

Herausgegeben von
der Herzog August Bibliothek

Band 40

In Kommission bei
Otto Harrassowitz · Wiesbaden 1988

Aristotelismus und Renaissance

In memoriam Charles B. Schmitt

Herausgegeben von
Eckhard Keßler, Charles H. Lohr und Walter Sparn

In Kommission bei
Otto Harrassowitz · Wiesbaden 1988

Vorträge gehalten anläßlich eines Arbeitsgespräches
vom 23. bis 25. Oktober 1986 in der Herzog August Bibliothek

CIP-Titelaufnahme der Deutschen Bibliothek

Aristotelismus und Renaissance : in memoriam Charles B.
Schmitt ; [Vorträge, gehalten anlässl. e. Arbeitsgespräches vom 23. –
25. Oktober 1986 in d. Herzog August Bibliothek] / hrsg. von Eck-
hard Kessler ... – Wiesbaden : Harrassowitz, 1988
   (Wolfenbütteler Forschungen ; Bd. 40)
   ISBN 3-447-02883-1
NE: Kessler, Eckhard [Hrsg.]; Herzog-August-Bibliothek ⟨Wolfen-
büttel⟩; GT

© Herzog August Bibliothek Wolfenbüttel 1988
Alle Rechte vorbehalten
Photomechanische und photographische Wiedergabe nur
mit ausdrücklicher Genehmigung der Bibliothek
BO Offsetpapier der Papierfabrik Scheufelen, Lenningen,
alterungsbeständig, säurefrei.
Gesamtherstellung: Hubert & Co., Göttingen
Printed in Germany

INHALT

VORWORT

Das Arbeitsgespräch "Aristotelismus 1500–1700" war von Charles B. Schmitt geplant und vorbereitet worden, ehe er, am 15. April 1986, plötzlich in Padua im Alter von 53 Jahren starb. Die Herzog August Bibliothek führte das Arbeitsgespräch, so wie Charles B. Schmitt es vorgesehen hatte, zu seiner Erinnerung durch und ihr ist auch dieser Band gewidmet.

Er enthält darum, neben den meisten der aus diesem Anlaß gehaltenen Vorträgen, als Originalbeitrag von Charles B. Schmitt auch dessen letztes, in seinem Nachlaß gefundenes und von Charles Lohr redigiertes Manuskript "Towards a History of Renaissance Philosophy". Diese Arbeit war als Einleitung in die "Cambridge History of Renaissance Philosophy" gedacht gewesen; wir danken daher der Cambridge University Press für die freundliche Druckgenehmigung. Zusammen mit der Bibliographie von Charles B. Schmitt, die Josef B. Trapp zusammengestellt hat, soll sie sein wissenschaftliches Wirken und sein Vermächtnis an uns dokumentieren.

Die Herausgeber

CHARLES B. SCHMITT

Towards a History
of Renaissance Philosophy

In most accounts of the history of philosophy the period of the Renaissance has been neglected more than any other period since the revival of learning in the twelfth century. General histories of philosophy often pass over the centuries separating William of Ockham and Petrarch from Bacon and Descartes either completely or with the citation of a few inaccurate or second-hand cliches.

Nonetheless, the period between 1350 and 1600 was one of intense philosophical activity. In terms of sheer philosophical production, as evidenced by the number of extant texts, much more survives from this period than from the medieval centuries taken together. Indeed, there are more philosophical manuscripts from the fifteenth century alone than from the previous two hundred years combined. Whereas Aristotle is usually considered the writer whose authority characterized the Middle Ages, there are more writings devoted to his works dating from the sixteenth century than from the entire period from Boethius to Pomponazzi.

The physiognomy of this period is, however, very complex and difficult to characterize. Although some general studies have been devoted to various aspects of philosophical thought from the Middle Ages to the seventeenth century, few give specific attention to the evolution of philosophy between 1350 and 1600. The available treatments of the period written in English are particularly defective. Such treatments tend to have been written by authors who are not specialists in the period and lack, therefore, an adequate grasp of the relevant literature – both primary and secondary. They tend, moreover, to focus upon a rather eccentric group of thinkers and frequently devote more space to men like Leonardo, Columbus and Paracelsus, than to those men who were professionally interested in philosophy. As a result, their treatment often interprets philosophy in a bizarre way differing markedly from the competent studies which have been devoted to medieval and seventeenth-century thought. A reliable and readable account in English of the intense and varied practice of the philosopher in the Renaissance period is, for these reasons, an urgent necessity.

In using the term 'Renaissance' we do not mean to commit ourselves to any particular ideological position on the meaning of that much discussed term. In spite of the vast literature on the meaning and extent, both chronological and geographical, of the Renaissance, we are of the opinion that it is better, in treating the history of philosophy during the period from 1350 to 1600, to avoid discussion of the problem as far as possible.

We think a history of Renaissance philosophy should provide coverage of the activities of philosophers during the 250 years between the Black Death and the revisionary work of Bacon and Descartes in those areas of Western Europe in which Latin was used as a cultural language. A good deal of attention must, of course, be focused on Italy where humanism and the so-called revival of learning first took hold. But the Italo-centrism of many contemporary accounts should also be avoided. Many imbalances have resulted from the neglect of other countries and other aspects of philosophical activity.

At the present state of our knowledge, a history of Renaissance philosophy must admit a variety of interpretations of the data. As yet, there is no unified, 'received' evaluation of the many different strands of thought current in the period and controversial evaluations abound. It is a fact that philosophers have always been contentious and critical of their predecessors and rivals; this is the way in which the subject functions. The philosophy of the Renaissance has, however, had more than its share of criticism, not only at the hands of prominent seventeenth–century philosophers like Bacon, Galilei, Descartes and Hobbes, but also by more recent historians of philosophy. Medieval philosophy suffered largely the same fate until reawakened by Pope Leo XIII's encyclical *Aeterni Patris*, which focused enormous scholarly – and other – attention upon the rehabilitation of medieval philosophy.

It is true that various eighteenth–century historians of philosophy like J. J. Brucker clearly recognized the particular historical significance of Renaissance philosophy as a period of reorientation and rebirth. But this interest did not, for the most part, carry over into the nineteenth- and twentieth–century attempts at historical synthesis. Thinkers like Cusanus, Ficino, Bruno and Campanella found a place, from time to time, in nineteenth–century accounts, but the interpretations of their activities were severely deficient for two reasons. First, the necessary historical research needed to make possible a comprehensive evaluation of the thinkers in question had not – with few exceptions – been properly carried out. Secondly, such men were most often seen not as philosophers in their own right and as individual participants in the historical events of their own times, but rather as allies or adversaries in the philosophical battles of later centuries. Nineteenth–century historians focused rather on what was regarded as the seventeenth–century roots of 'modern' thought than on the continuous ebb and flow of philosophical speculation through the centuries.

While Renaissance philosophy had little impact upon the mainstream of nineteenth–century history of philosophy, the foundations for a competent and serious account of the subject were laid in that century. Pioneering work by scholars like Renan, Mabilleau, Fiorentino, Tocco, Ragnisco and Amabile brought to light much new information. In many solid monographs these men began to establish a basis upon which later historians could build. Although their work was often tied to particular ideological positions, much of their research remains useful for scholars today.

It was not, however, until the first quarter or so of the twentieth century that the history of Renaissance philosophy emerged as a subject in its own right – a subject distinguishable both from medieval philosophy, whose physiognomy was achieving ever clearer definition at the hands of many able historians, and from the 'modern' philosophy which had been initiated by Bacon, Descartes and their contemporaries.

Basing their work on that of Fiorentino, two historians in particular gave a new impetus to this development. One was Giovanni Gentile, who worked more or less exclusively within the Italian context. The other was Ernst Cassirer. In the first volume of his massive *Das Erkenntnisproblem in der Philosophie und Wissenschaft der neueren Zeit* (1906) Cassirer attempted, for the first time, to portray many modern philosophical concerns as emerging out of Renaissance thought. Both in *Das Erkenntnisproblem* and – more expressly – in his later *Individuum und Kosmos in der Philosophie der Renaissance* (1928) Cassirer considered Renaissance philosophy in international terms and allowed modern national boundaries and linguistic divisions to play little or no role. This was a decision of particular importance, for one of the essential notes that sets both medieval and Renaissance thought off from that of more recent times is its fundamentally international character, based above all on its use of the Latin language as the principal vehicle of expression. From the 1930s on, these initiatives developed into an increasingly vital and sophisticated approach to the study of Renaissance philosophy, in all of its highly ramified variations.

In spite, however, of nearly fifty years of serious and disciplined work on the history of philosophy from Oresme and Petrarch to Campanella and Bacon, the history of Renaissance philosophy has not found a place in the general, synthetic accounts of the history of philosophy. This is particularly true of English–language writings on the subject. Although such accounts have recently expanded their ken to take in the remarkable late–medieval flowering of logic and natural philosophy, little attention has been paid to the vast efflorescence of philosophical activity of the next centuries. A considerable amount of detailed research has concerned itself with this period during the past half century. What is now needed is an attempt to distill the results of this research into a synthetic and comprehensive account of the evolution of the philosophical enterprise during the Renaissance period.

The arrangement of such an account is particularly important for the history of Renaissance philosophy. After centuries of attempts to write the general history of philosophical effort, it has become clear that no arrangement is satisfactory from all points of view. Histories have been organized chronologically, by topics, by schools, by philosophers, by countries, and in a variety of other ways. Each of these arrangements has its advantages, but none provides an 'ideal' history of philosophy. The arrangement by topics or fields – like logic or metaphysics or ethics – while breaking the work of any individual philosopher into various fragments, has the virtue of presenting the internal evolution of the individual branches as coherent developing structures in their own right.

Whilst this approach tends to play down the importance of the dominant individual, it also sharpens the eye for long-term developments and central problems. Rather than searching for an individual figure capable of giving his name to an entire age, this approach abandons the attempt to give comprehensive coverage to figures like Nicholas of Cusa, Marsilio Ficino and Giordano Bruno, and seeks to see the history of philosophy in the way in which Renaissance philosophers themselves saw it – as a corporate and cooperative search for truth.

A topically arranged history of Renaissance philosophy should provide the reader with a balanced account of as many aspects of the subject as possible within the limitations of space available. It must try to avoid the tendency – all too evident in a number of earlier accounts – to emphasize the more novel aspects of Renaissance philosophy. While the revival of Neoplatonism and the related appearance of new philosophies of nature must be accorded due attention, they should not be portrayed as the only significant aspects of Renaissance philosophy.

The remarkable flourishing of Aristotelianism in the Renaissance and the recent reevaluation of many Renaissance Aristotelians should not result in unwarranted claims for their influence and originality. The Aristotelian synthesis was indeed most widely known and adhered to and it dominated the institutional dispensation of philosophical knowledge. But its quantitative superiority should not lead us to underestimate other new beginnings, however minor they might have been at the time.

Subjects like magic and astrology which have been eliminated from contemporary professional philosophy must also find a place in an acount of the history of Renaissance philosophy. Rhetoric, poetics and some aspects of historical writing – subjects which find only marginal philosophical attention today – formed integral parts of Renaissance philosophical schemata. Logic, on the other hand, was an important and fundamental part of Renaissance philosophy, but not a dominant one, as certain contemporary philosophical schools would have it.

The study of the history of 'philosophy' involves the consideration not only of what is held to fall under that title today, but also of all those things that the subject involved in the earlier period. The history of Renaissance philosophy has suffered from two misleading orientations. The first of these has been that of 'precursorism'. A generation or so ago historians of science came to realize the severe limitations they imposed on their subject by seeking simply to uncover precursors for what they considered the most remarkable or most progressive achievements of later ages, or by attempting to estimate scientific accomplishments only in terms of the criteria of our own age. This has, in fact, led to a large-scale reevaluation of such major figures as Newton. The history of Renaissance philosophy could often profit from a similer new orientation. It must try to understand the context in which philosophers wrote. It must broaden its criteria of evaluation and try to 'get inside' the mind of each of the thinkers it deals with.

The second way in which the history of Renaissance philosophy has suffered is related to this. Historians have over-emphasized the conceptual – in contradistinction to the historical – context in which philosophy developed. During the centuries between Petrarch and Bacon philosophy was closely related to a wide range of subjects from which it has subsequently become divorced. The phenomenon of humanism provides the prime example of the way in which philosophy was associated with historical writing, law, literature, science, the study of the classical tradition and the *fortuna* of medieval thought, and even the fine arts during the period of the Renaissance. In this period, the history of philosophy can not simply be a history of the technical and more 'philosophically interesting' aspects of the subject. It must rather embrace the entire intellectual world of the Renaissance in all its ramifications, even as they extend into modern subject areas.

This does not mean, however, that the history of Renaissance philosophy should be conceived as 'interdisciplinary' or 'cross-disciplinary', as some of our colleagues would have it. The Renaissance thought of philosophy as a unity. The breaking up of that unity into various compartments or disciplines took place subsequent to the Renaissance. The historian must seek to restore the original character of unity into the subject and to provide a guide to the intellectual history of the period understood in its own terms.

The account of the various branches of philosophy must, of course, form the core of such an history. But this account is most difficult to articulate. In general, philosophy was divided in the Renaissance period into the four main fields of the textbook tradition and aimed in this way at providing comprehensive coverage of all the branches of the subject. These fields usually comprised: logic, natural philosophy, metaphysics, and moral philosophy (including both ethics and political philosophy). But the treatment of natural philosophy in the Renaissance must include not only the more traditional Aristotelian material, but also respect the new approaches which are specific to the Renaissance.

Certain developments even compel us to introduce some modern categories. The 'Theory of Knowledge' and the 'Epistemology of the Sciences' are categories somewhat alien to the organization of the philosophy of the period, but are nonetheless inevitable if we are to do justice to all its achievements.

At the same time, attention must be paid to the general character of Renaissance philosophical knowledge, to the ambient in which philosophy functioned, to its position in relation to such diverse subjects as poetry, history, law, medicine and astronomy, to the restrictions philosophers faced, to the techniques and sources available to them, and to the means by which philosophical knowledge was imparted to students.

Whereas most other periods in the history of philosophy have – as we approach the end of the twentieth century – a long tradition of intense research behind them, the same is not true for the period of the Renaissance. Although basic research is currently continuing at a relatively rapid rate, we are still not in a position to see clearly all of the ramifications and variations within the Renaissance world of philosophy.

Although we are relatively well informed about developments in Italy and Spain, the general picture is still out of focus. We do not yet have anything approaching a general account of the post–Reformation filiations of philosophical thought in France and Germany. For Germany many of the most important university philosophers have not as yet even received monographic treatment. Even a figure like J. L. Hawenreuter, who was very important in promoting philosophical studies in Lutheran Germany, has scarcely been touched by modern scholarship.

For France our interpretation is on an even more fragile foundation. Although, for example, more sixteenth–century editions of Plato and Aristotle were printed in France in the sixteenth century than in any other country, we still lack even the most basic conception of the way in which these books were studied and taught. Little of value has been put forward to clarify the passage of philosophy in France from Lefèvre d'Etaples at the beginning of the sixteenth century to the generation of Descartes at its end.

In general, we must conclude that we lack even the most fundamental outline of the way in which philosophy developed in the long period between Petrarch and Bacon. The theories and hypotheses which have been presented are frequently based on an extremely partial – even accidental – consideration of the available evidence. Current accounts often represent 'rational reconstructions' rather than generalizations based on a command of all the relevant sources. At the present stage of our knowledge, a history of philosophy in the Renaissance can be little more than the beginning of an effort to understand and assimilate the available evidence into a more general interpretative framework.

Evident in any event is the fact that the Renaissance was a period in which the function which philosophy fulfilled in society was changing. The role which universities and other institutions of learning played was modified radically, even though the medieval institutional structure retained its viability amid the humanistic revolution and the religious upheavals of the period.

More fundamental in the long run was the emergence in the Renaissance of a new type of philosopher, a philosopher independent of traditional institutional affiliation. Whilst such figures were not unknown to the Middle Ages, a new type of thinker – set off from the scholastic philosopher by his independence – appeared in the fourteenth century and became increasingly important through the sixteenth. Some of the most decisive thinkers of the age were men who had personal means – Pico, Telesio and Montaigne, for example – or who were able to find patronage – Petrarch, Ficino and Bruno, for example. Even at the end of the sixteenth century men outside the universites – like Campanella – continued to contribute much to the philosophical significance of the age. This development certainly points the way to the seventeenth and eighteenth centuries when once more many of the most original philosophers and scientists had little or no connection with university culture.

Along with the diversity of social contexts in which philosophy functioned, the possibilities open for philosophers grew enormously. This was the result of a combination of events. First of all, the knowledge, gained through ancient sources, of alternative philosophies like Platonism, Stoicism, Atomism, and Scepticism expanded immeasurably. Secondly, a great deal of new scientific and conceptual information was made available through inventions, discoveries (geographical and otherwise), and a generally unprecedented desire for new empirical information.

Even taking into account the sobering examples of Patrizi, Campanella, and Bruno, philosophers were able to move in far more directions in 1600 than they were in 1400 or even in 1500. While the early fourteenth century produced an occasional radical thinker like Nicholas of Autrecourt, by the late sixteenth century such figures emerged by the dozens. Some of the unprecedented, unusual, even distinctly adventurous ways in which so many thinkers progressed opened avenues which led to the future. While the peculiar and individual circumstances of other cases must remain for future historians to uncover, the history of Renaissance philosophy must give due consideration to all those aspects of philosophy that students of intellectual history have uncovered.

Because of the variety of Renaissance philosophies, it is neither desirable nor illuminating to accord a privileged position in the interpretation of its many manifestations to any one particular present–day philosophical school, be it Thomism or analytical philosophy. Renaissance philosophy can best be understood by focusing upon the philosophy and history of the period itself. The thought of the Renaissance period was an organic continuation of that of the Middle Ages and an essential link to the philosophy of the seventeenth century. Although the twentieth century has provided a number of critical, analytical and interpretative techniques which are of great use in understanding earlier philosophy, we do not believe that it is a positive aid in understanding the past to accept the interpretive framework of any one school of contemporary philosophy.

Because philosophy developed in the Renaissance as an organic whole, historical forces combined to give it a physiognomy very different from twentieth-century philosophising. Not only the whole range of natural sciences, together with magic and astrology, but also literature, rhetoric and the theory of history had intimate ties with philosophy in the fifteenth and sixteenth centuries. To eliminate these subjects because they are of little interest to a particular school of twentieth-century philosophy would be to distort the treatment irreparably. Contemporary philosophy can certainly be a useful aid in understanding the philosophy of earlier times, but Renaissance philosophy, at least in these initial stages of study, must be understood within its own peculiar historical context and on its own terms.

J. B. TRAPP

The Legacy of Charles Schmitt

Part of Charles Schmitt's legacy is represented by those present in this room, all dedicated – like this Colloquium itself – to the study of Aristotelianism, all owing much to his example, all his friends and admirers. Unlike you, on the other hand, I have no competence in the history of philosophy or of science. Most of what I know of Aristotelianism, with occasional exceptions such as poetics and rhetoric, being derived from Charles, I take refuge in reminiscence.

One day in 1964, looking through the new intake of periodicals in the Warburg Institute Library, I came on an obviously authoritative and informative account of 'Who read Giovanni Francesco Pico della Mirandola?'[1] At the time, I still hoped that I should be allowed to edit Thomas More's translation of Giovanni Francesco's life of his famous uncle for the Yale edition of the *Works*. Thus next year, when this piece was followed by an essay on Giovanni Francesco's attitude to Giovanni, even more precisely focussed on my concerns, I could see that a valuable help was at hand[2]. I did not, as I should, get in touch with the author then. The late Richard Sylvester was still firmly in charge of that aspect of More's activity and my aspirations seemed likely to be disappointed. I was also ungracious enough not to let Charles know how instructive and diverting I had found his article of the same year on 'Aristotle as a Cuttlefish'[3]. Had the Library been in need of an offprint, I should have done so – but we had spare copies of both the volumes in which these pieces had appeared and could manufacture our own. I had not, at least, made the same mistake when the first instalment of Charles Lohr's catalogue of medieval Aristotle commentaries appeared[4]. That repertory began to be added to the Warburg's documentation of Aristotelianism as it was published and the work of

---

1 Charles B. Schmitt, in *Studies in the Renaissance*, XI, 1964, pp. 105 – 32.
2 Schmitt, 'G. F. Pico's Attitude towards his Uncle', *L'Opera e il pensiero di Giovanni Pico della Mirandola nella storia dell'umanesimo*, Florence 1965, II, pp. 305 – 14.
3 In *Studies in the Renaissance*, XII, 1965, pp. 60 – 72.
4 In *Traditio*, XXIII, 1967 and subsequent issues, followed by Renaissance commentaries in *Studies in the Renaissance*, XXI, 1974 and *Renaissance Quarterly*, XXVIII, 1975 and subsequent volumes.

these two friends to stand together on our shelves before, I think, either was personally known to any of us.

A couple of years later came the book of the thesis: *Giovanni Francesco Pico della Mirandola (1469 – 1533) and his Critique of Aristotle*[5]. This Kristellerian but already highly individual work was a sort of pioneer study of a comprehensive kind: it plainly bore Charles' trademark. Even in its preface it is highly characteristic of him, stating plainly that new territory is being surveyed and plainly pointing out the defect of its predecessor, Gertrude Richards' thesis of 1915. Though this was allowed to be useful and bibliographically extensive, it was often erroneous in detail; it had been based largely on secondary literature and its treatment of the younger Pico as a thinker was sketchy [6]. Then acknowledgements to grant–givers, libraries, librarians and friends in numbers which are the most eloquent testimony to Charles' vast energy, his indefatigable travels, his passion for first–hand, verified and verifiable information, his predilection for Italy and above all to his sociability, the readiness with which he made friends. There is something too of the authentic truth–telling, plain–speaking rasp, against those who, he suspected, were hindering his work and the pursuit of objective truth by preventing his getting at the facts. Libraries and archives had 'in almost every case, proved to be most helpful in providing the necessary materials'[7]. Not the full, later fury of the preface to *Cicero Scepticus*[8], but strongly felt and strongly expressed. Equally and significantly long is the list of individuals from all over the world to whom Charles characteristically acknowledges a debt – an index of the almost limitless width of his scholarly and personal acquaintance and of the largeness and generosity of his nature. Were the position reversed and a list given of those who felt themselves indebted to him, it would have been many times as long.

Because his book on Giovanni Francesco Pico seems to me already typical of Charles and his work in so many ways, I use it thus for an entry into my subject. Highly characteristic in ways that I have tried indirectly to suggest, it already shows what I think to be perhaps the most prominent feature of his work: the titanic amassing of fact from which the true picture of things as they actually were would emerge of itself. Careful as he was to make clear that he thought of his work as preliminary, his aim was always to build up a massy cliff of first–hand evidence against which the despised forces of incompleteness, error, distortion and self–indulgent hypothesis would dash themselves in vain. The heavy strength of his docu-

---

5 As *Archives internationales d'histoire des idées*, XXIII, The Hague 1967.
6 *G. F. Pico*, p. VII.
7 *G. F. Pico*, p. VIII.
8 Charles B. Schmitt, *Cicero Scepticus. A Study in the Influence of the 'Academica' in the Renaissance*, The Hague 1972, pp. VIII – IX.

mentation, coupled with a conviction that he was on the right track were already distinguishing marks of his work. One never ceased to wonder at his colossal energy, to admire the way he worked and the way he got others to work.

True, this left little room for the graces of presentation. He was too anxious to get one job done, because so many others were calling. For the sheer quantity of information he got on to the page, on the one hand, and on the other the way in which he could find a subject for others from the vast store which even his vast strength would not give him time to deal with, he surely had hardly a superior in his generation. His readiness, too, was amazing. He would sit down one morning to write an important public lecture for the same evening, and the lecture would be ready and delivered. He professed, with perfect truth I am sure, to have no nerves or qualms on such occasions. This was not conceit, but confidence in true knowledge.

How soon the grand design of a history of Renaissance Aristotelianism formed in Charles' mind I do not know, though I well remember his announcement in the 1970s that he would give to it the next twenty years of his life. 'Probably', he said wrily then, 'I am being foolish'. I need hardly remind you how this became his work's and his world's centre. Plato and Platonism, he felt, had had too long an innings: it was time to redress the balance. My suspicion is also that the school of Warburg, Cassirer and others had too long made an assertion of Plato's importance in the Renaissance *de rigueur* for historians of philosophy as well as for the flighty disciplines of literature and art. It was time now to abandon prejudged notions of value and quality, fanciful interpretations of the importance of occult belief, in favour of a careful analysis of the verifiable, quantifiable facts of intellectual history.

So in his next book he turned to Cicero and the crusade for a valid methodology had well and truly begun. His aim, he said, was

> ...to study systematically and as comprehensively as possible the role of Cicero's *Academica* in the development of Renaissance intellectual life. The chronological focus for this investigation will be roughly from the time of Petrarca to the last quarter of the sixteenth century. In attempting to put the study in better perspective we have also looked into the *fortuna* of the work in Antiquity and the Middle Ages. In fact, our investigation has shown that during this earlier period knowledge of the *Academica* was relatively meager and, consequently, we have attempted to be even there as comprehensive as possible.
>
> In carrying out the present study we propose to use a methodology which we hope should be a useful one to follow also for further similar investigations. The present writer feels that one sort of research which is sorely needed for a fuller understanding of the intellectual culture of the Middle Ages, Renaissance, and early modern period is a series of investigations of the *fortuna* of various ancient works, *corpora*, and philosophical and scien-

tific schools of thought. In carrying out a research project of such a type, three principal factors must be considered: (1) diffusion, (2) influence, and (3) transformation...

I trust that the reader will find in the present volume a certain amount of either new or little-known information on the sceptical tradition, new material which can eventually be integrated in the historical synthesis of the period dealt with. These pages have been written with a twofold purpose in mind. First of all, I have done my best to present the factual side *wie es eigentlich gewesen*, rather than bending it to a more Wittgensteinian, more 'scientific,' or less theological or philological state than, in fact, it was. Secondly, I have tried to initiate an interpretation of this new factual information and to relate it to the historical picture we already have of the thought of the Renaissance period...

One hopes that certain sections of this book – as well as earlier publications of mine – will serve to call attention to the often forgotten fact that the Italian Renaissance was not confined to matters of art, but that the science, the philosophy, and the theology (and not only the heretical brand!) of the period are worth studying as well.[9]

Search for the word to characterize Charles' method does not take too long: 'comprehensive' is clearly what one is looking for, to which one must immediately add 'contextual', 'objective' and 'exact'.

His scholarly strengths were shown even more clearly in the years that followed. These saw not only the first real international recognition of his standing and the importance of the work he was doing – an invitation to deliver the Martin Classical Lectures – but also the founding of his journal *History of Universities*, which was to provide material for assessing the achievement of an important institutional mediator of intellectual influence[10]. The publication of the Martin Lectures as *Aristotle in the Renaissance*[11] was soon followed by a rescue operation for a particular Aristotelian, the Englishman John Case[12]. In this detailed study is included an *apologia* for dealing with English matters, where Continental developments were both more important and more in need of attention from scholars writing in English. Case is used as a sort of foil to highlight the ways in which such scholars have been over-insular in their approach, to the neglect of the wider historical and European context. They have neglected history to indulge their own weaknesses and their personal preoccupations:

In the twentieth century much energy has been expended in seeking to illuminate the Elizabethan Age and its intellectual achievement. In most of

---

9 *Ibid.*, p. 2.
10 Now published, under the editorship of L. W. B. Brockliss, by Oxford University Press.
11 Cambridge, Mass., Harvard University Press, 1983.
12 *John Case and Aristotelianism in Renaissance England*, Kingston, Ontario [etc.] 1983.

these attempts Case is mentioned not at all. When he is mentioned, it is usually to discredit him and the intellectual tradition he represents, without his ever being given an opportunity to speak for himself. Only occasionally has he been seriously considered in more specific contexts, for example, regarding his thought on music, Machiavelli, theatre, logic, or time. In several of these instances one detects an interesting, if not precisely fascinating, mind beneath the surface of words in his weighty tomes. Yet the burden of proof must still rest on the one who wishes to claim that a study of Case is likely to shed a new ray of clarifying light on our historical understanding of late-sixteenth-century England...

My study will show that Case was indeed a part of an older tradition and that his philosophy was in general conservative rather than progressive. It will also show, I hope, that terms such as "old" and "derivative" must be viewed in a specific context. When this is done and when Case has been linked with certain contemporary tendencies and when the general intellectual milieu in which he worked has been established, he does not necessarily appear so out of touch with his times. Moreover, when Renaissance Aristotelianism in general is given the more positive interpretation several scholars have been allotting to it for the past generation, his intellectual position and that of the philosophy he represents does not seem so low on the ladder of success as has generally been assumed.[13]

I need not, I am sure, remind anyone of how much more Charles Schmitt would have contributed to the positive interpretation of Renaissance Aristotelianism for which he here calls had only he lived longer. There was the mammoth task of recording the *fortuna* of Aristotle in the Renaissance, the results of which – when Charles Lohr and Theo Pindl-Büchel have completed his and their work – will surely be the largest volume in the *Catalogus Translationum et Commentariorum*. Or the great *Cambridge History of Renaissance Philosophy* which the labours of Jill Kraye have augmented, polished and prepared for the press. This owes its standpoint, its coverage, its form and shape to Charles' stern eye and firm hand. These two volumes alone would be enough to make anyone's reputation. The brief account of Renaissance philosophy which he had almost completed at his death was a book that only he could have written: unique, assured and necessary.

These words, I am afraid, have done little more than show that I, as a layman, am unqualified to deal with most of Charles's work. Your discussions will, I hope, redeem them. Nor can I judge, but only admire, the rare and equal freedom with which he moved between the history of science and of philosophy. I cannot end, however, without noting how much the Warburg Institute owed and owes to Charles, through the respect in which he was held by his huge range of scholarly contacts, personal and institutional, through the lectures and colloquia he arranged for us and for

---

13 *Ibid.*, p. 4.

others, through his own publications and those that he made it possible for others to publish, for his care, advice and generosity to our Library. His benefits to us are incalculable. Those present here to honour his memory instead of, as had been hoped, to share his company and his knowledge, show that the same applies elsewhere.

LUCE GIARD

Charles Schmitt, reconstructeur d'une histoire de la Renaissance savante

Une mort subite a dérobé à Charles Schmitt (1933 - 1986) la meilleure part de son œuvre, la plus créatrice, celle dont la lente gestation venait visiblement à terme. Car il atteignait à la pleine maîtrise de ses moyens et se trouvait au seuil d'une nouvelle étape de sa carrière: l'espoir d'obtenir une chaire définie à son intention dans une université de très ancienne tradition, la responsabilité, comme *general editor*, d'un volume appelé à faire date, *The Cambridge History of Renaissance Philosophy* (paru en 1988), la reconnaissance évidente reçue de ses pairs, tout lui ouvrait cette liberté intérieure, cette confiance fortifiée nécessaires pour nouer avec audace, sur un mode inventif, dans un récit d'un seul tenant, les résultats dispersés en revues, obtenus en vingt ans d'un travail acharné, méthodique, efficace, marqué d'une extrême probité et mis au service d'une implaçable exigence scientifique.

Grâce à une érudition multilingue dont l'ampleur étonnait et parfois effrayait, mais qui demeurait organisée de l'intérieur, contrôlée dans son accroissement et hiérarchisée dans ses objets, donc tout ordonnée au service d'un but bien défini et fermement visé, il allait bientôt s'autoriser, se risquer à composer ces ouvrages de synthèse qui nous manquent pour comprendre l'histoire intellectuelle de la Renaissance, et mettre ainsi à profit l'acquis des recherches réalisées depuis une quarantaine d'années. Il avait déjà publié près d'une centaine d'articles, une suite impressionnante de travaux ponctuels, neufs, solides, remarquables par la manière dont le traitement d'une question donnée l'amenait à traverser, avec la même sûreté, plusieurs disciplines et à réunir des informations puisées dans des sources de provenance très différente. En voici deux exemples. D'abord son article sur le problème du vide, un thème brièvement présenté au XIe congrès international d'histoire des sciences (Varsovie–Cracovie, 1965): la qualité très évidente de ce travail lui valut aussitôt l'offre d'un poste de *Research Fellow* à l'université de Leeds, qu'il occupa de 1967 à 1973, avant de rejoindre le Warburg Institute à Londres. Cette question du vide était au centre du débat pour et contre Aristote en philosophie de la nature: Aristote avait attribué à la nature l'horreur du vide et, dès le Moyen Age, à ce sujet les arguments philosophiques, théologiques et scientifiques s'étaient croisés avec les essais de vérification expérimentale d'abord fondés sur l'extrapolation d'observations du sens commun. Au XVIIe siècle, la production expérimentale du vide, dans des conditions vérifiables, marquera à son tour une étape décisive dans la constitution de la science nouvelle. Le choix de ce thème était donc tout à fait adapté à l'étude, sur un cas déterminé, des modalités de passage de l'ancien au nouveau en philosophie comme en sciences. Le dossier textuel exploité dans cette intention était tout aussi significatif dans sa richesse: les sources grecques bien sûr (Aristote, Philopon, Héron d'Alexandrie), un ou deux médiévaux comme Nicolas d'Autrecourt, les grands acteurs du XVIe siècle (Cardan, Patrizi, Soto, Telesio, Toletus), mais aussi les Conimbricenses et, déjà dans une note, John Case d'Oxford (auquel, plus tard, il consacrera un livre entier), á côté d'eux Bacon et Gassendi, sans compter les historiens des sciences comme Duhem ou Cornelis de Waard (édité à Thouars en 1935)[1]. Mon second exemple concerne la suite de ce travail sur le vide, un très long article discutant les notions d'expérience et d'expérimentation dans l'usage comparé de Zabarella et de Galilée. Du précédent, il approfondit un point clé, le statut accordé à la vérification expérimentale et la manière d'inventer une telle vérification, et il centre l'analyse sur l'aristotélisme italien, de Padoue à Pise. S'y manifestent des traits caractéristiques de la suite de l'œuvre: la capacité de poursuivre une même enquête dans la durée, sans se perdre en minuscules incidentes ou digressions, l'application à élucider historiquement la conceptualisation d'un problème, l'attention portée aux différences géographiques et institutionnelles entre milieux de pensée, la volonté de ne pas se laisser aveugler par le découpage actuel des disciplines et de rétablir leurs anciennes relations mutuelles.

De tels travaux étaient chaque fois d'ambition limitée, destinés à analyser avec acuité un problème circonscrit, la conclusion indiquait rapidement quelques plus vastes prolongements possibles sans s'y arrêter, à la manière d'un géomètre qui enferme son dessin dans le cadre assigné par avance à l'épure en cours d'exécution, mais saurait prolonger son tracé. A lire avec attention ses articles, on sentait poindre un ton plus personnel, s'annoncer une intention plus audacieuse et plus large. Ces dernières années, son autorité s'affirmait sur le champ entier de la Renaissance savante, il était silencieusement en train d'en réorganiser l'histoire, ouvrant des voies nouvelles, inspirant des amis et des imitateurs. On y reconnaissait, désormais à pied d'œuvre, une hardiesse calme pour désigner les objets à étudier, une saisie assurée des questions traitées, un découpage tracé d'une main ferme, une capacité de franchir à bon escient les frontières établies entre domaines de l'histoire. Tout cela était fait sans bravade ni proclamation théori-

---

1 "Experimental Evidence for and against a Void: the 16th–Century Arguments" (1967), repris dans son recueil *Studies in Renaissance Philosophy and Science*, Londres 1981, chap. VII; "Experience and Experiment: a Comparison of Zabarella's View with Galileo's in *De motu*" (1969), ibid., chap. VIII.

que, avec modestie et sérieux, sans prétendre innover dans la méthode, les hypothèses ou l'interprétation. Il avançait avec détermination, laissant l'impression d'un cavalier qui aurait discrètement retenu sa monture, la réservant pour une épreuve ultérieure plus décisive. Le sort aura voulu que le temps du déploiement de sa pleine puissance intellectuelle, la concrétisation de son génie propre lui aient été brutalement refusés. Le travail réalisé constitue déjà une grande œuvre, elle aurait pu grandir encore en quelques années supplémentaires.

Le savoir partagé

Son appétit d'information semblait sans bornes. Les notes de ses articles font référence, avec précision, en nuançant chaque fois l'usage à en faire, à toutes les couches de l'historiographie de la Renaissance, du plus ancien au plus récent, aux trésors cachés dans les fonds anciens d'imprimés, à de nombreuses sources manuscrites retrouvées dans les dépôts d'archives. Ce déluge d'érudition, qui ne devenait jamais à lui-même sa propre fin, était accompagné d'une formule rituelle qui en marquait les limites: *to the best of my knowledge*, était-il répété, comme pour en faire la devise modeste et probe de l'entreprise. En conclusion de chaque article, Charles Schmitt résumait les principaux résultats qu'il estimait avoir obtenus; aussitôt il en soulignait les limites de validité, le degré d'incertitude, le caractère provisoire, et proposait une ou deux enquêtes complémentaires à réaliser pour les infirmer. Ce statut de fragilité dans le temps, il l'accentuait volontairement, appelant de ses vœux d'autres travaux. Ainsi s'achève la préface de son deuxième livre:

> Si les imperfections de cet ouvrage sont mineures, je demande au lecteur de me les signaler; si elles sont majeures, je le presse de publier un correctif, afin que nous en bénéficiions tous[2].

Il traitait ses propres résultats comme le géomètre des constructions auxiliaires; utiles faute de mieux, elles seront effacées dès que sera connue une meilleure solution, plus élégante, plus directe ou d'un plus haut degré de généralité.

Il croyait aux vertus de la collaboration internationale entre historiens et réservait une part de son temps à ce service de la communauté, pour des tâches austères et peu gratifiantes, mais utiles à tous, comme les dépouillements bibliographiques. J'en citerai trois exemples. Dès 1971, il rédige un petit livre sans prétention, plein de renseignements, pour dresser un bilan critique des travaux sur l'aristotélisme à la Renaissance. Récemment, il avait mis à jour le grand répertoire des éditions d'Aristote imprimées avant 1600. Enfin il espérait achever bientôt l'énorme article sur l'Aristote latin

---

2 *Cicero Scepticus: a Study of the Influence of the Academica in the Renaissance*, La Haye 1972, p. X.

pour le *Catalogus translationum et commentariorum*, sur lequel veillera désormais son ami Charles Lohr, connu de tous les aristotéliciens pour son inventaire des commentateurs d'Aristote à partir du Moyen Age[3]. A cette collaboration, il prêtait les couleurs d'une coopération confiante et n'en faisait pas l'arène d'une âpre compétition, persuadé (naïvement?) que tous visent un même but et que le jeu des ambitions personnelles est, somme toute, secondaire dans la quête du savoir. Aux relations écrites ou orales avec lui, cette conviction à tout instant mise en pratique sans grands discours donnait une qualité particulière, inoubliable, quelque chose qui relevait en silence de cette *benevolence* chère au XVIIIe siècle anglais. La même tonalité baigne ses nombreux comptes rendus (environ cent quarante): écrits sans hargne ni mesquinerie, ils ne se dissolvent ni en flatteries vagues ni en minuscules mises au point amidonnées de cuistrerie. Chaque compte rendu présente avec équanimité l'entreprise de l'auteur, ses points forts et ses faiblesses, en le traitant avec respect, nouant une relation d'égalité, qu'il s'agisse d'un maître réputé ou d'un jeune inconnu sans expérience.

De tous ses écrits, une morale implicite se dégage. Nous autres historiens sommes membres d'une communauté invisible, le travail de chacun de nous appartient au bien commun: J'emploie à dessein cette expression familière chez Thomas d'Aquin, car Charles Schmitt connaissait aussi et admirait la scolastique médiévale. Dans cette perspective, l'identité du producteur d'un texte, la propriété de ses trouvailles importaient moins que la qualité des propositions avancées, leur fécondité, leur possible vérification. Le véritable enjeu du travail de l'historien était, pour lui, l'approfondissement de notre compréhension du passé. Aussi n'avait-il aucun intérêt pour les luttes de pouvoir entre écoles ou personnes, et jugeait-il mal venu d'utiliser des textes anciens pour asseoir des théories récentes. Les usages impérialistes de quelques tenants de la philosophie analytique quand ils s'occupent d'histoire de la philosophie l'agaçaient. Il y voyait une revendication un peu courte et la menace d'incompréhensions ou d'anachronismes. D'où son refus, dans l'introduction inachevée pour la *Cambridge History of Renaissance Philosophy*[4], d'interpréter cette période de la philosophie dans

---

3 *A Critical Survey and Bibliography of Studies on Renaissance Aristotelianism 1958 - 1969*, Padoue 1971; F. Edward Cranz: *A Bibliography of Aristotle Editions 1501 - 1600*, 2nd ed. with addenda and revisions by Ch. B. Schmitt, Baden-Baden 1984. Dans la dernière livraison de son inventaire, Charles H. Lohr donne la référence des précédentes: "Renaissance Latin Aristotle Commentaries: Authors So-Z", dans: *Renaissance Quaterly*, t. 35 (1982), p. 164 - 256.

4 Encore inédit, ce texte était ouvert sur sa table de travail le jour de sa mort. Je dois à l'obligeance de Constance Blackwell d'avoir pu en prendre connaissance, ainsi que du manuscrit presque achevé d'un petit ouvrage *History of Renaissance Philosophy* (92 p. dactylographiées, sans notes ni bibliographie), destiné à Ox-

une référence privilégiée à la tradition analytique, comme le fait, dans la même série, le volume consacré au Moyen Age[5]. De telles divergences, cependant, il ne faisait pas un *casus belli*, simplement il exprimait avec fermeté son désaccord. Entre gens dédiés au travail du rationnel, une discussion sérieuse et franche lui semblait toujours souhaitable et possible pour que s'impose la thèse la plus raisonnable. Lui-même consentait de bonne grâce à changer d'avis si nécessaire, c'est-à-dire après avoir examiné dans son détail la thèse opposée solidement argumentée.

Où puisait-il la force et l'inspiration d'une conduite peu conforme aux mœurs de la tribu? J'y ai souvent réfléchi, sans trouver dans ses textes, ses lettres ou le souvenir de nos rencontres, d'indication explicite. Je lui supposerai des origines mêlées. D'abord le fait qu'il était issu d'un milieu social modeste et qu'il devait sa culture à son seul travail; il en avait gardé pour le savoir un amour et une révérence manifestes. Probablement continuait-il à adhérer en silence à l'image un peu désuète du travail scientifique comme activité toute désintéressée, visant une vérité au-dessus de tout soupçon, par la pratique d'une rigoureuse déontologie intellectuelle. D'un même élan il admirait le travail de la raison en sciences et en philosophie. Sa formation première d'ingénieur chimiste, acquise avant de rencontrer la philosophie et de choisir d'en explorer l'histoire, l'avait rendu familier avec cet idéal naïf où la recherche de la vérité fait habiter une supposée "cité savante", à l'écart des tumultes et des passions du monde. Ensuite, par l'éducation, il avait dû recevoir une forme de tradition chrétienne, mais curieusement, alors que les luttes religieuses ont une grande importance à la Renaissance et retentissent sur les choix intellectuels comme sur la vie des institutions du savoir, Charles Schmitt n'a jamais, à ma connaissance, abordé la question de front dans ses recherches et je ne l'ai jamais non plus entendu en discuter sur le fond, bien que, dans ses textes, il en mentionne en passant l'importance, par exemple dans l'ouvrage inachevé sur la philosophie à la Renaissance, et qu'il insiste souvent sur l'erreur de certains historiens à vouloir superposer les clivages confessionnels aux clivages philosophiques[6].

---

ford University Press, collection "Opus". Je reviendrai sur ces deux pièces de son *Nachlaß*.

5 Normann Kretzmann et al. (eds): *The Cambridge History of Later Medieval Philosophy*, Cambridge 1982, p. 2.

6 Indice significatif, il discuta avec moi le contenu de tous les articles que je lui avais remis à deux exceptions près: la première concernait une analyse du statut singulier de l'histoire des sciences, l'autre Giacomo Aconcio, un exilé italien pour cause d'évangélisme, réfugié en Angleterre. Mon hypothèse serait qu'il ne pouvait *pas encore* s'expliquer sur le fond de ces deux questions; rien n'indique dans ses textes de volonté délibérée d'écarter la question religieuse. D'ailleurs ce colloque de Wolfenbüttel qu'il avait organisé et qui s'est tenu après sa mort a donné une large place aux facteurs confessionnels.

Enfin, par tempérament, il avait une manière de croire ou de vouloir croire, pour l'homme, au meilleur des possibles, dans la ligne optimiste des Lumières, et malgré sa réserve vis-à-vis de certains aspects des sociétés actuelles. La conjonction de ces trois éléments s'accordait en lui avec la thèse aristotélicienne: la fin de l'homme, c'est le bonheur, et la forme la plus haute et la plus durable de ce bonheur réside dans l'exercice de la raison tout ordonné à la poursuite de la connaissance et à la pratique de la vertu, ce par quoi l'homme peut atteindre à l'excellence de sa condition. Charles Schmitt avait trop étudié l'aristotélisme de la Renaissance, trop vivement défendu ses thèses pour ne pas avoir eu à son égard un "intérêt" très fort, et nourri une secrète affinité avec cette éthique de la vie intellectuelle. Mais il gardait aussi, par devers lui, une autre connivence qui le liait à la tradition sceptique, à sa réserve, à sa pratique de la suspension de l'assentiment. Sur son balancement de l'une à l'autre voie, je m'expliquerai plus loin, car j'y vois davantage que le fruit d'un hasard ou un détour de la recherche.

La logique d'une méthode

Une chose est sûre, en un peu plus de vingt ans[7], il aura marqué de son empreinte l'histoire intellectuelle de la Renaissance, comme tant de ses pairs l'ont redit avec émotion à la nouvelle inattendue de sa mort[8]. De cette histoire, en fait, il a su être *le principal reconstructeur*, sans rival à sa génération. Son seul talent n'en est pas la raison, ni sa puissance de travail peu commune, bien que leur réunion explique l'extension inhabituelle de son domaine de compétence où l'on trouve à la fois les sciences (surtout la physique, et la médecine à laquelle il s'intéressait de plus en plus[9]), la phi-

---

7 Son premier article publié date de l'année de son Ph.D.: "Henry of Ghent, Duns Scotus, and Gianfrancesco Pico on Illumination", dans: *Mediaeval Studies*, t. 25 (1963), p. 231 – 258.

8 Moins d'un an après sa mort, trois colloques internationaux avaient déjà honoré sa mémoire. D'abord cette rencontre de Wolfenbüttel qu'il avait activement organisée. A la même date (octobre 1986), à Pittsburgh (USA), lors du colloque annuel de l'History of Science Society, une séance intitulée "Renaissance Philosophy and Science" lui fut dédiée, sous la présidence de Paul Kristeller qui prononça l'allocution d'ouverture; Brian P. Copenhaver y présenta les lignes directrices de son œuvre (texte publié dans: *Annals of Science*, t. 44 (1987), p. 507 – 517). Enfin le colloque réuni au Warburg Institute, à Londres (février 1987), à l'initiative de Constance Blackwell, John Henry et Sarah Hutton, où se côtoyaient de nombreux spécialistes américains de ses amis (John Murdoch, Richard Popkin, Nancy Siraisi, etc.) et de jeunes chercheurs ayant travaillé sous sa direction; Tullio Gregory y dessina les grands traits de son oeuvre (actes à paraître en 1988).

9 "Thomas Linacre and Italy" (1977), repris dans son recueil *The Aristotelian Tradition and Renaissance Universities*, Londres 1984, chap. XII; "William Harvey

losophie (platonisme, aristotélisme), les universités (particulièrement en Italie, mais il commençait à étudier de près le cas anglais[10]). A cette première extension répondait celle qui concernait la période considérée, car il l'étendait de 1350 à 1650 environ, selon l'usage établi désormais pour définir la Renaissance, en tenant compte, à l'échelle de l'Europe, de sa diffusion d'un pays à l'autre.

En sa faveur ont aussi joué sa propre place dans le temps (c'est-à-dire son insertion, à une certaine date, dans l'histoire d'une discipline) et son appartenance à une grande tradition de recherche: l'école historique italo-germanique, dont son maître P. O. Kristeller (avec qui il prépara son Ph.D. à Columbia, en 1963, sur le second Pic de la Mirandole) lui avait transmis l'héritage éclatant. Ce maître, il devait plus tard le saluer comme celui qui avait "à lui tout seul fait de Columbia University *le* centre mondial en philosophie de la Renaissance"[11]. Formé dans cette tradition, il a pu bénéficier directement du travail des géants qui l'avaient précédé[12], il en a reçu un précieux capital, mais il lui revient d'avoir su le faire fructifier mieux que tant d'autres. Qu'avait-il appris de son maître? Dans le compte-rendu dont je viens de citer la conclusion élogieuse, Charles Schmitt caractérisait ainsi le travail de Kristeller: 1. un choix d'écriture préférant le format de l'article, centré sur un problème défini, traité en profondeur, et reliant le résultat obtenu à un tableau plus large, esquissé en conclusion; 2. la volonté de se libérer de la division actuelle des savoirs et des thèses de la philosophie contemporaine pour retourner à la philosophie de la Renaissance même, étudiée dans ses propres termes, selon sa propre organisation de pensée et dans son contexte de culture. Ce double parti, Schmitt lui-même ne cessa d'y adhérer et de le mettre en pratique.

Au colloque réuni au Warburg Institute à sa mémoire, plusieurs historiens de ses amis, Donald Kelley, John Murdoch et Nancy Siraisi m'ont dit qu'il était peut-être le meilleur élève et le plus réel continuateur de Kristeller. Mais il serait trompeur de le réduire au rang d'imitateur ou de conservateur d'un grand héritage. De Kristeller, il sut prolonger l'entreprise à sa manière, en la remaniant, en lui ouvrant des perspectives neuves, en transformant tout à la fois sa méthode, ses objectifs et son champ d'investiga-

---

10 *John Case and Aristotelianism in Renaissance England*, Kingston et Montreal 1983.

11 "The Philosophical Mode", dans: *Times Literary Supplement*, 25.7.1980, pour rendre compte d'un recueil de Kristeller, *Renaissance Thought and its Sources*, New York 1979.

12 Luce Giard: "L'aristotélisme padouan: histoire et historiographie", dans: *Les Etudes philosophiques*, t. 41 (1986), p. 281 - 307, en particulier p. 289 - 296.

and Renaissance Aristotelianism", in R. Schmitz et G. Keil (eds): *Humanismus und Medizin*, Weinheim 1984, p. 117 - 138; "Aristotle among the Physicians", in A. Wear et al. (eds): *The Medical Renaissance of the Sixteenth Century*, Cambridge 1985, p. 1 - 15, 271 - 279.

tion. Pourtant la marque de Kristeller reste visible dans ce souci maintenu de produire une œuvre personnelle et de faire naître, de coordonner des travaux d'ensemble à l'échelon international, pour participer au "bien commun" de la recherche historique, au bénéfice de la prochaine génération. La grandeur d'une œuvre se mesure aussi à sa *fécondité différée*, à ce qu'elle suscite et rend possible, comme complément, correction ou contradiction, preuves à l'appui. Par comparaison, la longue carrière de son maître, né en 1905 et toujours actif, accentue la brièveté de la sienne, destin qui l'aura privé de faire visiblement école[13].

Exigeant sur la nature de ses informations comme dans sa volonté de comprendre le passé à la lumière de la culture d'autrefois, Charles Schmitt s'était installé en "releveur des ruines" d'une Renaissance savante, mal connue peut-être parce que l'éclat de sa valeur artistique a porté ombre à sa production intellectuelle plus classique. Il ressemblait à ces entrepreneurs qui "réhabilitent" les quartiers historiques d'une vieille cité et, de la sorte, maintiennent en leurs murs "les revenants de la ville"[14], comme une invisible présence indispensable à la respiration et au bonheur des vivants. Il dressa ses grands chantiers de fouille et de reconstruction à l'intersection de trois champs d'investigation: les sciences, la philosophie, les universités comme institutions du savoir. Il y travailla avec ténacité et habileté, à vive allure. Il n'avait pas son pareil pour extraire d'un monceau d'archives rapidement examiné une information décisive, jusque-là passée inaperçue. Dans les manuscrits prolixes d'un obscur professeur de province, sous les tournures conventionnelles du XVIe siècle, il repérait la proposition neuve chargée de promesses, qui rompait avec l'ordre établi, tout en se dissimulant sous le biais d'anciennes formulations à peine retouchées.

Pourquoi avait-il choisi la Renaissance? Il faudrait nuancer le sens de cette élection, car il ne croyait pas à la pertinence d'une séparation entre le Moyen Age et la Renaissance et jugeait dangereux de débiter le passé en tronçons isolés. Sous les ruptures théoriques, il demeurait d'abord sensible aux continuités culturelles. Il aimait à souligner, dans la culture occidentale, de la Grèce ancienne au XVIIe siècle inclus, l'importance de longues traditions textuelles, la reprise, de siècle en siècle, de leur méditation et leurs progressives modifications. Dans l'histoire intellectuelle, il lui semblait artificiel de marquer une coupure entre le Moyen Age et la Renais-

---

13 En France, après Lucien Febvre, la Renaissance a été négligée en dehors de l'histoire littéraire. J'espérais bâtir différents projets avec Charles Schmitt dans les prochaines années, il avait accepté l'hypothèse de venir enseigner quelques mois à Paris et de s'associer à une recherche sur l'aristotélisme des jésuites au tournant du XVIIe siècle, à laquelle Michel de Certeau devait aussi participer. Comment remplacer de tels absents?

14 Michel de Certeau: "Les revenans de la ville", dans: *Traverses*, n° 40 (avril 1987), p. 74 – 85.

sance, parce que la permanence de trois éléments structurels infirmaient cette thèse à ses yeux: le maintien du statut référentiel accordé à Aristote dans tout le système des savoirs, le rôle fonctionnel du latin comme langue de culture, enfin l'organisation stable des institutions du savoir (essentiellement les universités).

En conséquence, dans ses travaux, il franchissait souvent la frontière entre les deux périodes, pour suivre la *fortuna* de Théophraste ou le dossier des œuvres apocryphes d'Aristote[15]. Il tenait pour indispensable la familiarisation des futurs spécialistes de la Renaissance avec un continuum minimal de culture entre le XIIe et le XVIIe siècles, faute de quoi leur lecture de la Renaissance serait un tissu de contresens ou de demi-vérités. Sa connaissance précise des sources lui permettait de récuser les oppositions hâtives établies entre les deux époques. Il soulignait ainsi l'intrication, plus profonde qu'on ne l'a dit, entre platonisme, scolastique et aristotélisme: au Moyen Age, nombre de réminiscences platoniciennes ont circulé, même si l'ensemble du corpus platonicien n'était pas accessible; au XVIe siècle, le rôle de la scolastique est encore central chez certains penseurs, comme Pomponazzi; et l'aristotélisme, loin de périr sous les coups de l'humanisme, sut tirer profit de ses nouvelles méthodes textuelles.

La Renaissance, transition créatrice et confuse entre la grande architecture médiévale des savoirs et la naissance de la modernité, l'intriguait et le fascinait. Elle l'attirait aussi par son extension européenne et *l'unité visible* que le savoir y présentait, quand un même esprit pouvait discuter honorablement de sciences et de philosophie, participer au gouvernement de la cité et intervenir dans la vie artistique. Il était très sensible au maintien d'une autre unité, essentielle à ses yeux, garantie par le recours à *une même langue de culture et de communication*, le latin, parmi la communauté savante à travers toute l'Europe. Il avait dû rester, comme tant d'hommes de science, habité du rêve leibnizien d'une langue commune, précise et sûre, où se constituerait sans équivoque le trésor définitif de la vérité scientifique. Ce désir d'unité, ce regret augmentaient en lui une méfiance d'origine envers les belles paroles, les effets rhétoriques. Lui-même n'avait rien d'un grand styliste et semblait peu sensible à la musicalité d'une phrase, au rythme d'une "belle langue". Cela expliquait qu'entre Platon et Aristote il ait sans hésiter toujours préféré le second (à l'opposé de son maître Kristeller). Cela le rendait sourd au charme des néoplatoniciens à la Renaissance qu'il soupçonnait, je crois, de tout mélanger, et aveugle à la question

---

15 "Theophrastus in the Middle Ages" (1971), repris in *The Aristotelian Tradition*, chap. III; W. F. Ryan and C. B. Schmitt (eds): *Pseudo-Aristotle, Secret of Secrets: Sources and Influences*, Londres 1982; C. B. Schmitt and Dilwyn Knox: *Pseudo-Aristoteles Latinus. A Guide to Latin Works Falsely Attributed to Aristotle before 1500*, ibid., 1985; J. Kraye, W. F. Ryan and C. B. Schmitt (eds): *Pseudo-Aristotle in the Middle Ages: The "Theology" and Other Texts*, ibid., 1986.

du changement de statut des vernaculaires. Ce dernier point fut l'objet de nos plus vives discussions, mais il n'était pas homme à s'en tenir *mordicus* à son premier jugement et il acceptait de bonne grâce de se rendre aux arguments de son adversaire si ces derniers étaient appuyés sur un solide dossier de textes. Je m'employais à le convaincre de l'importance décisive de la mise en théorie des vernaculaires au XVIe siècle[16], même si le latin restait encore pour la majorité de l'Europe savante la langue du savoir. Moins d'un mois avant sa disparition, une dernière lettre (du 24 mars 1986) acceptait, à ce propos, mon analyse du cas anglais, pour la logique[17], en souhaitant la voir largement commentée, selon son habitude constante de référer des résultats provisoires à la vérification commune des spécialistes.

Cependant toutes ces raisons n'auraient pu suffire à l'ancrer solidement dans l'histoire de la Renaissance. Il y fallait une autre affinité, plus profonde et plus intérieure, car pour circuler avec joie dans la vie savante de cette période, il faut *aimer le jeu masqué de l'ancien et du nouveau*, se plaire à démêler un entrelacs subtil de citations, de *topoi* et d'arguments neufs. Il faut pouvoir franchir, dans des textes prolixes, le rideau d'une érudition ostentatoire, dont la fonction ou la nécessité nous échappe, et qui semble surtout protéger le cœur du texte, en son point de rupture des développements conventionnels, quand l'essentiel se dévoile, que la pensée se concentre et surprend par sa modernité et sa perspicacité, avant de reculer à nouveau, comme effrayée de sa propre audace, pour se diluer et se dérober sous le couvert des mots reçus de la tradition, dans une rhétorique de l'abondance fidèle aux principes de la *copia* et de la *cornucopia*[18].

Quelle que soit l'époque considérée, le travail de l'historien a pour objet l'élaboration d'un savoir interprétatif à partir d'une documentation parcellaire, car le passé visé est à jamais hors d'atteinte, soustrait au pouvoir de nos normes d'intelligibilité et de vérification scientifiques. Selon la formule de Paul Ricœur, "le réel passé est, au sens propre du mot, invérifiable"[19]. Chaque fois, la reconstruction proposée devrait aussi s'avouer comme un travail d'imagination, ce qui ne l'assimile pas pour autant à une œuvre de fantaisie, produite sans contrainte et sans contrôle, mais l'installe dans un statut intermédiaire, à mi-chemin "entre science et fiction"[20], même quand le support du travail historique est un texte philosophique ou

---

16 Luce Giard: "Du latin médiéval au pluriel des langues, le tournant de la Renaissance", dans: *Histoire, Epistémologie, Langage*, t. 6/1 (1984), p. 35 – 55; id., "La mise en théorie du français au XVIe siècle", dans: *Schifanoia*, t. 2 (1987), p. 63 – 76.

17 "La production logique de l'Angleterre au XVIe siècle", dans: *Les Etudes philosophiques*, t. 40 (1985), p. 303 – 324.

18 Terence Cave: *The Cornucopian Text*, Oxford 1979.

19 Paul Ricœur: *Du texte à l'action* (*Essais d'herméneutique*, II), Paris 1986, p. 18.

20 Michel de Certeau: *Histoire et psychanalyse entre science et fiction*, Paris 1987, en particulier le chap. IV.

scientifique, inscrit dans une généalogie du rationnel où il s'agit d'articuler la "nécessité" de l'enchaînement des énoncés vrais à la "contingence" de leur naissance[21]. Dans chaque cas, finalement, l'écriture de l'historien produit un simple récit plausible et intelligible, où lui–même de son mieux "configure des intrigues que les documents autorisent ou interdisent, mais qu'ils ne contiennent jamais"[22], et cela même quand il a pour visée de restituer la seule généalogie de la pensée rationnelle.

Privé des certitudes déductives et des confirmations expérimentales, le travail de l'historien reste obsédé par la récolte inventive et patiente de menus indices, il intervient à travers *le partiel, le singulier et le circonstanciel*[23] et ressemble davantage à une humble enquête de police qu'au parcours d'une voie royale conduisant à la vérité des faits et de leur sens. Ce diagnostic s'applique très exactement à l'histoire intellectuelle de la Renaissance, dans laquelle l'historien doit longtemps pratiquer une "attention flottante" en parcourant les ouvrages de l'époque, textes innombrables écrits dans un latin recherché, contourné (et, trop rarement, dans les vernaculaires encore mal adaptés aux joutes de l'esprit, mais tout chargés de sève). Dans le corpus philosophique et scientifique (la séparation entre les deux domaines est assez malaisée), il faut prêter attention aux petits détails de l'argumentation, au montage des références tirées des *auctoritates*. Alors seulement apparaît la manière dont l'auteur marque *de menus écarts* et fait dire subtilement aux grands Anciens autre chose qu'on ne l'a cru à première vue, tout en protestant de sa fidélité proclamée à chaque occasion. Alors les yeux de l'historien se dessillent et il repère les glissements de sens et subtils détournements qui vont, de proche en proche, en silence, mais efficacement, gauchir la tradition. Avec les mots et les concepts reçus, l'auteur, dans son texte si proche de la tradition par un aspect, parle quand même une autre langue, plus personnelle et plus neuve, il secoue la tutelle de l'héritage et laisse voir sa propre position.

Lecteur averti et attentif de la production savante de la Renaissance, Charles Schmitt a dû en remarquer ces traits d'expression. Si dans ses travaux historiques il sut pratiquer avec brio cette herméneutique particulière, à ma connaissance il n'a pas éprouvé le besoin de s'expliquer sur la théorie de sa pratique, ni sur sa manière de faire et d'écrire de l'histoire. Son silence ne doit pas nous étonner, car – plusieurs de ses textes le disent en

---

21 Luce Giard: "L'histoire des sciences, une histoire singulière", dans: *Recherches de science religieuse*, t. 73 (1985), p. 355 – 379.

22 Paul Ricœur, (note 19 supra), p. 18.

23 J'emprunte le thème de paradigme indiciel à Carlo Ginzburg: "Spie; Radici di un paradigma indiziario", in Aldo Gargani (ed.): *Crisi della ragione*, Turin 1979, p. 57 – 106 (trad. abrégée in *Le Débat*, n° 6 [novembre 1980], p. 3 – 44). Voir aussi Roger Chartier: "Le passé composé", dans: *Traverses*, n° 40 (avril 1987), p. 6 – 17.

passant, sans insister – il n'avait aucun attrait pour les discussions de principes et les distinctions préalables. L'épistémologie ne le retenait guère.
Son approche du passé était plus directe, presque "rustique" et gardait
quelque chose du pragmatisme américain (au sens de ce mot au XIXe
siècle). Il ne s'encombrait pas de scrupules secondaires ni de délicatesses
subtiles en matière de méthode et d'historiographie. Il rangeait, parfois un
peu abruptement, tout ce genre de réflexions dans la catégorie des débats
idéologiques auxquels il n'accordait ni temps ni attention. D'une discussion de ce type entre P. Rattansi et Mary Hesse, il écrivait: leur

> polémique semble n'être que peu basée sur les faits concrets tirés des sources
> et, à mon avis, ne cherche guère à approfondir la discussion en faisant inter-
> venir des matériaux neufs, pertinents, provenant des sources.

Il montrait la même impatience à l'égard des distinguos qui opposent entre
eux des styles d'histoire des sciences ("internaliste", "externaliste", "socio-
politique", "conceptuelle", "par discipline", etc.)[24]. Son seul précepte était
simple: il faut *retourner au contexte intellectuel* des auteurs qu'on veut étudier, identifier leurs sources textuelles et théoriques pour les relire sous la
forme où eux-mêmes en avaient disposé, afin de savoir ce qu'ils savaient,
dans l'état où ils le savaient. Précepte coûteux en travail, qu'il avait reçu de
Kristeller et qu'il sut appliquer sans faiblesse. Reprenant à son compte une
formule d'Hélène Metzger en 1933, il assignait à l'historien la tâche de "se
faire le contemporain des savants dont il veut exposer les théories", mais
sans nous livrer le secret d'une telle acculturation à rebours. Or celle-ci ne
va pas de soi, si l'historien entend dépasser la surface des choses et mettre
entre parenthèses son savoir présent pour adhérer "par provision", comme
Descartes à sa morale, à une ancienne configuration épistémique avec ses
ignorances et ses crédulités. Je regrette que, sur ce point, Charles Schmitt
ne se soit pas expliqué davantage; interrogé là-dessus, il m'avait dit, avec
un brin d'ironie, reconnaître dans cette préoccupation des principes, si
nette dans l'école française d'histoire des sciences, un goût avéré pour les
"discours sur la méthode", mais il était facile de lui rétorquer que ce genre
littéraire joua un rôle décisif dans la production du XVIe siècle.

De sa formation antérieure de chimiste, il avait gardé le sens du concret,
le goût de l'efficacité visible, ou plutôt ces préférences-là l'avaient un moment porté vers la chimie où elles pouvaient se satisfaire avant qu'il ne
trouvât, sous un autre mode, à les investir dans la recherche historique, via

---

24 La citation est extraite de "Reappraisals in Renaissance Science" (1978), repris
   in *Studies in the Renaissance Philosophy*, chap. IV, p. 201. Mais, sur ce point, je
   m'appuie aussi sur le dernier état de sa pensée: "Some Considerations on the
   Study of the History of 17th-Century Science", communication au colloque
   Hélène Metzger, Paris 1985 (actes à paraître en 1988; je dois à l'obligeance de
   Gad Freudenthal, organisateur du colloque, d'avoir pu lire le texte définitif de
   Schmitt, daté de septembre 1985).

la philosophie. Trop réaliste de tempérament pour être tenté par la spécu-
lation pure, il se plaisait à poser des hypothèses simples et nettes qu'il sou-
mettait avec soin à l'épreuve des faits, des hypothèses qui devaient donc
être énoncées de manière à devenir vérifiables. Leur fonction était transi-
toire: vérifiée, une hypothèse s'effaçait pour le laisser avancer vers une
autre hypothèse, à son tour vérifiable; non vérifiée, elle était abandonnée
parce que devenue inutilisable. Cette manière de procéder faisait de lui,
malgré sa bienveillance naturelle, un lecteur redoutable, car difficile à con-
tenter ou à berner: ni la fragilité d'un enchaînement, ni la pauvreté d'une
documentation glanée de seconde main ne lui échappaient. Ainsi se fit-il
quelques ennemis à dire sans ambages les choses telles qu'elles lui appa-
raissaient.

Sa technique historiographique présentait un visage contrasté: d'un côté,
elle avait quelque chose de prosaïque avec la présence obsédante du fac-
tuel et du documentaire et le silence sur les principes; de l'autre, l'analyse
rigoureuse et pénétrante entrait sans hésiter dans la profondeur des questions traitées et visait l'histoire des intelligibles et des structures d'intelligibilité. Peut-être est-ce là, dans ce double caractère, *abstrait* quant à la nature des objets thématisés, *concret* quant au mode de saisie de leur existence historique, que résidait l'un des secrets de sa réussite et qu'il faudrait
chercher la spécificité de son style[25]. Je rapporterai volontiers à son passé
de chimiste quelques autres caractères de son écriture de l'histoire. D'abord sa manière de brasser, pour chaque étude de cas, une énorme documentation primaire et secondaire, aussi complète que possible, comme s'il
allait de soi qu'il fallait se soumettre à l'obligation de traiter en grande
quantité un minerai médiocre pour en extraire quelques grammes de métal
pur. Ensuite son habitude de vérifier avec soin la qualité de ses données,
tel un expérimentateur qui effectue des contrôles systématiques sur ses
matériaux, avant toute manipulation, car la moindre impureté viendra mo-
difier l'expérience en cours et peut ruiner la validité des résultats attendus.
Enfin son goût pour les combinaisons d'éléments, à doses mesurées, et sa
perspicacité pour identifier le rôle de catalyseur joué par tel d'entre eux.
Ainsi distinguait-il entre les composantes d'un courant de pensée, entre les
positions de deux collègues enseignant la même discipline dans le même
lieu, et savait-il percevoir les conséquences de tel nouvel acquis scientifique, dans tel contexte de culture, où il déclencherait de proche en proche
une réaction en chaîne, pour aboutir à remanier un pan entier de l'aristotélisme.

De tous ces traits, résultait *une méthode précautionneuse et ferme*, prati-
quée sans être théorisée, spécifiée par une attention extrême aux sources et

---

25 J'emploie cette notion avec le sens que lui a donné, pour les mathématiques,
   Gilles-Gaston Granger: *Essai d'une philosophie du style*, Paris 1968, en particulier chap. I et II.

par l'organisation de l'investigation autour de quelques grands axes claire-ment repérés et suivis avec ténacité. L'ensemble frappait par son absence de sophistication et la modestie de son propos, comparées à la qualité des résultats obtenus, à l'ampleur du champ exploré et à la force des conclu-sions tirées. De cette méthode, l'auteur ne cherchait ni à vanter l'origina-lité, ni à marquer la différence. Il s'en contentait, mais dans ses mains ex-pertes elle faisait merveille, bien que son défaut de théorisation la rende difficile à imiter ou discuter. Sous ce voile de silence épistémologique, qui la distingue tant de l'école française, cette méthode donnait aux travaux de Charles Schmitt une qualité de flegme d'apparence très *British* dont l'asso-ciation avec son natural pragmatique avait un charme propre. Ainsi res-tait-il en même temps américain et européen, l'un par origine et forma-tion, l'autre par élection et assimilation. L'union des deux lui assura un vaste lectorat, recruté dans les différentes castes d'historiens de la Renais-sance, comme si cette œuvre, née à la jonction des sciences et de la philo-sophie, de l'ancien et du nouveau mondes, avait de ce fait transcendé ses origines régionales pour devenir accueillante à tous les historiens de la vie intellectuelle, quels que soient leurs objets d'investigation et leurs préjugés d'école.

Domaines d'objets

Dès son entrée dans la recherche, à propos du scepticisme, sa volonté de conduire une investigation scrupuleuse et détaillée sur la constitution et la transmission de ce corpus philosophique est explicite. Elle va marquer son travail jusqu'en 1972, puis la rencontre d'autres questions ouvrira son champ d'intérêt et l'incitera à mener d'autres types d'enquête. Dans l'inter-valle, il aura su reconstituer tout un pan de la *fortuna* du scepticisme, de l'Antiquité à la Renaissance. Ce qui frappe dans ses premières publications, c'est le geste ferme qui découpe un champ de travail comme un chirurgien délimite son champ opératoire, sans hésiter. Un domaine d'objets est ainsi isolé, puis un plan d'investigation est dressé et suivi, avec, bien mises en évidence, les limites de l'information utilisée, les faiblesses provisoires des conclusions avancées. Ni cette manière de faire, ni le type d'interrogation associé au problème de la *fortuna*, qu'il s'agisse d'un auteur, d'une doctrine ou d'un courant de pensée, ne le quitteront.

Quelle signification attribuer à un intérêt si durable pour ce type parti-culier de recherche? Je ne pense pas qu'il se soit agi, pour Charles Schmitt, de trouver refuge loin d'une austère histoire conceptuelle, ni de fuir le sens du texte philosophique, en pratiquant cette sorte d'histoire intellectuelle et sociale de la transmission du texte. La raison de ce choix se trouve proba-blement dans le désir de fonder un jugement contrôlable et précis sur l'analyse des composantes d'un état de connaissance à un moment donné. J'y reconnais, en quelque sorte, la traduction concrète, dans la recherche historique, d'un rêve de scientificité satisfaisant à des critères de vérificabilité. Considérée sous cet angle, l'étude de la *fortuna* relève de la pratique d'une histoire intellectuelle, soucieuse d'abord de restituer un contexte de pensée; seule une meilleure appréhension de ce contexte permet à l'historien d'échapper aux généralisations hâtives et aux jugements stéréotypés, répétés à l'envi. Par cette voie, coûteuse et lente, mais plus sûre, Schmitt espérait approcher la réalité d'un passé intellectuel, se libérer de l'illusion et des effets de mode, retrouver, sous la discontinuité des apparences, la présence de longues traditions textuelles et conceptuelles. La *fortuna* commençait ce retour au contexte qui, à son tour, actualisait le refus des séparations artificielles entre époques.

Une telle manière d'entendre l'histoire de la Renaissance savante se proposait sinon de penser l'impensé de l'histoire, c'est-à-dire le procès de changement, du moins de décrire avec précision *comment la pensée fait du neuf avec du vieux*. Pour chaque lignée textuelle considérée, l'enjeu de la recherche était alors les modalités de passage d'un milieu à l'autre, d'un temps à l'autre, et leurs significations dans l'ordre de la conceptualisation. Pour Charles Schmitt, ce passage était chaque fois placé sous le signe d'une continuité plutôt que d'une discontinuité, non qu'il fût tenté par le type de continuisme en histoire des sciences autrefois défendu par Duhem, ni qu'il eût voulu niveler les différences d'une période à l'autre ou les incompatibilités entre théories. De ce primat de la continuité, il ne faisait ni une doctrine enveloppant toute l'histoire des savoirs, ni une religion. Il l'utilisait comme une description plus adéquate pour la succession d'états de la connaissance entre le XIIe et le XVIIe siècles, mais une description centrée dans chaque cas sur une lignée déterminée, sur la manière dont, en son sein, une théorie nouvelle s'était constituée en s'appropriant l'acquis de sa tradition d'origine, puis en le remodelant pour en tirer un parti neuf, mis au service d'une nouvelle constellation de problèmes philosophiques ou scientifiques.

Reconstituer la *fortuna* d'un auteur ou d'une école de pensée revient à déterminer, du mieux possible, qui a su quoi, comment, où et dans quelle intention. De ce fait, le savoir est rendu à sa condition incarnée et l'historien se donne la tâche de faire descendre les intelligibles du ciel sur la terre où se joue leur destin historique. Cette attention portée à la matérialité de l'activité intellectuelle, à son enracinement dans le réel devait entraîner Charles Schmitt à étudier une autre province de l'histoire, celle des universités[26]. Cet apparent déplacement d'un domaine d'objets à un autre suit la logique interne de son questionnement initial, car la connaissance de la *fortuna* d'une philosophie reste incomplète tant qu'on ne sait rien de précis

---

26 "The Faculty of Arts at Pisa at the Time of Galileo" (1972), repris in *Studies in the Renaissance Philosophy*, chap. IX; "Philosophy and Science in 16th-Century Universities: Some Preliminary Comments" (1975), ibid., chap. V; dans le recueil *The Aristotelian Tradition*, les chap. XIV et XV en particulier.

sur la circulation des idées et des textes dans la principale institution du savoir. Un mouvement naturel a porté Charles Schmitt du versant "indivi-
duel" de la *fortuna* à son versant "institutionnel".

A propos des universités, tout l'intéressait de ce qui pouvait concourir à
éclairer le contexte intellectuel: l'organisation des cycles d'enseignement et
leur finalité, le contenu des programmes, les questions d'examen, la formation des maîtres et leur recrutement dans chaque lieu, la composition des
populations étudiantes, leurs origines géographiques et leurs itinéraires, le
statut et la fonction des disciplines dans la classification des sciences, leurs
relations mutuelles, etc. A la connaissance des hommes de pensée et de
leurs théories, l'histoire des universités permettait d'ajouter la double question des lieux. D'abord les lieux géographiques, avec le problème, si mal
élucidé par l'historiographie, de la constitution de *traditions locales*
(comme l'aristotélisme padouan, le platonisme florentin, etc.): quel degré
de réalité leur accorder, s'agit-il d'illusions rétrospectives dues à l'ignorance de l'historien ou ces dénominations ont-elles une petite part de vérité, *ein Stückchen Wahrheit*, comme disait Freud? La question des traditions locales oblige à réfléchir sur son corollaire, à savoir l'hétérogénéité
entre les situations. D'une ville à l'autre, d'une institution du savoir à
l'autre, d'une discipline à l'autre dans une même université, on constate des
décalages: ici le modèle médiéval est jalousement conservé et défendu jusque très avant au XVIe siècle, là on recrute très tôt des professeurs acquis
à la nouveauté des méthodes humanistes. Ensuite les lieux sociaux, quand
l'activité philosophique cesse d'être confinée entre les murs de l'institution
universitaire, qu'elle prend pied ailleurs (académies, cercles privés d'ama-
teurs, cours princières, imprimeurs et éditeurs, etc.). Alors apparaissent de
nouveaux personnages sur la scène du savoir: éducateurs privés, "penseurs
indépendants" et *private intellectuals*, comme les appelle Charles Schmitt,
qui avait trop le sens du concret et du réel pour être aveugle aux conséquences intellectuelles de cette diversification sociale. A sortir de l'institution universitaire, la philosophie gagnait en liberté et se donnait les moyens de développements multiformes, hétérodoxes, contradictoires entre
eux. Elle brisait la situation de monopole institutionnel, jusque-là détenu
par l'université et régulé, en partie ou en totalité (selon qu'on était au Sud
ou au Nord de l'Europe), par l'Eglise. A la fracture de la chrétienté médiévale par la Réforme répond au XVIe siècle la fracture sociale de l'institution du savoir; l'une et l'autre préparent à la vie intellectuelle d'autres conditions, qui deviendront manifestes au XVIIe siècle quand sciences et philosophie nouvelles se développeront presque tout entières hors de l'université et contre elle.

En son temps, Kristeller avait insisté sur le statut professionnel des humanistes, recrutés aux XIVe et XVe siècles hors de la caste universitaire,
employés comme éducateurs par de nobles familles ou par les communes,
parfois établis à leur compte dans une maison d'école; Donald Kelley me

le rappelait, Kristeller s'était aussi occupé de la classification des sciences, à propos du "système des arts"[27]. Charles Schmitt mettait donc en œuvre des indications reçues de Kristeller quand il chercha à mieux connaître l'histoire des institutions du savoir, les échanges entre les professeurs et les intellectuels extérieurs à ce milieu, pour comprendre en particulier comment l'aristotélisme avait pu s'enrichir de l'apport humaniste. Mais ces thèmes, Schmitt en traita à une tout autre échelle, faisant de notations éparses ou secondaires le point de départ de recherches systématiques, se rendant attentif aux différences entre les universités du Nord de l'Europe, comme Paris et Oxford, et celles du Sud, comme Bologne et Padoue. On sait que, dans le modèle italien, contrairement à l'usage du Nord, la théologie n'était pas au centre du dispositif institutionnel, d'où le rôle différent joué par la philosophie. Au Nord, cette dernière était incluse dans le cycle des arts, propédeutique à l'entrée dans les trois facultés supérieures (théologie, médecine et droit). En Italie, philosophie et médecine étaient étroitement imbriquées, l'une servant de préparation obligée à l'autre, et les mêmes professeurs passant souvent au cours de leur carrière d'une chaire de philosophie (d'abord en logique, puis en philosophie de la nature) à une chaire de médecine. Cette situation fut favorable au maintien et à l'approfondissement de l'aristotélisme dont le corpus de référence pouvait fournir aux uns une méthode de raisonnement et un système philosophique, aux autres une théorie du vivant appuyée sur un vaste recueil d'observations. De cet aristotélisme revivifié au XVIe siècle, l'université de Padoue fut un lieu d'excellence, auquel Schmitt s'intéressa très tôt, d'abord à propos de la dette supposée de Galilée à l'égard des Padouans et de Zabarella[28]. Puis la séduction de Padoue opéra, d'autant qu'après 1960 son historiographie connut un nouvel essor et suscita de nombreux travaux fondés sur un ensemble très riche d'archives, inspirés par la volonté de l'université de se réapproprier son propre passé[29].

Aux motifs précédents de son déplacement d'un domaine d'objets à l'autre, – la logique interne du questionnement sur la *fortuna*, l'importance accordée aux facteurs institutionnels et sociaux pour recréer le contexte culturel, enfin l'intérêt pour le milieu padouan –, j'ajouterai un dernier élément lié au contexte anglais, car, dès 1967, Charles Schmitt résida par choix dans ce pays (à l'exception d'une année, 1970 – 1971, passée en Italie). Or, dès 1966, l'université d'Oxford avait lancé un très ambitieux projet

---

27 "The Modern System of the Arts" (1951 – 1952), repris dans son recueil *Renaissance Thought II*, New York 1965, p. 163 - 227.

28 Voir les deux articles cités note 1. Et Luce Giard: "L'aristotélisme padouan" (note 12 supra).

29 Luce Giard: "Histoire de l'université et histoire du savoir: Padoue (XIVe - XVIe siècle) (I)", dans: *Revue de Synthèse*, t. 104 (1983), n° 110, p. 155 sv.

de recherche sur son histoire[30]. La préparation collective de cette enquête a mobilisé une bonne part de la communauté historienne et remis au premier plan la question des institutions du savoir et de leurs interactions avec la société. Installé à Leeds à partir de 1967, Schmitt eut comme collègue Charles Webster, historien de la médecine[31], qui devait, quelques années après, rejoindre l'université d'Oxford. De cet amical interlocuteur très informé, Charles Schmitt recueillit nombre d'indications sur l'histoire comparée des universités, des disciplines et des milieux intellectuels, en particulier pour les relations entre médecine et philosophie. Enfin, si l'on quitte un instant la scène passée pour rejoindre le présent, ce présent qui toujours détermine le regard posé sur le passé, quoi que dise l'historien, on ne peut ignorer le poids des mesures draconiennes prises à partir de 1981 par le gouvernement conservateur à l'encontre des universités anglaises. Une telle situation ne pouvait que convaincre l'historien de la culture savante du rôle central des décisions politiques, avec leurs conséquences économiques et sociales, dans la vie intellectuelle. L'occasion était belle de vérifier *in concreto* que les institutions du savoir sont chose fragile, promise à la mort, comme les hommes et leurs croyances.

C'est alors (hasard de dates ou relation de cause à effet?) que, saisissant au vol une vague proposition d'éditeur, Charles Schmitt fonda une revue, *History of Universities* (tome 1, 1981) qu'il allait diriger d'une main ferme et habile, si bien que l'entreprise lui survivra sans à-coup[32]. En préface au premier volume, il avait esquissé un programme de travail: replacer l'histoire des universités, trop renfermée sur elle-même, dans une histoire plus large des contextes intellectuels et culturels, encourager des travaux comparatistes pour sortir du modèle figé des monographies locales, publier essentiellement des articles fondés sur une exploitation directe des sources. Rien là n'était étranger à sa méthode personnelle, ni aux orientations autrefois reçues de Kristeller. Simplement l'entreprise était poussée un cran plus loin et dirigée vers la communauté historienne tout entière. En quelques années, la revue devait devenir un instrument indispensable en histoire intellectuelle; Schmitt avait vu juste, quant à l'état de ce domaine de recherches, au volume des travaux originaux susceptibles d'en sortir, aux

---

30 Linda Colley: "An Obsession with the State", dans: *Times Literary Supplement*, 13.3.1987, évoque la naissance de ce projet en rendant compte de ses premiers résultats, trois volumes déjà publiés sur les huit prévus dans une monumentale *History of the University of Oxford*, Oxford.

31 Charles Webster: *The Great Instauration. Science, Medicine and Reform 1626 – 1660*, Londres 1975.

32 Dorénavant publiée par Oxford University Press, la revue sera dirigée par Laurence Brockliss (Magdalen College, Oxford), grand connaisseur de l'histoire de l'éducation en France à laquelle il vient de consacrer un ouvrage important: *French Higher Education in the 17th and 18th Centuries. A Cultural History*, Oxford 1987.

besoins d'intercommunication ressentis par les spécialistes, – ou d'une manière perspicace de traduire le passé intellectuel en présent.

Cet épisode illustre sa conduite constante, ce va-et-vient assuré entre la recherche personnelle et la communauté des historiens, pour faire circuler l'information recueillie, mettre en relation les groupes et les générations, sans attiser les jalousies ou les conflits, en prenant pour seul critère la qualité du travail produit. Je ne me souviens pas de l'avoir lu ou entendu jeter l'anathème sur une personne ou une école. Il avait certes ses préférences et ses connivences, mais restait toujours prêt à apprendre d'autrui. Spécialiste respecté dont on sollicitait l'avis, il n'était pas devenu un homme d'appareil et de pouvoir, un de ces grands voyageurs de la *jet-society* scientifique qui courent les rencontres internationales et les hauts comités, tiennent le réseau des présidences et des places de décision, et gouvernent pour un temps par l'amont la recherche dans une discipline. Il ne désirait pas se transformer en administrateur de l'institution du savoir, même à très haut niveau, il préférait continuer à travailler par lui-même et fuyait les honneurs et les élections. Son attachement à la dimension communautaire dans la recherche était plus désintéressé, plus modeste et plus efficace, il portait sur le partage du savoir accumulé par chacun. Au fond telle était bien sa seule méthode, et sa seule ambition. Cette méthode se résumait à sa pratique de la recherche, une pratique poussée à son plus haut degré d'acribie, d'amplitude dans la documentation recueillie de première main et de distance critique quant à l'interprétation des textes sources. Une phrase en passant décrit bien son état d'esprit: il disait ne plus fréquenter les congrès internationaux, ces "énormes machineries où le tourbillon des sujets et des personnes, la fragmentation des séances en très brèves communications dispersent l'attention et tuent l'intérêt".

Un testament

J'attribue cette qualité à l'introduction qu'il était sur le point d'achever pour la *Cambridge History of Renaissance Philosophy*[33]. Il est vrai que ce volume tout entier fera aussi figure de testament, car Schmitt en avait voulu l'architecture, arrêté la composition, choisi les collaborateurs et révisé la plus grande parti. On pourra donc y trouver la preuve en acte de sa conception de la philosophie de la Renaissance et juger sur pièces de la perti-

---

33 Voir ci-dessus la note 4. Le texte compte 17 feuillets recto, dont un peu moins du quart est dactylographié; de nombreux ajouts et corrections sont portés entre les lignes ou au verso; 4 autres feuillets manuscrits donnent un plan détaillé (antérieur?), avec des commentaires et quelques paragraphes tout rédigés. Charles Schmitt assurait dans ce volume de la *Cambridge History* la direction, la coordination entre les collaborateurs et une partie de la rédaction; ce travail était déjà très avancé et sera achevé, pour l'éditeur, par Jill Kraye, du Warburg Institute.

nence et de la fécondité de cette manière d'en faire l'histoire. Mais au sens propre, sous sa forme brève de travail en cours, avec son caractère de circonstance, puisqu'il devait à la fois justifier une conception éditoriale et présenter une entreprise collective, ce texte inachevé mérite de figurer dans l'*opus postumum* de son auteur dont il illustre clairement les idées directrices. En voici les points principaux, ici ou là complétés en référence à ses travaux antérieurs, sans qu'il y ait d'ailleurs de *contradictio in adjecto*. A ce petit texte, le sort aura donné une valeur et une fonction à part, le transformant en *ultima verba*, discret testament d'un maître disparu.

Le texte commence par circonscrire le champ d'investigation retenu, soit entre 1350 et 1620 – 1630, l'Europe occidentale, cette dernière étant définie comme l'aire d'usage du latin en tant que langue de culture. Une place centrale y est accordée à l'Italie, principale responsable de l'apparition de l'humanisme et de la déconstruction du système médiéval qui en est résultée. Charles Schmitt souligne que le champ ainsi délimité concerne une énorme littérature philosophique, manuscrite ou imprimée, dont le volume dépasse de très loin tout ce que nous connaissons de la production médiévale et il insiste beaucoup sur ce point, ignoré de la majorité des spécialistes. D'où sa première interrogation: comment expliquer le dédain réservé à la Renaissance en philosophie, à peine évoquée entre un avant glorieux (XIIIe – XIVe) et un après créateur (XVIIe – XVIIIe)? Les rares incursions des historiens dans cette époque se rapportent à des figures illustres, mais étrangères à la profession de philosophe, comme Léonard de Vinci ou Paracelse, ou traitent, par anticipation, des auteurs dits mineurs comme de simples pions sur l'échiquier des batailles philosophiques à venir, les réduisant au rôle de figurants ou de stériles précurseurs. Sommaire et défavorable, ce jugement se maintient en vigueur parce qu'on lit peu, mal et superficiellement les textes de l'époque. Tout se ligue pour que même les historiens de la philosophie ignorent, méprisent ou trahissent la philosophie de la Renaissance.

De cette situation curieuse, si on la compare à la réception d'autres moments du travail philosophique, Schmitt avance deux raisons plausibles. La première tient au fait qu'aucun groupe intellectuel n'a d'intérêt particulier à ressusciter ce morceau du passé. A l'opposé, le Moyen Age est connu et respecté d'autant plus, depuis que l'Eglise catholique, avec l'encyclique *AEterni Patris* (1879) de Léon XIII, a entrepris avec persévérance et efficacité de remettre en honneur l'héritage philosophique du christianisme médiéval[34]. La seconde dépend de sa place dans l'histoire, à la veille de la modernité. Galilée, Bacon, Descartes, tous ont critiqué violemment leurs prédécesseurs pour protéger leur propre capacité d'innover et de s'en éloi-

---

34 Voir l'étude intéressante de Pierre Thibault: *Savoir et pouvoir. Philosophie thomiste et politique cléricale au XIXe siècle*, Québec 1972, que Schmitt ne semble pas connaître.

gner. Le succès de leurs théories philosophiques et scientifiques a donné foi à tous leurs énoncés, positifs et négatifs, et la Renaissance décriée a été rejetée dans l'oubli comme intellectuellement négligeable. Ainsi est-elle devenue *terra incognita* où nul voyageur ne s'aventure à partir du XVIIe siècle, sinon des Allemands parce que la scolastique tardive et l'aristotélisme de la Renaissance s'y sont continués et ont nourri la réflexion philosophique, de Leibniz à Kant, en vertu du rôle conservé par les universités et des relations entre philosophie, histoire et théologie après Luther et le partage des confessions. Ainsi l'aristotélisme de Zabarella, le dernier grand Padouan du XVIe siècle, fut défendu et diffusé par son élève Pacius (Giulio Pace), passé au protestantisme et dont les éditions et traductions d'Aristote devinrent en Allemagne un ouvrage de référence: "*doctissimus Zabarella praeceptor meus*", écrit-il[35]. Rien d'étonnant dès lors à ce que le seul grand traité d'histoire qui vaille pour la Renaissance vienne de ce pays: l'*Historia critica philosophiae* (Leipzig, 1742 - 1767, 6 volumes) de Johann Jacob Brucker, un ouvrage dont Charles Schmitt ne manquait jamais de souligner la valeur, même pour nous aujourd'hui, et qui vise un idéal d'intelligibilité pragmatique et critique, très proche du sien en un sens[36].

Après 1850, la tendance de l'historiographie s'est peu à peu inversée, en particulier en Italie où l'on chercha à ressaisir un passé "national", ce qui tourna l'attention vers les différents domaines de la Renaissance. Mais pour Schmitt, le mouvement de reflux commence vraiment à notre siècle avec Cassirer[37]. Le premier, il sut rendre à cette production philosophique son unité d'expression en latin et rompre avec l'emploi anachronique des découpages entre langues et nations qui fragmentaient abusivement, en référence au présent de l'Europe, le passé de la Renaissance savante. Dans un premier temps, ce retour à nouveaux frais aux XVe et XVIe siècles s'est fait sous la forme de monographies sur un auteur ou un thème, et la plus grande partie du corpus philosophique est restée non inventoriée, donc

---

35 Voir Charles B. Schmitt: *Aristotle and the Renaissance*, Cambridge (Mass.) 1983, p. 43, 83 - 85. Ma citation provient de Julius Pacius a Beriga: *In Porphyrii Isagogen et Aristotelis Organum Commentarius analyticus*, Francfort 1597 (reprint, Hildesheim 1966), p. 2, c. d.

36 Voir encore Charles Schmitt: "The Development of the Historiography of Scepticism: from the Renaissance to Bruckner", in R. H. Popkin and C. B. Schmitt (eds): *Scepticism from the Renaissance to the Enlightenment*, Wolfenbüttel 1987, p. 185 - 200. Malgré son admiration pour l'entreprise de Brucker, Schmitt en percevait les défauts et les limites. Sur l'absence de hiérarchisation entre propositions principales et propositions secondaires des systèmes philosophiques, sur la lecture littérale des textes, l'importance donnée à l'histoire des personnes (traitée à égalité avec celle des doctrines), enfin l'incapacité de thématiser la référence au temps, voir Lucien Braun: *Histoire de l'histoire de la philosophie*, Paris 1973, p. 119 - 137.

37 Luce Giard: "L'aristotélisme padouan" (note 12 supra), p. 289 - 292.

ignorée. En dépit d'une moisson de résultats, les connaissances ainsi obtenues sont demeurées partielles, toute synthèse faisant défaut et semblant même impossible avant la réalisation des nombreux travaux préliminaires. Si, en dépit de cette conclusion négative, Charles Schmitt avait accepté la responsabilité du volume de la *Cambridge History*, c'était avec l'idée de faire œuvre utile. Le temps était venu de faire la somme du travail accompli depuis trente ou quarante ans, malgré son caractère parcellaire et en raison de sa dispersion. Cette sommation permettrait, à son tour, de repérer les points forts et les points faibles de cette historiographie, de désigner des directions prioritaires pour les dix ou vingt prochaines années, de donner envie à d'autres de s'aventurer dans ces terres si mal explorées. Provisoire et fragile, cette première présentation synthétique rendrait quand même à la philosophie de la Renaissance sa visibilité et son unité, tout en la référant à la conviction commune à ceux qui, en leur temps, l'avaient pensée et produite, à savoir que la recherche de la vérité est une tâche "à mener en commun et de concert", un credo auquel Charles Schmitt adhérait de tout cœur.

Le même désir de retourner aux habitudes de pensée de la Renaissance et de reconstituer l'unité du champ philosophique à cette époque l'avait conduit à substituer au découpage par auteurs une architecture par secteurs philosophiques et à reprendre la définition du champ philosophique dans toute son ancienne extension. C'était, une fois de plus, appliquer à la lettre le précepte reçu de Kristeller: il faut étudier et comprendre la Renaissance dans ses propres termes et selon ses propres habitudes intellectuelles. Ici Schmitt précise qu'aucune répartition n'est entièrement satisfaisante, car chaque découpage possible servirait mieux tel ou tel dessein. De fait, dans le petit ouvrage destiné à la collection Opus[38], il avait adopté un autre plan, par écoles de pensée, selon un mode de présentation plus adapté à une intention didactique et plus commode pour mettre en évidence la continuité de traditions. Comme il le notait, un tel parti est moins favorable aux philosophes dont la pensée est plus originale et reste, en tout état de cause, mal adapté à l'éclectisme philosophique si répandu au XVIe siècle, mais pratiqué de tant de manières.

Rompant avec le modèle classique des monographies et réintégrant dans la philosophie des secteurs aujourd'hui repoussé à sa périphérie (comme la rhétorique et la poétique), placés au dehors (comme l'histoire et la médecine) ou même rejetés hors de la sphère du rationnel (comme la magie et l'astrologie), il espérait ainsi restituer le développement du débat philosophique dans sa durée et la logique d'enchaînement des questions et des problématiques. Dans sa cohérence interne, cette composition décentre l'attention des auteurs vers un état d'ensemble du savoir philosophique. Charles Schmitt ne cherchait pas à donner une unité factice à la commu-

---

38 Voir note 4.

nauté philosophique d'alors; au contraire il insiste sur la diversité des appartenances et des filiations à la Renaissance, grâce au travail des humanistes, à la multiplication des lieux sociaux de la vie intellectuelle et au retour des textes issus des différentes philosophies grecques.

De ce volume de la *Cambridge History*, il voulait faire une véritable introduction à la vie intellectuelle de l'époque pour les philosophes comme pour les autres historiens, en matière de sciences et de culture. Attentif aux conditions d'exercice de la profession philosophique, il désirait faire comprendre comment à la Renaissance la philosophie avait commencé à changer de statut et de fonction, par rapport au modèle médiéval en relations étroites avec l'Eglise et l'université. A côté des professeurs, apparaissent alors d'autres types de philosophes, "penseurs indépendants" de l'institution, comme il les nomme, vivant de leur fortune personnelle (comme Montaigne ou Telesio) ou du patronage d'un puissant personnage, inscrivant dans les faits une séparation entre la philosophie et l'université qui se généralisera au XVIIe siècle. En changeant de lieux d'exercice et d'obédience, la philosophie changeait aussi de modes d'écriture et de transmission, de manières d'argumenter et elle ouvrait son éventail de problématiques. Ainsi comprise, la référence à l'histoire institutionnelle et sociale sert à élargir les perspectives d'une histoire de la philosophie, à l'ouvrir sur une histoire intellectuelle plus ambitieuse, exactement comme, à la Renaissance, les textes philosophiques étaient entrés dans la culture savante commune aux *litterati* pour alimenter aussi les débats de la *vita civile*. A demi-mot, l'introduction testamentaire de Charles Schmitt fait davantage confiance aux non–spécialistes pour la survie des interrogations philosophiques, probablement parce qu'il voyait clairement les dangers de l'histoire écrite par les philosophes pour les seuls philosophes, une histoire désincarnée et décontextualisée, aveugle à tout ce qui n'est pas le pur et simple contenu conceptuel, dont le passé enseigne pourtant qu'elle enferme la philosophie dans des frontières trop étroites, trop rigides et des modèles trop stables, ce qui à terme la rend étrangère aux questions vives de son temps.

La tentation sceptique

Comme Richard Popkin, devenu la principale autorité sur le scepticisme au XVIIe siècle, Charles Schmitt devait sa rencontre de cette école philosophique à P. O. Kristeller qui lui avait proposé un sujet de Ph.D. s'y rapportant en partie[39]. Kristeller n'avait pourtant pas d'affinités avec cette ligne de pensée, il n'en a jamais traité en particulier, mais sa connaissance approfondie de la philosophie grecque (il avait été l'élève de Werner Jaeger à Berlin et de Martin Heidegger à Fribourg) et sa longue exploration

---

39 Richard H. Popkin: *The History of Scepticism from Erasmus to Spinoza*, 3e éd., Berkeley 1979, p. X. Charles B. Schmitt: *Gianfrancesco Pico della Mirandola (1469 – 1533) and his Critique of Aristotle*, La Haye 1967, p. XI.

des fonds manuscrits italiens de la Renaissance en 1934 – 1938 l'avaient convaincu du rôle joué par le renouveau de cette composante au XVIe siècle[40]. Lancé dans cette direction, Schmitt devait s'y intéresser de manière durable, il lui consacra deux livres et rédigea, sous la forme d'articles dispersés, l'équivalent d'un troisième livre à ce propos[41]. Si la mort ne l'avait pas saisi par surprise, il aurait achevé une importante étude, depuis longtemps annoncée, sur la *fortuna* de Diogène Laërce au sujet du scepticisme et de Sextus Empiricus[42]. Ajouté à son livre antérieur sur les *Academica* de Cicéron, cela aurait fourni une analyse systématique de la transmission des trois principales sources antiques du scepticisme.

Il comptait aussi publier bientôt une histoire du mot "scepticisme", un fragment en quelque sorte du "dictionnaire historique complet" qu'il avait souvent appeler de ses vœux pour clarifier la langue philosophique[43]. Car il était demeuré très sensible aux erreurs d'interprétation historique dues à l'ignorance d'une évolution sémantique. En insistant sur cet élément, il restait fidèle aux positions des humanistes qui, dès la *nova dialectica* de Lorenzo Valla et de Rodolphus Agricola au XVe siècle, avaient voulu restaurer le primat de l'usage classique en latin contre le jargon scolastique médiéval[44]. Mais sa défiance d'historien quant aux erreurs sémantiques tenait aussi à ses propres réticences vis-à-vis des libertés langagières et de la moindre exigence de précision tolérées dans les disciplines littéraires. On retrouve là une trace de son éducation scientifique première, de son refus ferme de toute rhétorique, d'où venait qu'il était mal à l'aise devant les langues naturelles équivoques et mouvantes et si attiré par les mérites d'un latin stabilisé dans un rôle artificiel de *koinè* pour la vie savante. Là encore il

---

40 Paul O. Kristeller: *Iter Italicum: A Finding List of Uncatalogued or Incompletely Catalogued Humanistic Manuscripts of the Renaissance in Italian and Other Libraries*, Londres et Leyde, 2 t., 1963 – 1967. Richard Popkin (note 39 supra, p. 272), remercie Kristeller, dans sa note 5, pour renseignements concernant une traduction latine manuscrite de Sextus datant de la Renaissance et conservée en Italie. En outre, le scepticisme figure aussi dans l'article programmatique de Kristeller et John H. Randall: "The Study of the Philosophies of the Renaissance", dans: *Journal of the History of Ideas*, t. 2 (1941), p. 449 – 496, qui eut une grande influence dans les pays de langue anglaise.

41 Voir les notes 2, 36, 39 et 42.

42 *Cicero scepticus*, p. VII, 5, 12, 13; "The Rediscovery of Ancient Skepticism in Modern Times", in Myles Burnyeat (ed.): *The Skeptical Tradition*, Berkeley 1983, notes 20, p. 245, et 54, p. 247 – 248.

43 *Cicero scepticus*, p. 5 – 7. D'ailleurs Victor Brochard signale déjà les ambiguïtés de ce mot dans *Les sceptiques grecs* (1887), 2e éd., Paris 1932, p. 1 – 3. Schmitt connaissait bien cet ouvrage qu'il tenait pour fondamental: voir "The Rediscovery of Ancient Skepticism", p. 242, note 3.

44 Luce Giard: "Lorenzo Valla: la langue comme lieu du vrai", dans: *Histoire, Epistémologie, Langage*, t. 4/2 (1982), p. 5 – 19.

y aurait chez lui l'écho du rêve leibnizien, repris au XXe siècle par Russell ou Carnap, d'une "langue de vérité" qui ne pourrait ni se tromper, ni nous tromper. Quoi qu'il en soit de l'exactitude de cette supposition, elle ne contredit pas le constat déjà fait: le problème de la langue et des langues est demeuré comme tel extérieur à ses préoccupations philosophiques et historiques. A mes yeux, cela constitue la principale limite de pertinence de son travail sur la Renaissance.

En tout cas, la fréquentation assidue des arguments anti–aristotéliciens de Gianfrancesco Pico avait eu sur lui un effet inattendu, elle l'avait renvoyé à l'histoire de l'aristotélisme pour en mesurer la portée. Bientôt le désir de démêler l'écheveau embrouillé des courants aristotéliciens au XVIe siècle devait l'absorber tout entier et le détourner de la cause sceptique. Mais ce déplacement de l'une à l'autre tradition ne me semble être ni l'aveu d'une lassitude ni la soumission à une nécessité de la recherche. J'y reconnais plutôt la traduction d'une double préoccupation de son esprit, chacune des deux traditions philosophiques correspondant à une part de lui-même et lui convenant en profondeur. Par sa méfiance de principe à l'égard des opinions et des croyances, par sa suspension de l'assentiment avant plus ample information, le scepticisme satisfaisait en Charles Schmitt l'entraînement scientifique et philosophique à la critique méthodique. Mais ce serait une forme de scepticisme modéré, ce *moment sceptique* qui doit figurer dans tout acte du connaître pour rendre le sujet connaissant conscient des limites de la certitude visée et atteinte, un moment indispensable dans le travail scientifique comme l'avait noté autrefois Victor Brochard, grand connaisseur du scepticisme antique[45].

Un tel scepticisme de précaution, antidogmatique dans son essence, ne conduit pas au scepticisme radical, destructeur, qui laisse insatisfait tout désir de savoir puisque la vérité d'aucun énoncé ne peut être soutenue comme telle de manière légitime[46] et qu'aucune connaissance ne dispose de fondements assurés. Si le premier type d'expérience sceptique exerce une fonction purificatrice sur l'activité de connaissance, le second relève d'une décision métaphysique et éthique qui conduit dans l'ordre du savoir à un anarchisme relativiste, une position épistémologique revendiquée aujourd'hui par Paul Feyerabend[47] et pour laquelle Schmitt avait une grande répugnance. Au scepticisme modéré (l'appellation est de mon invention), il

---

45 Victor Brochard (note 43 supra), p. 2 – 3.

46 Sur la distinction de ces deux niveaux, David Sedley: "The Motivation of Greek Skepticism", in Myles Burnyeat (note 42 supra), p. 10, 21. Je me souviens ici à ma manière de l'analyse hégélienne: *Phänomenologie des Geistes*, ed. Johannes Hoffmeister, Leipzig 1949, p. 67 – 74, 154 – 158 (trad. Jean Hyppolite, Paris s. d., I, p. 70 – 76, 171 – 176).

47 *Against Method. Outline of an Anarchistic Theory of Knowledge*, Londres 1975.

attribuait un certain rôle dans l'avènement de la science moderne[48], négativement pour avoir contribué à briser le modèle antérieur de savoir régi par les *auctoritates*, positivement pour avoir conduit à réfléchir sur les approximations et les probabilités, sur les mécanismes de la perception et les modalités de la connaissance sensible, puisque, dans sa reprise des thèses sceptiques, la Renaissance avait surtout discuté de la possibilité naturelle pour l'homme d'atteindre à une connaissance certaine.

Son refus des dogmatismes et sa pratique d'un recul critique lui permettaient de se reconnaître dans un scepticisme modéré, mais son goût de la connaissance le détournait du scepticisme radical et le portait vers l'aristotélisme. De ce dernier, il goûtait l'ambition d'ordonner l'échelle des êtres et le champ entier des savoirs; ni le désordre ni le flou ni l'incantation lyrique ne pouvaient lui plaire. Il était satisfait par la netteté de l'architecture aristotélicienne des intelligibles, la relation maintenue avec le concret, la distance prise vis-à-vis des ferveurs et des séductions poétiques du platonisme encore accentuées dans le néoplatonisme, deux courants étroitement mêlés à la Renaissance et dont l'apport lui semblait parfois majoré dans l'historiographie récente. Lui-même avait au début de sa carrière étudié quelques aspects de la tradition issue de Platon[49], mais sans s'y arrêter plus que nécessaire, trop pressé de se consacrer à l'aristotélisme.

Cependant l'attrait premier pour la voie sceptique se maintenait, moins visible mais vivace. Le doute sceptique lui était un rempart contre le dogmatisme et la crédulité, deux excès qu'il n'aimait guère, tandis que l'aristotélisme avec son réalisme lui évitait le désespoir relativiste qui ruine toute confiance dans la connaissance scientifique. A circuler entre ces deux traditions philosophiques, Charles Schmitt imitait la liberté éclectique des philosophes de la Renaissance, loin de toute orthodoxie spéculative, mais il ne prétendait pas établir de facile harmonie entre les deux voies. Il respectait trop leurs différences et leur distance mutuelle, il avait même pris soin de préciser qu'il n'avait jamais trouvé d'exemple de leur alliance dans les textes du XVIe siècle[50]. Cette absence était, de la part des aristotéliciens, une preuve de lucidité. Le second Pic de la Mirandole n'avait-il pas mis en circulation une attaque, par la voie sceptique, de la thèse épistémique centrale d'Aristote, sur la relation de la connaissance sensible à la connaissance intellectuelle, – une attaque couronnée de succès et dont Schmitt admirait le discernement qui l'avait dirigée droit au but[51].

---

48 *Cicero Scepticus*, p. 10 - 11, surtout la note 23. Et déjà *Gianfrancesco Pico*, p. 159.
49 Ces articles sont repris dans *Studies in the Renaissance Philosophy*, chap. I - IV.
50 "The Rediscovery of Ancient Skepticism", p. 239.
51 *Gianfrancesco Pico*, p. 75 - 82.

Un aristotélisme pluriel

Par la nature de son premier objet, Charles Schmitt fut doublement obligé d'affronter le problème de l'aristotélisme, dans le contenu du système philosophique, pour mesurer la pertinence des arguments que lui avait opposés Gianfrancesco Pico, à propos de l'état de cette tradition au XVIe siècle, pour déterminer le destin réservé à cette polémique et ses conséquences à plus long terme. Les travaux qu'il devait ensuite entreprendre sur l'horreur du vide, une notion clé dans la philosophie de la nature chez Aristote, leur élargissement à l'histoire des conceptions expérimentales dans le milieu intellectuel de Galilée[52], enfin l'attention minutieuse qu'il porta à l'histoire des universités, tous ces thèmes successifs le renvoyaient, chacun pour de nouvelles raisons, à la nécessité d'approfondir l'étude de l'aristotélisme. Assez vite, il se fit à ce sujet sa propre opinion, une opinion pas très conformiste quand il l'énonça, mais largement confirmée, quinze ans après, par la recherche des uns et des autres, dont la sienne.

Dans un essai dense, suggestif, bourré de références, il avait plaidé avec conviction pour une *réévaluation* de la cause aristotélicienne[53]. Dès lors pour lui l'affaire était entendue et la suite de ses travaux devait s'attacher à produire la confirmation factuelle et documentaire des hypothèses énoncées avec fermeté en 1973 et dont a posteriori la justesse frappe. Dans ce texte programmatique, la note 23 annonçait un prochain volume sur quelques cas d'aristotéliciens caractéristiques des années 1550 – 1650. Sous cette forme, l'ouvrage n'a jamais vu le jour, probablement parce que ses thèmes se sont à mesure amplifiés, ramifiés, nuancés. Mais la promesse a néanmoins été tenue, avec le livre sur John Case qui corrige l'image ordinaire de l'Angleterre après la rupture avec Rome[54] et dans une série d'articles ponctuels sur des personnages de second plan, représentatifs des facettes de la vie intellectuelle d'alors: Girolamo Borro, professeur à Pise; Alberto Pio de Carpi, un prince éclairé, élève et protecteur d'Aldo Manuzio; Cesare Cremonini, aristotélicien de stricte observance, en relation avec Galilée[55]. De 1973 à sa mort, Schmitt n'a cessé d'avancer, preuves à l'appui, les mêmes thèses sur l'aristotélisme à la Renaissance dont il dénonçait la représentation conventionnelle et schématique, liée aux déficits de la recherche historique à son propos. Lui-même essayait d'y remédier par toute une

---

52 Voir les notes 1 et 26.

53 "Towards a Reassessment of Renaissance Aristotelianism" (1973), in *Studies in the Renaissance Philosophy*, chap. VI.

54 Voir la note 10.

55 "Girolamo Borro's *Multae sunt nostrarum ignorationum causae* (Ms. Vat. Ross. 1009)" (1976), in *Studies in the Renaissance Philosophy*, chap. XI; "Alberto Pio and the Aristotelian Studies of his Time" (1981), in *The Aristotelian Tradition*, chap. VI; "Cesare Cremonini: un aristotelico al tempo di Galilei" (1980), ibid., chap. XI.

série de travaux qui l'ont occupé dans la seconde moitié de sa carrière et dont je tirerai les éléments d'une autre image de l'aristotélisme[56], provisoire et partielle dans l'intention de son auteur, mais déjà moins grossière et simpliste que les caricatures antérieures.

La première contre-vérité à récuser concernait la chute de l'aristotélisme à la Renaissance, effacé de la carte par l'humanisme. Le contraire est vrai: l'aristotélisme garde alors, dans toute l'Europe, le premier rang dans l'enseignement comme dans la culture savante, parce qu'il continue à fournir à la pensée son architecture d'ensemble, à l'université son organisation des savoirs et son corpus textuel de référence. De plus, il sait mettre à profit l'apport de la culture humaniste, en matière de techniques d'établissement et de saisie des textes anciens, grâce à la remise en circulation d'autres traditions philosophiques et scientifiques. Dynamique et vivant, il se modifie selon ses lieux d'insertion, selon les problèmes qu'il affronte, selon les choix d'interprétation auxquels il est adossé[57]. De ce maintien en exercice, trois aspects importent particulièrement et s'inscrivent en faux contre des idées reçues.

1. Au XVIe siècle, l'aristotélisme *ne s'identifie à aucune confession*. Non seulement toutes les Eglises (d'Angleterre, de Rome, calviniste, luthérienne) ont continué à se rapporter, peu ou prou, à Aristote et à s'en servir de manière institutionnelle, mais encore les divers courants qui traversent alors l'aristotélisme traversent pareillement les frontières confessionnelles. Si Luther n'aime guère Aristote, dont il connaît surtout la version médiévale, ses lieutenants, Melanchthon en tête, comprennent très vite l'enjeu que constitue l'école et la nécessité de conserver une armature aristotélicienne forte pour soutenir le système de formation intellectuelle et d'argumentation contre les adversaires catholiques ou les hétérodoxes de toute obédience. De ce choix initial, la marque se conservera en Allemagne jusqu'au XVIIIe siècle. Du côté catholique, on fait, pour les mêmes raisons, une analyse analogue; Suarez en Espagne, Zabarella à Padoue, les jésuites du Collegio Romano ou de Coimbra alimentent en ouvrages de haut niveau la fidélité renouvelée à Aristote; hors des clivages confessionnels ces textes circulent parce qu'ils discutent sérieusement d'Aristote et que celui-ci importe dans sa vérité même[58].

, 56 Dans ce qui suit, je me fonde sur des éléments communs à plusieurs de ses textes: *A Critical Survey*; *Aristotle and the Renaissance*, un admirable petit ouvrage dont la traduction française paraîtra par mes soins en 1989; enfin le texte inachevé pour la collection Opus qu'il serait souhaitable de voir publier bientôt.

57 Je m'en suis expliquée dans "L'aristotélisme padouan" (note 12 supra).

58 *Aristotle and the Renaissance*, p. 26 – 32. Et un dernier article dont je n'ai pas encore pu prendre connaissance: "Philoponus' Commentary on Aristotle's *Physics* in the 16th century", in R. Sorabji (ed.): *Philoponus and the Rejection of*

2. Si l'aristotélisme persiste, c'est parce qu'il est utile à tous, notamment par l'ampleur du champ des savoirs qu'il régit. Cette ampleur le rend aménageable et diversifiable selon les contextes de savoir et d'institution. Un pluriel d'aristotélismes se constitue, chacun défini par *un mode particulier de prélèvement* dans le corpus aristotélicien (textes et commentaires antiques), en relation avec un domaine déterminé d'intérêts de connaissance et d'interrogations. Selon les objets visés, les lieux sociaux d'activité scientifique ou philosophique, le niveau de rigueur atteint, on verra apparaître un aristotélisme soucieux de métaphysique ou de poétique, de sciences ou de politique. Chaque variéte distincte se colorera en interaction avec d'autres traditions de pensée. A la fragmentation des domaines, à la diversité des insertions, correpond une hétérogénéité des apports extérieurs, d'où la figure éclectique de tous ces aristotélismes.

3. Un autre travail de différenciation agit sur l'interprétation d'Aristote, de l'intérieur du système en quelque sorte. Il naît du retour humaniste à l'original grec, de sa restauration dans un meilleur état, d'une meilleure connaissance du contexte antique, de nouveaux critères de compréhension et de traduction. Dorénavant confronté à ses commentateurs antiques ou à ses contradicteurs issus d'autres traditions philosophiques et scientifiques, *le texte d'Aristote est lu et entendu différemment*. Par rapport à lui, une distance critique se rétablit, même les plus fidèles et les plus rigoureux des aristotéliciens apprennent à discuter le maître, parfois à s'écarter de ses thèses. Ainsi se constituent autant de mixtes personnels d'ingrédients trouvés dans et hors de la tradition aristotélicienne, en fonction de la discipline à laquelle on pense d'abord (médecine ou philosophie de la nature, par exemple) et des problèmes qu'on cherche à résoudre. Soumis à un tel régime, l'aristotélisme acquiert souplesse, mobilité et vigueur; il voit proliférer les compositions locales et les interprétations syncrétistes, il redevient une philosophie vivante avec tout ce que cela comporte d'incohérence, de contradictions et d'hétérodoxies. De cette vitalité retrouvée, la preuve matérielle est fournie par la masse documentaire qui nous est parvenue (pourtant, tout n'a pas été conservé ou dépouillé): au bas mot, près de 4000 éditions, traductions, etc., d'Aristote ont été imprimées avant 1600, contre moins de 500 dans la même période pour Platon[59].

Ces données concrètes comptaient beaucoup aux yeux de Charles Schmitt, parce que, pour comprendre la philosophie et les sciences à la Renaissance, il entendait lier à l'analyse des contenus conceptuels la recherche des indices matériels de leur circulation réelle. Pour connaître ce que la Renaissance savante avait véritablement su, compris, cherché à penser et

---

Aristotelian Science, Londres 1987, p. 210 – 230, un recueil que son éditeur a dédié à la mémoire de Schmitt.

59 *Aristotle and the Renaissance*, p. 14; ainsi que l'inventaire de F. E. Cranz, cité note 3.

par quelles voies elle avait essayé de le faire, il estimait indispensable d'associer l'histoire des concepts, des institutions du savoir et des hommes, comme autant d'ingrédients nécessaires à la constitution d'une histoire intellectuelle. Il redisait souvent que nous n'avons pas encore les moyens d'écarter l'hypothèse d'une continuité ou d'une rupture en matière de sciences entre le Moyen Age et les Temps Modernes, car l'entre-deux (XVe et XVIe siècles) est encore trop peu étudié. Sur les jugements à l'emporte-pièce qui ne manquent pas ici et là à ce propos, il avait des mots très durs:

> La chose est claire: à quelques exceptions près, en sciences le Moyen Age a été étudié à fond selon des méthodes valables par des gens compétents, alors que pour la Renaissance le peu de travail réalisé a suscité d'extravagantes généralisations de la part d'interprètes ignorants des sources et de la structure fondamentale de ce domaine[60].

A cette tâche, il s'était consacré avec application, modestie et ténacité, prêchant d'exemple sans tenir discours de sa méthode. Du travail historique ainsi compris, de cette manière exigeante et probe de relever les ruines d'une culture savante, il avait su faire une grande entreprise, *a work of faith and labour of love*, comme dit l'Ecriture.

---

60 Charles Schmitt: "Recent Trends in the Study of Medieval and Renaissance Science", in Pietro Corsi and Paul Weindling (eds): *Information Sources in the History of Science and Medicine*, Londres 1983, p. 233.

ECKHARD KESSLER

Die Transformation des aristotelischen Organon durch Lorenzo Valla

I

Unter den vielen bedeutenden Werken des Humanisten Lorenzo Valla ist seine Dialektik, mit der er von seinem 24. Lebensjahr bis zu seinem Tode im Jahre 1457, also 26 Jahre lang, beschäftigt war, sicher das bedeutendste. Er erhob mit ihr den Anspruch, wie schon der Titel der ersten Fassung *Repastinatio dialectice et philosphie*[1] verspricht, die Dialektik und mit ihr die Philosophie umzupflügen und neu zu ordnen und fruchtbar zu machen.

In der Vorrede zum ersten Buch äußert Valla in polemischer Absetzung gegen die Logik und Philosophie seiner Zeit drei Motive, die ihn bei seinem Unternehmen leiten: Er beruft sich auf Pythagoras, der die Philosophie, anders als die dogmatischen Aristoteliker, nicht als Besitz von, sondern als Suche nach Wissen und Wahrheit definiert habe[2], er bemängelt, daß Aristoteles rein theoretisch interessiert gewesen sei und keinerlei praktische Erfahrungen als Politiker, Feldherr, Jurist oder Arzt besessen habe[3], und er bemerkt, daß seit Boethius niemand mehr wirklich Latein gesprochen habe und daher auch niemand, und vor allem nicht die arabischen Autoritäten Averroes und Avicenna, in der Lage gewesen sei, richtig zu philosophieren[4]. Diese drei von Valla selbst geäußerten Motive sind in der neueren Forschung zur Grundlage der Interpretation von Vallas Dialekt geworden.

Ausgehend vom ersten Motiv versucht Lisa Jardine für Valla und die humanistische Dialektik überhaupt eine skeptische Grundhaltung nachzuweisen[5]; ausgehend vom zweiten Motiv versucht die gleiche Autorin, Vallas Dialekt als Versuch zu verstehen, eine Logik und Argumentationslehre

---

1 Lorenzo Valla: Repastinatio dialectice et philosophie (im folgenden zitiert: RD), ed. G. Zippel, 2 Bde., Padua 1982. Für die einzelnen Werke Vallas und ihre Druckgeschichte vgl. Mario Fois: Il pensiero cristiano di Lorenzo Valla nel quadro storico culturale del suo ambiente, Rom 1969, S. 641 – 644.
2 Valla, RD I, Prooemium 1 Bd. I, S. 1.
3 Valla, RD I, Prooemium 11 Bd. I, S. 5.
4 Valla, RD I, Prooemium 9 Bd. I, S. 5.
5 Lisa Jardine: Lorenzo Valla and the Intellectual Origins of Humanist Dialectics, in: Journal of the History of Philosophy 15 (1977), S. 143 – 164.

für das praktische Leben zu schreiben, die letztlich keine wissenschaftlichen Ansprüche erhebe[6], und ausgehend vom dritten Motiv hat Cesare Vasoli nachzuweisen versucht, daß Vallas Dialektik weder die ontologische Struktur des Seins noch die logische des Denkens, sondern die Sprache selbst als Mittel der Kommunikation zur Grundlage habe[7].

Diese drei Interpretationen widersprechen einander nicht, sondern ergänzen sich zu dem, was man von einer humanistischen, der Rhetorik verpflichteten Logik erwarten kann, und so gilt denn auch die Dialektik Vallas, der sich immer wieder in ausführlichen Zitaten auf Quintilian beruft[8], als deren Prototyp und ihre philosophische Bedeutung hängt, wenn man sie nicht gerade zum Vorläufer der Ordinary Language Philosophy ernennt[9], davon ab, welchen philosophischen Stellenwert man der Rhetorik einzuräumen bereit ist[10].

Meine Absicht ist es nicht, diese Interpretation Vallas in Frage zu stellen oder gar zu widerlegen. Die antischolastische Polemik der Humanisten generell und Vallas in der Vorrede zu seiner Dialektik im besonderen proklamiert einen Bruch mit der gesamten vorhergehenden scholastischen Philosophie, und so ist es legitim, den Humanisten Valla beim Wort zu nehmen und von jenen Quellen her zu verstehen, die er ausdrücklich an die Stelle der mittelalterlich–aristotelischen Tradition setzt und auf deren Grundlage er zu philosophieren vorgibt: Quintilian und Cicero und überhaupt die klassische lateinische Sprache[11]. Meine Absicht ist jedoch zu zei-

---

6 Lisa Jardine: Dialectic or Dialectical Rhetoric? Agostino Nifo's Criticism of Lorenzo Valla, in: Rivista critica di storia della filosofia 36 (1981), S. 253 - 270.

7 Cesare Vasoli: Filologia critica e logica in Lorenzo Valla, in: ders.: La dialettica e la retorica dell'Umanesimo. Invenzione e metodo nella cultura del XVI secolo, Turin 1968, S. 28 - 80.

8 Vgl. vor allem Valla, RD I, 1, 6 (s. Anm. 1; Bd. I, S. 9 f.), wo er von Quintilian die Definition der Kategorien übernimmt, und RD II, 19 - 21 (Bd. I, S. 244 - 275), wo er die gesamte Argumentenlehre Quintilians (Institutio oratoria V, S.8 - 10) wörtlich übernimmt.

9 Richard Waswo: The 'Ordinary Language Philosophy' of Lorenzo Valla, in: Bibliothèque d'Humanisme et Renaissance 41 (1979), S. 255 - 271. Waswos Argumentation, die jene von H. B. Gerl (s. Anm. 10) weiterzuführen versucht, leidet an bedauerlichen Übersetzungsfehlern aus dem Lateinischen Vallas, vgl. z. B. a. a. O. S. 265, Anm.21.

10 Vgl. z. B. Hanna–Barbara Gerl: Rhetorik als Philosophie: Lorenzo Valla, München 1974 oder A. J. Ashworth: Agostino Nifo's Reinterpretation of Medieval Logic, in: Rivista critica di storia della filosofia 31 (1976), S. 355 - 374 als entgegengesetzte Position.

11 Für Cicero und Quintilian vgl., neben den ständigen Zitaten, z. B. RD I, 17, 5 (s. Anm. 1; Bd. I, S. 136), wo beide als die *maximi auctores* zur Interpretation der Kategorie der Qualität bezeichnet werden. Zur lateinischen Sprache vgl., neben der ständigen Argumentation von der lateinischen Sprache her, die pro-

gen, daß diese Interpretation nur eine mögliche, nicht aber die einzig legitime ist. Denn gerade die ständige Polemik Vallas und der Humanisten gegen die zeitgenössische Scholastik scheint zu zeigen, wie stark sie noch an diese gebunden sind und das Neue, das sie vertreten, auf die scholastische Tradition bezogen ist und nur von ihr her, als Antwort auf ihre Probleme, verstanden werden kann. Wenn dem aber so ist, dann muß es möglich sein, die Perspektive umzukehren und Valla und die Humanisten nicht von ihren expliziten antiken sondern von ihren impliziten scholastischen Quellen her zu sehen, sie nicht als 'Wiederbelebung des klassischen Altertums' durch Überwindung der Scholastik sondern als Transformation der scholastisch-aristotelischen Tradition mit Hilfe antiker Denkelemente zu verstehen. In der Tat, wenn man bedenkt, daß die Philosophie der Renaissance von Petrarca bis zu Galilei und Cremonini, so disparat sie in den jeweils vertretenen Theorien zu sein scheint, im – positiven oder negativen – Bezug auf Aristoteles ihren gemeinsamen Nenner besitzt, dann könnte sich die Perspektive von der aristotelischen Tradition her als jene erweisen, die der Philosophie der Renaissance ihre Einheit gibt.

Wenn wir uns Vallas Dialekt unter diesem Gesichtspunkt nähern, wird schon der Titel bedeutungsvoll: Valla verspricht eine *Repastinatio*, ein Umgraben und Umpflügen der traditionellen Dialektik und Philosophie, also nicht eine Überwindung, sondern eine Umgestaltung der traditionellen Logik. Dies ist sicher ein gravierender Eingriff, aber es ist nicht eine *nova dialectica*, eine neue, nicht-aristotelische Logik, die mit der gesamten Tradition brechen würde. Und dies wird bestätigt in der Gliederung der drei Bücher, deren erstes von den Kategorien und Transzendentalien und – implizit – von den Prädikabilien handelt, deren zweites der Verbindung von Worten zum Satz, der *enuntiatio* oder *propositio* gewidmet ist und damit der zweiten Schrift des Organon, *De interpretatione*, folgt, und deren drittes Buch die Verbindung von Sätzen zu Argumenten wie etwa dem Syllogismus zum Gegenstand hat und damit der dritten Schrift des Organon, den Ersten Analytiken, entspricht. Aufbau und Ordnung des aristotelischen Organon vom Wort über den Satz zum Argument, wie sie seit der Wiederentdeckung der Logica nova im 12. Jahrhundert im ganzen Mittelalter gelehrt wurden, sind also erhalten geblieben, und die Tatsache, daß Valla auch von den Transzedentalien und den Prädikabilien handelt, beweist, daß nicht das antike Organon des Aristoteles, sondern die mittelalterliche aristotelische Logik der Rahmen ist, innerhalb dessen er argumentiert und dessen Ausfüllung er umpflügen und neu gestalten will.

---

grammatische Aussage in der Vorrede zu den *Elegantiae* (Lorenzo Valla, Elegantiarum Latinae Linguae Libri VI, Lugduni 1551, S. 9): "... in qua (sc. Romana) lingua disciplinae cunctae libero homine dignae continentur ... qua vigente quis ignorat studia omnia disciplinasque vigere? occidente occidere?".

Um zu verstehen, worin diese Transformation des Organon durch Valla besteht, muß daher zunächst die Gestalt der ihm vorliegenden spätscholastischen Logik skizziert werden, dann muß gezeigt werden, worin seine Umgestaltung besteht, und schließlich muß gefragt werden, was die transformierte Logik Vallas im Unterschied zu der der Spätscholastik zu leisten vermag.

II

Nachdem Aristoteles in der Kategorienschrift die zehn prinzipiellen Weisen unterschieden hat, nach denen ein unverbundenes Wort Realität bezeichnen kann[12], beschreibt er zu Beginn von *De interpretatione* die Beziehung zwischen geschriebenem und gesprochenem Wort, seelischem Inhalt und Realität. So, wie die geschriebenen Worte Symbole der gesprochenen Worte sind, sind die gesprochenen Worte Symbole dessen, was in der Seele ist, der *passiones animae*, und diese wieder sind Ähnlichkeiten, *similitudines*, der Dinge, und so, wie die geschriebenen und gesprochenen Worte bei den Menschen verschieden sind und daher kontingent, sind die seelischen Inhalte und die Dinge selbst bei allen Menschen gleich und daher notwendig[13].

Damit ist die Sprache als ein konventionelles Zeichensystem bestimmt, das auf die notwendigen seelischen Inhalte verweist. Diese sind, wegen ihrer Notwendigkeit, wissenschaftsfähig und die eigentlichen Gegenstände der Logik. Dabei bleibt jedoch offen, in welchem Verhältnis diese seelischen Inhalte zu den Dingen selbst stehen: Bedeutet der Begriff der Ähnlichkeit, den Aristoteles zur Charakterisierung dieses Verhältnisses benutzt, die Adäquation von seelischen Inhalten und außerseelischer Realität, wie die Wissensdefinition der *Analytica posteriora* nahelegt[14], oder ist sie, wie des Aristoteles Kritik an der platonischen Ideenlehre zu fordern scheint, eher als - wenn auch notwendige - Symbol- und Zeichenbeziehung zu denken, vergleichbar der - wenn auch kontingenten - Beziehung zwischen Wort und seelischen Inhalten.

Das Mittelalter hatte, in der Nachfolge des Porphyrius, diese Beziehung beinahe ausnahmslos im Sinne der Adäquanz verstanden und die logische Struktur der Begriffe als Abbild der ontologischen Struktur der Dinge interpretiert. Daraus folgte, daß die Wahrheit einer Aussage als gesichert gelten konnte, wenn sie logisch richtig war, denn logische Richtigkeit garantierte Realitätsadäquanz, begrifflicher Aussagbarkeit entsprach ontologische Inhärenz oder Partizipation, universalen Begriffen entsprachen universale Entitäten.

---

12 Aristoteles: De categoriis 4; 3 a 19 ff.
13 Aristoteles: De interpretatione 1; 16 a 3 ff.
14 Aristoteles: Analytica posteriora I, 2; 71 b 9 ff.

Wenn daher Wilhelm von Ockham in der ersten Hälfte des 14. Jahrhunderts nachweist, daß alles, was überhaupt existiert, ein Individuelles sein muß[15] und daher, um Wissenschaft zu retten, der Universalienrealismus und damit die ontologische Begründung der Logik aufgegeben werden muß[16], dann bedeutet dies eine radikale Umkehrung der traditionellen scholastischen Wissenschaftslehre. Um diese Umkehrung nicht nur zu propagieren sondern auch durchzuführen, muß er zweierlei leisten: Er muß einerseits die Logik als das Instrument der Wissenschaft ontologiefrei darstellen, und er muß andererseits zeigen, daß eine solche ontologiefreie Logik in der Lage ist, Wissenschaft als Erkenntnis der Realität unter Beibehaltung des Adäquationsbegriffs der Wahrheit[17] zu sichern.

Ockhams Darstellung der Logik nun beruht auf der Interpretation der Beziehung zwischen seelischen Inhalten und Realität als Beziehung zwischen Zeichen und Bezeichnetem: "Die Intention ist etwas in der Seele, das ein Zeichen ist, welches von Natur aus etwas, wofür es supponieren kann, bezeichnen kann bzw. etwas, das Teil eines mentalen Satzes sein kann"[18]. Auf dieser Grundlage kann Ockham nicht nur das Universalien-

---

15 Vgl. z. B. Wilhelm von Ockham: Summa logicae (im folgenden zitiert: SL) I, 15, edd. Ph. Boehner/G. Gál/St. Brown (Opera philosophica I) St. Bonaventure 1974, S. 50: "Nullum universale est substantia singularis et una numero. Si enim diceretur, quod sic, sequeretur quod Sortes esset aliquod universale, quia non est maior ratio quare unum universale sit una substantia singularis quam alia. Nulla igitur substantia singularis est aliquod universale. Sed omnis substantia est una numero et singularis".

16 Vgl. Wilhelm von Ockham: Expositio in librum Perihermeneias, edd. A. Gambatese/St. Brown (Opera philosophica II), St. Bonaventure 1978, S. 363: "Sed istam opinionem quantum ad hoc quod ponit esse aliquas res extra praeter singulares existentes in eis, reputo omnino absurdam et destruentem totam philosophiam Aristotelis et omnem scientiam et omnem veritatem et rationem, et quod est pessimus error in philosophia et reprobatus ab Aristotele in VII Metaphysicae et quod tenentes eam sunt inhabiles ad scientiam". Vgl. auch E. A. Moody: The Logic of William Ockham, New York 1965, S. 173.

17 Für den Adäquationsbegriff der Wahrheit bei Ockham vgl. z. B. SL I, 43; (s. Anm. 15) (OP I) S. 128: "... quod oratio aliquando est vera aliquando falsa, hoc non est quia ipsa oratio mutatur et aliquando recipit realiter veritatem et aliquando falsitatem, sed hoc est propter mutationem alicuius substantiae, saltem vocalem"; Quodlibeta VI, 29; ed. J. C. Wey (Opera theologica IX), St. Bonaventure 1980, S. 697: "Veritas et falsitas propositionis ... sunt conceptus relativi significantes ipsas propositiones, non absolute, sed veritas, sive iste conceptus 'veritas', ultra propositionem, quam significat, connotat quod ita sit in re sicut importatur per propositionem; et 'falsitas' importat quod non sit in re sicut importatur per propositionem". Vgl. auch Gordon Leff: William of Ockham. The Metamorphosis of Scholastic Discourse, Oxford 1975, S. 202.

18 Ockham, SL I, 12; (s. Anm. 15) (OP I) S. 43: "Intentio est quiddam in anima,

problem lösen: "Ein Universale ist ein Einzelding, das Zeichen für mehrere Dinge ist"[19], sondern auch das aristotelische Organon sowie die Isagoge des Porphyrius und die Transzendentalienlehre Stück für Stück zeichentheoretisch erklären und die ontologischen Beziehungen von Partizipation und Inhärenz als logische Beziehung der gegenseitigen Aussagbarkeit von Begriffen beschreiben[20].

Für die Lehre von den Prädikabilien bedeutet dies, daß *genus* und *species*, *differentia*, *proprium* und *accidens*, die in der realistischen Tradition die hierarchische Ordnung der universalen Entitäten darstellten, zu Zeichen werden, die statt der ontologischen Struktur des Seienden die logische Struktur der Begriffe beschreiben, und obwohl Ockham sich bemüht, die ontologisch begründete Unterscheidung der Prädikabilien auch zeichentheoretisch nachzuvollziehen, muß er schließlich eingestehen, daß es sich hier offenbar nur um fünf äquivoke Worte handle[21], denn

> die kategoriale Ordnung beruht nicht auf den Dingen außerhalb der Seele, sondern sie beruht auf den Konzepten oder Intentionen in der Seele, die keinerlei Ordnung besitzen, außer daß das eine gemeinsamer ist und von mehreren ausgesagt wird, und das nennt man übergeordnet, und ein anderes weniger gemeinsam ist und von weniger ausgesagt wird, und das ist untergeordnet[22].

Dem entsprechend lautet auch Ockhams Definition der Kategorie, sie sei die Gesamtheit einer nach Über- und Unterordnung geordneten Reihe von Begriffen[23]. Welche Begriffe dabei in Über- und Unterordnung in ei-

---

quod est signum naturaliter significans aliquid, pro quo potest supponere, vel quod potest esse pars propositionis mentalis".

19 Ockham, SL I, 14; (s. Anm. 15) (OP I) S. 48: "quodlibet universale est una res singularis; et ideo non est universale nisi per significationem quia est signum plurium".

20 Vgl. dazu E. A. Moody (s. Anm. 16); G. Leff (s. Anm. 17).

21 Wilhelm von Ockham; Expositio in librum Porphyrii V, 5; (s. Anm. 16) (OP II) S. 91: "Sciendum quod nec hic nec in aliquo loco istius libri invenitur quod auctor dicat se velle de praedictis quinque determinare tanquam de quinque universalibus et ideo non semper quando determinat de proprio vel de accidente determinat de illo quod est unum quinque universalium, sed determinatio sua principalis est de quinque vocabulis equivocis". Vgl. Moody (s. Anm 16), S. 66.

22 Wilhelm von Ockham, ibidem II, 5; (s. Anm. 16) (OP II) S. 36: "Notandum est quod ordo predicamentalis non componitur ex rebus extra sed componitur ex conceptibus sive intentionibus in anima, quae non habent aliquem ordinem nisi quod unum est communius et dicitur de pluribus, et illud vocatur superius; et aliud est minus commune et dicitur de paucioribus, et illud est inferius".

23 Ockham, SL I, 40; (s. Anm.15) (OP I) S. 111: "Verumtamen praedicamentum dupliciter accipitur. Uno modo pro toto ordine aliquorum ordinatorum secundum superius et inferius, alio modo accipitur pro primo et communissimo in

ner Kategorie zusammengefaßt werden könne, muß sich nach ihrer Bezeichnungsfunktion entscheiden und hängt daher davon ab, auf welche Frage sie zu antworten vermögen. Alles, was auf die Frage *quid sit?* antwortet, wird in der Kategorie der Substanz zusammengefaßt, was auf *quale sit?*, in der der Qualität usw.[24]. Zwischen den so konstituierten Kategorien als Klassen von Zeichen ergibt sich eine weitere Differenzierung, insofern die Kategorien der Substanz und der Qualität eine Sache absolut bezeichnen, die übrigen Kategorien dagegen nur in Relation zu Substanz oder Qualität einer Sache und daher relativ[25]. Schließlich ist zu beachten, daß in der Kategorie der Substanz nur die individuellen Namen eine reine Substanz bezeichnen, während, wie schon Aristoteles bemerkte, universale Begriffe wie Art- und Gattungsnamen bereits eine Qualität der Substanz meinen[26], so daß letztlich die Qualität zur zentralen Kategorie wird. Ihr ist es eigentümlich, Konträres aufzunehmen, 'mehr' oder 'weniger' zuzulassen und den Vergleich nach Ähnlichkeit und Unähnlichkeit zu ermöglichen[27], so daß sie den relativen Aussagen der übrigen Kategorien zugrunde liegt.

Die Transzendentalienlehre endlich reduziert sich bei Ockham auf die Lehre von den Begriffen, die in allen Begriffen mitausgesagt werden, gleichgültig, ob sie extramentale Dinge, also *entia realia* bezeichnen, oder Zeichen für *entia rationis* sind, also für Begriffe, die als Qualität in der Seele existieren. Diese Transzendentalia sind *ens* und *unum*[28]. Beide wer-

---

ordine illo". Die zweite Definition hat für die Struktur der Kategorien keine Bedeutung.

24 Ockham, SL I, 41; (s. Anm. 15) (OP I) S. 117: "Et sufficiat scire, quod omne incomplexum per quod responderi potest ad aliquam questionem factam de substantia, est in aliquo praedicamento".

25 Leff (s. Anm. 17) S. 198; 204; 209. Vgl. z. B. Ockham: Quodlibeta IV, 25; (s. Anm. 17) (OT IX) S.423 g.: "quantitas significat substantiam connotando ipsam habere partem ... 'Substantia' et 'qualitas' non sic connotant; ideo non potest esse nisi sit substantia vel qualitas".

26 Aristoteles: De categoriis 5; 3 b 13 – 18. Ockham, SL I, 42; (s.Anm. 15) (OP I) S. 119: "nominum importantium seu significantium substantias extra animam quedam sunt nomina propria uni substantie et illa nomina vocantur hic prime substantie; quedam autem nomina sunt communia multis substantiis, et illa nomina vocantur secunde substantie. Que nomina postea dividuntur quia quedam sunt genera, et quedam sunt species: que tamen omnia sunt vere qualitates ... Et ita secunde substantie non sunt nisi quedam nomina et qualitates precise significantes substantias".

27 Ockham, SL I, 55; (s. Anm. 15) (OP I) S. 182: "Qualitati autem Philosophus multas attribuit proprietates. Et ponitur prima proprietas quod qualitas suscipit contraria ... secunda proprietas est, quod qualitas suscipit magis et minus ... Tertia proprietas qualitatis est quod secundum qualitatem aliquid dicitur simile vel dissimile".

28 Ockham, SL I, 38; (s. Anm. 15) (OP I) S. 106: "Primo tamen dicendum est de quibusdam communibus omnibus, sive sint res, quae non sunt signa, sive sint

den aber nicht univok, sondern äquivok ausgesagt. Denn so wie nur die Kategorien der Substanz und der Qualität eine Sache absolut, die anderen Kategorien aber sie relativ bezeichnen, wird auch das *ens* nur in den ersten beiden Kategorien absolut, in den anderen aber relativ ausgesagt[29], und so wie nur individuelle Namen eine in sich existierende Substanz bezeichnen, universale Namen aber immer für mehrere Dinge stehen, kann auch die Einheit in ihnen nur äquivok ausgesagt werden[30].

Mit dieser durchgehenden zeichentheoretischen Interpretation der traditionellen Logik befreit Ockham die Logik von der Bindung an die Ontologie und stellt gleichzeitig sicher, daß sie weiterhin als Instrument der aristotelischen Realwissenschaften zu dienen vermag. Dabei verändert sich allerdings die Bedeutung wissenschaftlicher Aussagen. Wenn im realistischen Kontext wissenschaftliche Aussagen die allgemeine und notwendige Struktur der Realität repräsentierten, deren unvollkommene und kontingente Instanzen die je existierenden einzelnen Dinge waren, so stellen sie nun, im nominalistischen Kontext, lediglich jene Struktur dar, in der wir die Realität notwendig denken müssen, sofern wir Realität überhaupt denken.

Jede wissenschaftliche Aussage ist daher nur eine mögliche Aussage, deren Übereinstimmung mit der Realität nicht mit der logischen Notwendigkeit gegeben ist, sondern von der gleichzeitigen Existenz entsprechender individueller Dinge abhängt[31]. Der Satz "Alle Menschen sind sterblich" besagt entweder, daß alle hier und jetzt existierenden Individuen, die ich als Mensch bezeichnen kann, sterblich sind, oder daß, sofern Individuen existieren, die ich als Mensch bezeichnen kann, diese sterblich sind.

Folglich muß Ockham für seine Logik als Instrument der Wissenschaft Kriterien angeben, nach denen gesichert werden kann, daß eine Aussage sich auf tatsächliche Realität bezieht und damit wahr im Sinne der *adaequatio rei et intellectus* ist. Eine befriedigende Antwort auf diese Frage ist von grundlegender Bedeutung, da nur sie garantieren kann, daß Wissenschaft mehr ist als ein subjektives Denkmodell, sie birgt aber gleichzeitig die größten Schwierigkeiten, da nach Ockhams Verständnis der Bezie-

---

signa, cuius modi sunt 'ens' et 'unum'". SL I, 40; (OP I) S. 113: "secundum opinionem quae ponit quod intentio, conceptus sive passio animae est qualitas mentis, non ideo dicitur aliquid 'ens rationis', quia non sit vera res existens in rerum natura, sed ideo dicitur ens rationis quia non est nisi in ratione, quo mens utitur pro alio vel propter aliud".

29 Ockham, SL I, 38; (s. Anm. 15) (OP I) S. 107: "Tamen non obstante quod sic sit unus conceptus communis omni enti, tamen hoc nomen 'ens' est equivocum, quia non predicatur de omnibus subiicibilibus quando significative sumuntur secundum unum conceptum, sed sibi diversi conceptus correspondent". Vgl. dazu Leff (s. Anm. 17), S. 165.

30 Ockham, SL I, 39 (s. Anm. 15) (OP I) S. 109 ff.

31 Vgl. Moody (s. Anm. 16) S. 174 f.

hung zwischen seelischen Inhalten und Realität als Zeichenbeziehung der Mensch die Realität immer nur als begriffliches Zeichen besitzt und es ein *tertium comparationis* schlechthin nicht geben kann, mit dessen Hilfe die Übereinstimmung zwischen Zeichen und Bezeichnetem festgestellt werden könnte.

Ockhams Lösung dieses Problems setzt an bei der zweiten Charakterisierung der Beziehung zwischen seelischen Inhalten und Realität durch Aristoteles, nämlich, daß seelische Inhalte und Realität für alle Menschen identisch sind und daher notwendig[32]. Daraus folgt, daß die Begriffe als Zeichen für die Realität – anders als die Worte – vom Menschen weder beliebig erfunden noch verändert werden können, sondern von Natur gegebene oder natürliche Zeichen der Realität sind[33]. Damit wird die Beziehung zwischen begrifflichen Zeichen und Realität einer Instanz, der Natur, zugeschrieben, die vor jedem menschlichen Akt, auch jedem Erkenntnisakt, liegt[34]. Ihre Unüberprüfbarkeit ist nicht ein *modus deficiens* menschlicher Erkenntnis, sondern ihr Ermöglichungsgrund: Begriffliche Zeichen zu besitzen, die auf Realität verweisen, ist identisch mit Erkenntnis der Realität überhaupt[35], folglich kann das Kriterium dafür, ob ein wissenschaftlicher Satz nicht nur logisch richtig, sondern auch inhaltlich wahr ist, nicht außerhalb, sondern nur innerhalb des Systems der Begriffe angesetzt werden.

An die Stelle der Unterscheidung zwischen Begriffen und aktuell existierender Realität tritt daher bei Ockham die Unterscheidung zweier Arten von Begriffen, jener, die von der Existenz oder Nicht-Existenz der bezeichneten Dinge absehen – und dies sind die Begriffe der *notitia abstractiva* – und jener, die die Existenz oder Nicht-Existenz der bezeichneten Dinge anzeigen – und dies sind die Begriffe der *notitia intuitiva*[36]. Letz-

---

32 Aristoteles: De interpretatione 1; 16 a 6 ff.

33 Ockham, SL I, 1; (s. Anm. 15) (OP I) S. 8: "conceptus seu passio animae naturaliter significat quidquid significat, terminus autem prolatus vel scriptus nihil significat nisi secundum voluntariam institutionem. Ex quo sequitur alia differentia, videlicet quod terminus prolatus vel scriptus ad placitum potest mutare suum significatum, terminus autem conceptus non mutat suum significatum ad placitum cuiuscumque".

34 Vgl. Leon Baudry: Lexique philosophique de Guillaume d'Ockham, Paris 1957, S. 170 (s. v. *naturale*): "Dico quod aliquid est naturale quia ex naturalibus causatur ante omnem actum secundum. Et sic est aliquid naturale in homine inclinativum ad actum virtutis vel vitii".

35 Vgl. Ockham, SL I, 12 (s. Anm. 15), wo Ockham die These, daß die *intentio* identisch sei mit dem *actus intelligendi* nicht nur nicht ausschließt, sondern als die 'ökonomischere' zu favorisieren scheint.

36 Ockham: In librum primum Sententiarum, Prologus I, 1; edd. G. Gál/St. Brown (OT I), St. Bonaventura 1967, S. 30: "respectu incomplexi potest esse duplex notitia, quarum una potest vocari abstractiva, et alia intuitiva … (S. 31):

tere spielt daher für den Realitätsbezug von Aussagen die entscheidende Rolle, so daß Wahrheit im Sinne der Realitätsadäquanz nur gesichert werden kann, wenn und insofern ich entsprechende Begriffe der *notitia intuitiva* besitze[37]. Sie ist folglich nicht nur die Grundlage aller Erkenntnis extramental existierender Dinge[38], sondern auch jeder Erkenntnis mentaler oder innerpsychischer Inhalte und Prozesse[39]. Ihre Begriffe sind daher nicht nur Zeichen für die Realität, sondern sie sind identisch mit der erkannten Realität, den erkannten *entia*, die letzter Gegenstand aller Aussagen sind.

III

Ich kann damit meine knappe Skizze der von Ockham entontologisierten aristotelischen Logik und Wissenschaftslehre beenden. Denn meine Absicht war es nicht, sie, die in den letzten Jahrzehnten verschiedentlich ausführlich dargestellt wurde[40], einer neuen Deutung zuzuführen, sondern den Kontext anzudeuten, in dem Vallas *Repastinatio* steht und vor dem sie als Transformation des aristotelischen Organon verständlich werden soll. Ich bin mir dabei wohl bewußt, daß – ähnlich wie bei anderen Humanisten

---

accipitur cognitio abstractiva, secundum quod abstrahit ab exsistentia et non exsistentia et ab aliis condicionibus, quae contingenter accidunt rei vel praedicantur de re. Non quod aliquid cognoscatur per notitiam intuitivam, quod non cognoscitur per notitiam abstractivam, sed idem totaliter et sub omni eadem ratione cognoscitur per utramque notitiam. sed distinguuntur per istum modum, quia notitia intuitiva rei est talis notitia, virtute cuius potest sciri utrum res sit vel non, ita, quod si res sit, statim intellectus indicat eam esse et evidenter cognoscit eam esse".

37 Ockham, Sent. I, Prologus I, 1; (s. Anm. 36) (OT I) S. 29: "sola notitia incomplexa terminorum mere intelligibilium sufficit ad notitiam evidentem talis veritatis contingentis".

38 Ockham, ibidem, S. 32 f.: "Et ista est notitia, a qua incipit notitia experimentalis, quia universaliter ille, qui potest accipere experimentum de aliqua veritate contingente et mediante illa de veritate necessaria, habet aliquam notitiam incomplexam de aliquo termine vel re, quam non habet ille, qui non potest sic experiri ... ita universaliter notitia scientifica istorum pure intelligibilium accepta per experientiam incipit a notitia intuitiva intellectiva istorum intelligibilium."

39 Ockham, ibidem, S. 39 f.: "Patet etiam, quod intellectus noster pro statu isto non tantum cognoscit ista sensibilia, sed in particulari et intuitive cognoscit aliqua intelligibilia, quae nullo modo cadunt sub sensu, non plus quam substantia separata cadit sub sensu; cuiusmodi sunt intellectiones, actus voluntatis, delectatio consequens et tristitia et huiusmodi, quae potest homo experiri inesse sibi, quae tamen non sunt sensibilia nec sub aliquo sensu cadunt".

40 Vgl. vor allem Moody (s. Anm. 16), und Leff (s. Anm 17).

kannte, nicht zuverlässig bestimmt werden kann. Die Tatsache, daß er Ockham in seiner Polemik gegen die scholastische Philosophie zusammen mit Albert von Sachsen und Paulus Venetus namentlich erwähnt[41], beweist aber, daß Ockham ihm nicht fremd war; die Tatsache, daß er selbst bezeugt, Logik nach der *Logica parva* des Paulus Venetus, des Vermittlers der ockhamistischen Logik in Italien, studiert zu haben[42], spricht dafür, daß er das aristotelische Organon aus der Perspektive Ockhams zu sehen gelernt hatte; und die Tatsache schließlich, daß, wenn man sich der *Repastinatio* von Ockhams Logik her nähert, eine große Zahl von Neuerungen gegenüber dem aristotelischen Text sehr leicht erklärt werden können, scheint implizit zu bestätigen, daß die Ockham'sche Interpretation des Organon dem Erneuerungsbemühen Vallas zugrunde liegt.

Ich will versuchen, die Hauptpunkte, in denen beide übereinstimmen und die daher Vallas Anknüpfung an Ockham dokumentieren, zu nennen:

(1) Wenn Valla gleich zu Beginn die Kategorien nicht als ontologische Strukturelemente, sondern als *appellationes quedam principales in significando*[43], als Hauptaussagen im Prozeß des Bezeichnens, bestimmt, so dokumentiert er damit seine Übernahme des zeichentheoretischen Ansatzes zum Verständnis der Logik.

(2) Wenn Valla erklärt, die Prädikabilien *genus* und *species* bezeichneten Qualitäten, und zwar die Qualitäten der Über- und Unterordnung von Bezeichnungen nach der Maßgabe ihres Umfanges[44], dann macht er sich das Ergebnis von Ockhams Diskussion der Prädikabilien, ihre Reduktion auf eine Struktur der Über- und Unterordnung, zu eigen[45].

(3) Wenn Valla von Quintilian die Definition der aristotelischen Kategorien als der zehn Elemente, auf die jegliches Fragen bezogen ist, über-

---

41 Vgl. Lorenzo Vallas Brief an Bernardo Serra in: Remigio Sabbadini: Cronologia documentata della vita di Lorenzo della Valle detto il Valla Florenz 1891, S. 84 (= Valla, Opera omnia, Turin 1962, Bd. II, S 390): "Aut illi dialectici Albertum ... Occam, Paulum Venetum? Quos omnes tantum abest ut existimem doctos fuisse ut (deum testor) mallem me illitteratum quam parem alicui illorum esse".

42 Vgl. L. Jardine (s. Anm. 5), S. 153.

43 Valla, RD I, 1, 2; (s. Anm.1), Bd. I, S. 8, 20 ff.: "Ergo predicamenta pene erunt 'dictiones' sive 'appellationes' quedam principales in significando".

44 Valla, RD I, 15, 2; (s. Anm. 1), Bd. I, S. 125, 16 ff.: "Postremo vocum significatio et significationum superioritas, inferioritas, paritas: in quibus sunt (ut supra dixi) 'genus' et 'species', 'totum' et 'pars'. Nam cum dico 'homo est species', 'animal est genus', quid aliud dico quam 'hec substantia homo habet hanc qualitatem inferioritatis', et 'hec substantia animal habet hanc qualitatem superioritatis', sive quod significatio huius vocis capacior est et latior, huius restrictior et angustior? ... Sunt autem genus et species relativa, intemque totum et pars relativa, vero omnia sunt qualitatis".

45 Vgl. oben, Anm. 22.

nimmt[46], so kann dies als analog zu Ockhams Verfahren gewertet werden, die Kategorien nach den Fragen einzuteilen, auf die sie antworten[47].

(4) Wenn Valla die Zahl der Kategorien zunächst von zehn auf drei – Substanz, Qualität und Actio[48] – und später, durch Interpretation der *actio* in qualitativem Sinne[49], implizit auf zwei, Substanz und Qualität, reduziert, so folgt er damit Ockhams Lehre, daß allein Substanz und Qualität in der Lage sind, eine Sache absolut zu bezeichnen[50].

(5) Schließlich, wenn Valla das Transzendentale als jenes bestimmt, das alle Kategorien übersteigt und darum die an Umfang weiteste Bezeichnung überhaupt ist[51], dann entspricht auch dies der zeichentheoretischen Definition des Transzendentale bei Ockham als Begriff, der allem gemeinsam ist und von allem ausgesagt werden kann[52].

Während bei Ockham allerdings diese Konvergenzpunkte aus einer systematischen Interpretation des aristotelischen Organon hervorgehen, werden sie von Valla ohne Rücksicht auf ihren systematischen Zusammenhang übernommen und zeigen damit, daß für Valla die zeichentheoretische Grundlage, die Ockham erst begründen mußte, bereits selbstverständlich geworden ist und die Systematik seiner Argumentation nicht ihrer erneuten Begründung sondern ihrer Transformation gilt.

Diese Transformation setzt ein mit einer neuen Bestimmung des allgemeinsten Zeichens überhaupt, des Transzendentale. Gegenüber den sechs Transzendentalien der realistischen Tradition fordert Valla, daß es nur ein

46 Valla, RD I, 6; (s. Anm.1), Bd. I, S. 9, 21 ff.: "In quorum translatione quem potius quam Quintilianum sequar? Is ita ait: 'Ac primum Aristoteles elementa decem constituit, circa que versari videtur omnis questio'". Vgl. Quintilian III, 6, 23 f.

47 Vgl. oben, Anm. 24.

48 Valla, RD I, 13, 1; (s. Anm. 1), Bd. I, S. 112, 16 ff.: "Cetera novem predicamenta Aristoteles uno complexus est nomine συμβεβηκός, quod transferunt accidens. Mihi duo tantum placet esse et in hec recidere cetera: 'qualitatem' et 'actionem'",

49 Valla, RD I, 16, 11 f.; (s. Anm. 1), Bd. I, S. 130, 18 ff.: "Etenim aliud est sic dicere quedam verba et pene omnia esse, que cum actionem significent, tamen qualitatem aliquando indicant ... Quedam etiam verba semper qualitatem significant ... Nomina quoque verbalia que suapte natura significant actionem, in qualitatem etiam transeunt". Vgl. auch die Ausführungen Vallas zum *verbum substantivum*, ibidem § 19 – 31, S. 139, 9 ff.

50 Vgl. oben, Anm. 25.

51 Valla, RD I, 1, 8; (s. Anm. 1), Bd. I, S. 10, 21 ff.: "Altera 'primordia' atque 'principia', que isti 'transcendentia' appellant quod transcendant illa summa genera, quia ipsa non sunt genera, sed supra omnium generum dignitatem postestatemque ...". Vgl. RD I, 2, 1; Bd. I, S. 11, 18 ff.: "Ergo quod ex his vocabulum, sive que vocabuli significatio sit omnium imperator et rex, idest omnium capacissima ... inquiramus".

52 Vgl. oben, Anm. 28.

Transzendentale als allgemeinstes Zeichen geben könne. Als solches ist es die Gattung aller Gattungen von Zeichen und daher selbst keine Zeichengattung mehr[53], und es erlaubt keine Definition im Hinblick auf das von ihm Bezeichnete, da jede solche Definition bereits das Definierte impliziert, sondern lediglich eine Definition seines Bezeichnungsumfangs innerhalb der Ordnung der Zeichen[54].

Diese konsequente Anwendung der schon von Ockham formulierten logischen Bestimmung des Transzendentale[55] beinhaltet, daß auch Ockhams zwei Transzendentalien *ens* und *unum* bei Valla auf eines reduziert werden, das *unum* also vom *ens* nicht mehr äquivok ausgesagt werden kann, sondern jedes *ens* – sei es individuell, speziell oder generell[56] – in gleicher Weise als Eines zu bezeichnen ist. Auf den ersten Blick scheint diese Reduktion der zwei Transzendentalien Ockhams auf ein Transzendentale relativ problemlos zu sein, da sie mit Ockhams Grundsatz, daß alles, was existiert, als Individuelles existiert, übereinstimmt[57]. Welche radikalen Folgen sie jedoch tatsächlich impliziert, wird ablesbar, wenn man beachtet, als was Valla dieses Transzendentale bestimmt, nämlich als *res*[58].

Denn *res* ist für Ockham lediglich das, was selbst nicht Zeichen ist, sondern als *ens reale* extramental existiert und damit unterschieden ist von *signum*, das als *ens rationis* eine Qualität ist, die subjektiv in der Seele existiert[59]. Wenn Valla nun die *res* zum einzigen Transzendentale macht, hebt er die Unterscheidung zwischen *ens reale* und *ens rationis*, zwischen Ding und Zeichen, zwischen extramental substantiell existierender und intramental existierender Realität auf, und das heißt, daß alles, was bezeich-

---

53 Vgl. oben, Anm. 51.

54 Valla, RD I, 14, 24 f.; (s. Anm. 1), Bd. I, p. 123, 15 ff.: "res est vox sive vocabulum, omnium vocabulorum significationes sua(s) complectens ... quorum nihil de 'res' dici potest 'quid est res?' et 'quid res significat?', quoniam 'quid' resolvitur in 'que res' ... At si interrogavero: 'que vox est res?', recte respondebis 'est vox significans omnium aliarum vocum intellectum sive sensum' ".

55 Vgl. oben, Anm. 28.

56 Für diese Unterscheidung der Prädikation des *unum* vgl. Ockham, SL I, 39; (s. Anm. 15) (OP I) S. 109 ff.

57 Vgl. oben, Anm. 15.

58 Valla, RD I, 2, 16; (s.Anm. 1), Bd. I, S. 15, 11 ff.: "Quare ut finem questionis faciamus ... nulla sit amplius de regno controversia, sed cetera quinque: 'aliquid', 'ens', 'unum', 'verum', 'bonum' ... descendant ... et 'res', quod est e sex vere rex, prona adorent, ut quinque Perse Darium, quem regem esse intellexerant, adoraverunt".

59 Vgl. Ockham, SL I, 38; (s. Anm. 15) (OP I) S. 106: "Primo tamen dicendum est de quibusdam communibus omnibus sive sint res, quae non sunt signa, sive sint signa, cuiusmodi sunt 'ens' et 'unum' ". Vgl. auch oben, Anm. 28.

net werden kann, dank der Tatsache, daß es als *res* bezeichnet wird[60], entweder als extramental existierende Substanz bezeichnet wird – und dann würde es nur noch Bezeichnetes und keine Zeichen mehr geben – oder als intramentale, subjektiv in der Seele existierende Qualität – und dann gäbe es nur noch Zeichen und nichts letztlich von ihnen Bezeichnetes. Da beide Alternativen nicht akzeptabel sind, muß Valla auch die Kategorien von Substanz und Qualität neu bestimmen.

Nach der von Quintilian übernommenen Kategoriendefinition antwortet die erste Kategorie auf die Frage *an sit?* und bezeichnet darum die *essentia*[61] oder das Sein, *esse*[62]. Obwohl der Begriff der *essentia* die wörtliche Übersetzung der aristotelischen οὐσία ist, ist er doch nicht geeignet, die erste Kategorie eindeutig zu charakterisieren, da er – nach der aristotelischen Metaphysik – äquivok von Materie, Form und dem aus beidem Zusammengesetzten ausgesagt wird[63]. Valla nimmt daher eine terminologische Klärung vor. Er beschränkt die *essentia* auf die Materie, bezeichnet die Form als Qualität und das aus beidem Zusammengesetzte als Substanz, und er reduziert anschließend die erste Kategorie auf die Substanz, da, wann immer eine *res* bezeichnet wird, eine Einheit von *essentia* und *qualitas* gemeint ist[64]. Diese Einheit ist – gleichgültig ob es sich um geistige oder körperliche Dinge handelt – das einfachste Element, das selbständig existieren kann, während *essentia* und *qualitas* von einander getrennt nicht einmal vorgestellt werden können[65].

---

60 Valla, RD I, 2, 17; (s. Anm. 1), Bd. I, S. 15, 28 f.: "'Que res?' autem ad omnia spectat predicamenta, quoniam singula eorum sunt res".

61 Valla, RD I, 1, 6; (s. Anm. 1), Bd. I, S. 9, 24 ff.: " ... 'οὐσίαν', quam Flavius 'essentiam' vocat (neque sane aliud est eius nomen latinum); sed ea queritur an sit".

62 Valla, RD I, 5, 4; (s. Anm. 1), Bd. I, S. 38, 1 f.: "ubi sunt qui aliud 'essentiam' aliud ipsum 'esse' opinantur?".

63 Valla, RD I, 6, 7 ff.; (s. Anm. 1), Bd. I, S. 43, 21 ff. Vgl. Aristoteles: Metaphysik VI, 3; 1028 b 33 – 1029 a 3.

64 Valla, RD I, 6, 16; (s. Anm. 1), Bd. I, S. 46, 8 ff.: "Ergo ut veritati et consuetudini suam cuique partem tribuamus, et distinctius atque lucidius loquamur, ita nobis reor faciendum, ut cum de re loquimur, que constat e duobus illis (ut dicebat Aristoteles) 'substantiam' dicamus; cum de illo quod vocat 'materiam', id vocemus 'essentiam' ... 'formam' vero qualitatem esse sentiamus ... Quod cum ita sit, primum predicamentum (ut Boetio libuit) vocetur 'substantia'. Nam corpus e materia constat et forma, sive ex essentia et qualitate, et ita animam constare confitendum est".

65 Valla, RD I, 12, 1; (s. Anm. 1), Bd. I, S. 110, 21 ff.: " ... quod substantiam hanc, que ex materia constat et forma, immo formis, appellant compositum, cum nihil possit esse simplicius. Sublata enim alterutra parte et altera perit, neque id in corpore modo, verum etiam in spiritu". Vgl. auch ibidem, § 3, S. 111, 15 ff.: "Et eam (sc. materiam primam) iubet nos imaginari, que imagine caret. Accipe rationem propositione sua dignam: 'ut imaginamur formam sine materia, ita pos-

Diese Bestimmung der ersten Kategorie als nicht mehr in ihre Komponenten zerlegbare Einheit von *essentia* und *qualitas* ersetzt nicht nur den
aristotelischen Hylemorphismus durch Ockhams Lehre von der unmittelbaren Gegebenheit des individuellen Seins[66], sondern beinhaltet auch eine
Explikation von Vallas Transzendentalienlehre.

Wenn Ockham das *ens* zum Transzendentale machte, wählte er einen
Begriff, der eben darum, weil er mit keiner der Kategorien identisch ist, in
allen Kategorien äquivok, d. h. nach Maßgabe des jeweiligen Signifika-
tionsmodus, ausgesagt wird, so daß das Significatum des Transzendentale,
das Seiende, zu etwas wird, das jenseits der Significata aller Kategorien
liegt und daher von diesen nicht vollständig bezeichnet, sondern nur annä-
herungsweise beschrieben werden kann[67]. Wenn Valla dagegen die *res*
zum Transzendentale macht, so identifiziert er es mit der ersten Kategorie, wie er selbst explizit sagt: "Wenn wir von der *res* sprechen, die aus beidem, nämlich *essentia* und *qualitas*, besteht, wollen wir Substanz sagen"[68].
Diese Identifikation gibt einerseits dem Transzendentale sein bestimmtes
Significatum und damit auch seine Univozität zurück: *Res* bezeichnet all
das, was als Substanz bezeichnet wird. Andererseits aber gibt diese Identifikation der Substanz den Charakter der Transzendentalität, so daß alles,
was – in einer der übrigen Kategorien – von einer Substanz ausgesagt
wird, auch als Substanz anderen Aussagen zugrunde liegen kann. Damit
bricht die Unterscheidung zwischen der Kategorie der Substanz und den
übrigen Kategorien, ja, mehr noch, das System der Kategorien überhaupt
zusammen. Denn wenn alles, was bezeichnet werden kann, eine Substanz
ist, Substanz jedoch als Einheit aus *essentia* und *qualitas* definiert wird,
dann ist das Significatum jedes Zeichens gleichermaßen eine seiende Qualität, und in jeder Aussage werden seiende Qualitäten von einander ausgesagt. Das bedeutet aber, daß das zur Substanz gewordene Transzendentale *res* alle Zeichen hinsichtlich ihres Significatums gleichwertig macht
und die Verbindung von Zeichen zu Aussagen absolut beliebig wird – es
sei denn, die Erörterung der einzigen noch verbliebenen Kategorie, der
Qualität, wäre in der Lage, eine Differenzierung und Ordnung der Zeichen zu begründen. Eben dies scheint Valla im folgenden zu versuchen.

Ausgehend von der aristotelischen Unterscheidung zwischen substantiellen und akzidentellen Formen unterscheidet Valla zwischen natürli-

---

sumus imaginari materiam sine forma'; 'imaginamur' quod 'imaginem' habet,
non quod non habet. Et tamen in illo quoque mentiuntur: nihil enim imaginamur nisi tamquam corpus".

66 Vgl. Ockham, SL I, 15; (s. Anm. 15) (OP I) S. 51: "Item si opinio ista esset vera
(sc. quod universale sit res extra animam) nullum individuum posset creari si
aliquod individuum praeexisteret, quia non totum caperet esse de nihilo, si universale quod est in eo, prius fuit in alio".

67 Vgl. Moody, (s. Anm. 16), S. 173 g.

68 Vgl. oben, Anm. 64.

chen und nicht natürlichen Qualitäten[69]. Hinter dieser terminologischen Neuerung verbirgt sich wiederum eine inhaltliche, denn obwohl Valla zunächst daran festhält, daß die natürliche Quatität, analog zur substantiellen Form, von der *essentia* nicht abgetrennt werden könne[70], so begründet er diese Notwendigkeit der natürlichen Qualität nicht von der Definition der jeweiligen Substanz aus – was er, nach seinem transzendentalen Verständnis der Substanz auch gar nicht könnte –, sondern aus den Qualitäten selbst. Jene, die sich in einander verwandeln können, wie das Grün-Sein und das Rot-Sein des Apfels, sind nicht natürlich, jene aber, innerhalb derer sich dieser Wandel vollzieht und die sich nicht in einander verwandeln können, wie z. B. die Farbe und die Gestalt, sind natürliche Qualitäten[71]. Damit sind die natürlichen Qualitäten die Gattungen oder Klassen von Qualitäten, die, wie das Beispiel des Apfels zeigt, ihre Diskretheit der Weise ihrer sinnlichen Gegebenheit verdanken, bzw. sie sind deshalb von einander unterschiedene Klassen von Qualitäten, weil sie das Objekt eines je verschiedenen Sinnes sind.

Auf diese Weise strukturiert sich also die Kategorie der Qualität in Klassen von Qualitäten, die sinnlich begründet sind und die Möglichkeit, seiende Qualitäten von einander auszusagen, einschränken und regeln. Und dies gilt nicht nur für die auf körperliche Sinne rückführbaren Qualitäten, sondern auch für jene Qualitäten, die keine körperlichen Substanzen bezeichnen und daher auch nicht das Objekt eines körperlichen sondern eines geistigen Sinnes sind[72]. Valla nennt diese geistigen Sinne im Unterschied zu den *sensus* des Körpers, nach einer Andeutung bei Quinti-

---

69 Valla, RD I, 13, 1; (s. Anm. 1), Bd. I, S. 112, 21 ff.: "Accidens esse aiunt, quod potest adesse et abesse citra subiecti corruptionem. Quid, calor in igne potest citra ignis corruptionem abesse? 'Forma', inquiunt, 'usialis est calor in igne' ... 'Usialis est (aiunt) respectu compositi ut dicatur forma substantialis, a qua differt forma accidentalis, ut calor in ferro'. Ego distinxi 'substantiam' ab 'usia', quo res magis itelligeretur. Ita nunc consuetis quam captiosis verbis agere malo, et 'qualitate' uti quam 'forma', ut alia sit 'qualitas naturalis', alia 'non naturalis'".

70 Valla, RD I, 13, 2; (s. Anm. 1), Bd. I, S. 113, 8 ff.: "Naturalis est qualitas, que ab essentia nequit abesse".

71 Valla, RD I, 13, 4; (s. Anm. 1), Bd. I, S. 113, 24 ff.: "Color autem et figura et tactus et pondus verius est ut naturales qualitates dicantur ... Mutatur enim color et forma et tactus et pondus, non aufertur; non in aliam qualitatem, sed in seipsam: hic color in illum, hec figura in illam .. ".

72 Valla, RD I, 13, 8; (s. Anm. 1), Bd. I, S. 115, 13 ff.: " ... species in qualitate non sunt, nisi forte in paucis. Itaque ut in eodem quo cepi versor exemplo, potest abesse a pomo viror vel rubor, sed non color ... Quare perpetue he dicende erunt que generales sunt ... Sunt autem generales que aut sensibus obiciuntur, aut sensis. 'Sensa' vocabant veteres, velut animi sensus".

lian, *sensa*[73], und er unterscheidet vier Bereiche nicht-körperlicher Qualitäten, deren Gegebenheit einem entsprechenden geistigen Sinn zuzuordnen ist:

(1) Der Bereich der allein seelischen Qualitäten, wozu im Wesentlichen Werte, Wissen und Affekte gehören[74].

(2) Der Bereich jener Qualitäten, die den Menschen als Einheit von Körper und Seele betreffen, wozu die Beziehungen zu anderen Menschen im sozialen Kontext gehören, die aber auch auf die Welt der Geistwesen – wie Gott und Engel – und auf die der körperlichen Natur – wie Tiere und tote Dinge – projeziert werden können[75].

(3) Der Bereich jener Qualitäten, die allem zukommen können, wie Zahl und Ordnung, Unterschied und Ähnlichkeit[76].

(4) Der Bereich der Bezeichnungen und deren Unter- und Überordnung[77].

Diese vier Bereiche geistiger Qualitäten bilden zusammen mit dem Bereich der körperlichen Qualitäten fünf höchste Klassen, denen je verschiedene Klassen natürlicher Qualitäten untergeordnet sind, unter denen wiederum die Mengen der nicht natürlichen bzw. nicht beständigen Qualitäten ihre Ordnung finden, so daß Vallas Lehre von den körperlichen und geistigen Sinnen der Kategorie der Qualität eine innere Struktur gibt, die zwar nicht der der Kategorien entspricht, aber dennoch das gleiche zu leisten vermag: Sie regelt, welche seienden Qualitäten von welchen seienden Qualitäten ausgesagt werden können und konstituiert damit eine Struktur der *modi significandi*, die auf einer entsprechenden Struktur unmittelbarer Gegebenheiten in der Seele des Menschen gründet.

Auf den ersten Blick scheint diese sinnlich begründete Struktur der *modi significandi* mit der Logik und Wissenschaftslehre Ockhams keine Berührungspunkte zu besitzen und auch nicht als deren Transformation verstanden werden zu können. Dieser Eindruck ändert sich jedoch, wenn man be-

---

73 Vgl. oben, Anm. 72; Quintilian VIII, 5, 1.

74 Valla, RD I, 15, 1; (s. Anm. 1), Bd. I, S. 124, 28 f.: "primum ea, que in anima sunt, ut virtus, vitium, scientia, gaudium, dolor, spes, metus".

75 Valla, RD I, 15, 1; (s. Anm. 1), Bd. I, S. 125, 1 ff.: "Deinde que toti animali adsunt, ut gloria, honor, imperium , ... coniugium, virginitas, paternitas ... quamquam multa possunt horum adesse spiritibus ... in Deo paternitas ... in brutis quoque esse patrem ... etiam simile quiddam aliis rebus adest: ut loco esse sacrum".

76 Valla, RD I, 15, 1; (s. Anm. 1), Bd. I, S. 125, 13 ff.: "Tum que rebus omnibus adesse possunt: numerus, ordo, series, differentia, similitudo; item fortuna, necessitas, causa".

77 Valla, RD I, 15, 2; (s. Anm. 1), Bd. I, S. 125, 16 ff.: "Postremo vocum significatio et significationum superioritas, inferioritas, paritas: in quibus sunt (ut supra dixi) 'genus' et 'species', 'totum' et 'pars' ".

achtet, daß Valla diese sinnlichen Gegebenheiten in der Seele des Menschen als natürliche Qualitäten bezeichnet.

Denn Ockham hatte, als er die Intentionen oder Begriffe bestimmte, von natürlichen Zeichen für die Realität gesprochen[78], und er hatte, als er im Kontext der Transzendentaliendiskussion den Seinsstatus dieser natürlichen Zeichen bestimmte, sie als Qualitäten, die subjektiv in der Seele existieren, definiert[79]. Nimmt man beide Bestimmungen zusammen, dann sind die Begriffe oder Intentionen bei Ockham natürliche Qualitäten in der Seele und daher zumindest verbal identisch mit dem, wovon Valla spricht. Diese natürlichen Zeichen oder Qualitäten erwirbt oder besitzt nun der Mensch bei Ockham in der *notitia intuitiva*, gleichgültig, ob es sich um Intentionen handelt, die die Existenz oder Nicht–Existenz extramentaler Dinge anzeigen oder um solche, die die Existenz oder Nicht–Existenz seelischer Inhalte bezeichnen[80]. Das bedeutet aber, daß bei Ockham und Valla gleichermaßen die Möglichkeit, überhaupt Aussagen zu machen und ihre Richtigkeit oder Falschheit zu bestimmen, auf der unmittelbaren Gegebenheit innerseelischer Qualitäten beruht, die Ockham mit dem Begriff der *notitia intuitiva*, Valla aber mit dem der – körperlichen und geistigen – Sinne beschreibt.

Vor dem Hintergrund dieser Gemeinsamkeit läßt sich nun aber auch der offenbare Unterschied zwischen Ockham und Valla genauer bestimmen. Wenn Ockham von unmittelbar in der Seele gegebenen Inhalten der *notitia intuitiva* spricht, aufgrund derer Aussagen gemacht und ihre Wahrheit und Falschheit beurteilt werden kann, dann schließt er das, was man als sinnliche Daten bezeichnen könnte, ausdrücklich aus und beschränkt diese unmittelbar gegebenen Inhalte auf Begriffe oder Intentionen[81]. Alles also, was unmittelbar in der Seele gegeben ist und Grundlage von Aussagen zu sein vermag, hat bei Ockham den Charakter der Begrifflichkeit. Darum kann er die von Aristoteles als *passiones animae* bezeichneten seelischen Inhalte als *intentiones* oder *conceptus*, als Begriffe, bestimmen[82].

---

78 Vgl. oben, Anm. 33.
79 Vgl. oben, Anm. 28.
80 Vgl. oben, Anm. 38 und 39.
81 Vgl. Ockham, Sent. I, Prologus I, 1; (S. Anm. 36) (OT I) S. 22: "nullus actus partis sensitivae est causa immediata proxima nec partialis nec totalis alicuius actus iudicativi ipsius intellectus". Wenn Ockham daher später – vgl. oben, Anm. 38 – eine intuitive Erkenntnis von Termini und von Dingen unterscheidet, muß dies als Unterscheidung zwischen Termini der ersten und zweiten Intention verstanden werden.
82 Vgl. Ockham, SL I, 12; (s. Anm. 15) (OP I) S. 41 f.: "Illud autem existens in anima quod est signum rei, ex quo propositio mentalis componitur ad modum quo propositio vocalis componitur ex vocibus, aliquando vocatur intentio animae, aliquando conceptus animae, aliquando passio animae, aliquando similitudo rei, et Boethius in commento super Perihermeneias vocat intellectum".

In Vallas System der durch körperliche und geistige Sinne unmittelbar gegebenen seelischen Inhalte dagegen machen die Begriffe, ihre Bezeichnungen und ihre Ordnung, nur einen – und nicht einmal den wichtigsten – Teilbereich aus, nämlich den des vierten geistigen Sinnes, neben dem die drei übrigen geistigen Sinne sowie der körperliche Sinn selbständige Bereiche unmittelbar gegebener Inhalte konstituieren und damit in gleicher Weise wie Ockhams intuitive Begriffe Realität repräsentieren. Der Mensch hat also bei Valla Realität nicht nur, wie bei Ockham, im Raster der Begriffe, sondern er besitzt auch einen großen Schatz vorbegrifflicher Daten, wie sie in den anderen Sinnen gegeben sind, und wenn solche sinnliche Gegebenheit als *passio* bezeichnet werden kann, dürfen wir sagen, daß Valla die Identifikation seelischer Inhalte mit den Begriffen rückgängig macht und zu ihrer Bestimmung durch Aristoteles als *passiones animae* zurückkehrt.

Damit aber tritt in der Beziehung zwischen Worten, seelischen Inhalten und Realität ein grundlegender Wandel ein. Bei Ockham besitzt der Mensch seine Realität nur in der Konzeptualität der Begriffe; Realität ist immer erkannte Realität, deren Struktur mit der der Begriffe identisch ist, so daß auch die Bedeutung und Struktur der konventionellen sprachlichen Zeichen, wollen sie realitätsgerecht sein, den Begriffen zu folgen haben – in einem Wort, bei Ockham entsprechen die *modi significandi* den *modi intelligendi*.

Bei Valla hingegen stellen die begrifflichen Zeichen und ihre Ordnung nur einen Teilbereich der dem Menschen als seelischer Inhalt gegebenen Realität dar; sprachliche Zeichen müssen daher, wollen sie realitätsgerecht sein, nicht ausschließlich der Bedeutung und Struktur der Begriffe folgen, ja, sie dürfen dies nicht einmal, da sie dann den Bereich menschlicher Realität in unzulässiger Weise einschränken – mit einem Wort, die *modi significandi* sind nicht identisch mit den *modi intelligendi*, sondern mit den *modi patiendi*, mit den Weisen, in denen der Mensch *passiones animae* besitzt.

Aus dieser Redefinition der Beziehung zwischen Worten, seelischen Inhalten und Realität ergeben sich nun zwei tiefgreifende Konsequenzen für die sermozinalen Wissenschaften als Instrument der Realwissenschaften. (1) Das Zeichensystem der Sprache und nicht das der Begriffe ist der primäre Repräsentant der menschlichen Welt. In der Sprache hat der Mensch unmittelbar Zugang zu jenen Dingen – *res* –, die erst sekundär durch die Begriffe bezeichnet und in ihnen begrifflich besessen werden. Daher kann nicht die Analyse der Sprache auf begriffliche Eindeutigkeit der Maßstab der Realitätsadäquanz einer Aussage sein, sondern umgekehrt, allein eine Analyse der Sprache auf die in ihr unmittelbar bezeichneten vorbegrifflichen seelischen Inhalte kann die Realitätsadäquanz des begrifflichen Zeichensystems sichern.

Dies ist der Grund, weshalb Valla nicht nur hier, in der Dialektik, son-

dern auch in seinen anderen Werken, die als Anwendungsfälle seiner er-
neuerten Dialektik gelten können, nicht von den begrifflichen Zeichen
und ihrem definierten Zusammenhang, sondern von den Worten und den
von ihnen bezeichneten vorbegrifflichen Erfahrungen ausgeht.

(2) Die zweite Konsequenz hängt mit der ersten eng zusammen. Wenn die
Sprache begriffliche Zeichen nur sekundär, unmittelbar gegebene Realität
jedoch primär bezeichnet, dann kann auch die Ordnung verbaler Zeichen
zu Aussagen und sprachlicher Aussagen zu Argumenten, um Realitätsadäquanz zu besitzen, nicht auf die Eindeutigkeit und Widerspruchsfreiheit
der Ordnung begrifflicher Zeichen beschränkt werden, sondern muß sich,
wenn sie von Dingen und nicht von Zeichen spricht, der Ordnung der
Dinge bequemen, die ebenso wie die der Zeichen als *passio animae* unmittelbar gegeben ist, denn, wie Valla sagt:

> Die Bezeichnung des Wortes Mensch steht unter der Kategorie, der Mensch
> selbst aber, der bezeichnet wird, steht unter dem Dach oder dem Himmel,
> nicht aber unter der Kategorie[83].

Die Logik als Lehre von der widerspruchsfreien syllogistischen Argumentation ist daher nur ein Sonderfall der allgemeinen Argumentationslehre[84] und betrifft lediglich jenes Sprechen, das sich auf begriffliche Zeichen bezieht und daher die Worte als Zeichen der zweiten Intention benutzt. Eine allgemeine Argumentationslehre aber muß alle Weisen des
realitätsadäquaten Sprechens einschließen, die, insofern sie einer Aussage
Sicherheit, *certitudo*, verschaffen, deren Übereinstimmung mit der in den
passiones animae gegebenen Realität erweisen[85]. Daher wird Valla am
Ende des zweiten Buches seiner Dialektik die rhetorische Argumentationslehre des Quintilian seiner eigenen Behandlung der Syllogistik voran-
schicken[86], daher wird er dann im dritten Buch neben dem Syllogismus
auch solche Argumentationsformen erörtern, die, wie z. B. der Sorites,
nicht syllogistisch aufgelöst werden können[87], und darum kann er auch

---

83 Valla, RD I, 14, 25; (s. Anm. 1), Bd. I, S. 124, 20 ff.: "significatio vocis 'homo'
   sub predicamento est; ipse autem homo, qui significatur, sub tecto est aut sub
   celo, non sub predicamento".
84 Vgl. Valla, RD II, Prooemium 3; (s. Anm. 2), Bd. I, S. 175, 18 ff.: "Erat enim
   dialectica res brevis prorsus et facilis … Nam quid aliud est dialectica, quam
   species confirmationis et confutationis? He ipse sunt partes inventionis, inventio una ex quinque rhetorice partibus. 'Dialectici est syllogismo uti'. Quid, non
   orator eodem utitur? Immo utitur nec eo solo, verum etiam enthymemate et
   epicheremate, adde etiam inductionem".
85 Vgl. Valla, RD II, 18, 22; (s. Anm. 1), Bd. I, S. 243, 6 ff.: "probatio omnis fit per
   vera que certa sunt, facitque per hec ipsa veritas aliud quoddam verum videri
   certum quod erat incertum, idque vel necessario vel verisimiliter".
86 Vgl. oben, Anm. 8.
87 Vgl. Valla, RD III, 12; (s. Anm. 1), Bd. I, S. 306 ff.

ganz allgmein erklären, daß das griechische λόγος primär die *oratio* und nur sekundär die *ratio* bezeichne[88] und nicht die Logik, sondern die Rhetorik jenes Zeichensystem beschreibe und regle, das die menschliche Welt konstituiert[89].

Ich möchte damit meine Untersuchung abschließen. Ich hoffe, es ist deutlich geworden,

(1) daß Vallas Dialektik als Transformation des aristotelischen Organon und zwar in seiner von Ockham entwickelten spätmittelalterlichen Gestalt betrachtet werden kann;

(2) daß eine solche Betrachtung Vallas Erneuerung der Dialektik auf die Transformation weniger zentraler Stücke der traditionellen Logik zurückführen kann, nämlich

– auf die Ersetzung der Transzendentalien *ens* und *unum* durch das Transzendentale *res* und damit die Aufhebung der Trennung von *ens reale* und *ens rationis*;

– auf die Identifikation der beiden absolut bezeichnenden Kategorien Substanz und Qualität mit einander und mit dem Transzendentale *res*, so daß alles, was ist, zur seienden Qualität wird;

– auf die Verwandlung der *notitia intuitiva* in eine als körperlich und geistig verstandene sinnliche Gegebenheit und parallel dazu die Rückverwandlung der seelischen Inhalte von den begrifflichen Intentionen zu den *passiones animae* des aristotelischen Textes;

(3) daß, wenn man Vallas Dialektik so betrachtet, ihre sprachliche Grundlage und ihr rhetorischer Rahmen nicht als von der logischen Tradition abgekoppelte Proklamation eines philologisch–literarischen Ideals verstanden werden müssen, sondern als kompetente Auseinandersetzung mit der spätscholastischen Logik und Wissenschaftslehre verstanden werden können.

Die philosophischen Implikationen dieser Auseinandersetzung sowie ihre konkreten historischen Folgen können hier nicht untersucht werden. Nur ein allgemeiner Hinweis sei abschließend erlaubt.

Vallas Transformation der spätmittelalterlichen Logik und Wissenschaftslehre will sicherlich nicht ein Beitrag zur Weiterentwicklung der Binnenstruktur der traditionellen Logik sein. Sie könnte eher als Versuch einer Metalogik verstanden werden, die einerseits die traditionelle Logik

---

88 Valla, RD I, 9, 34; (s. Anm. 1), Bd. I, S. 70, 27 ff.: "Nam et λόγος prius 'orationem' sive 'sermonem' significavit, quam 'rationem' ".

89 Valla, RD II, 1, 1; (s. Anm. 1), Bd. I, S. 178, 2 ff.: "Oratio … simplicissima et quasi mater aliarum, que vel duabus dictionibus potest esse contenta, nomine et verbo, tanquam viro et uxore, que dicitur 'enuntiatio' … veluti una domus; altera vero plenior, que ex pluribus huiuscemodi orationibus constat, qualis syllogismus, quasi pagus quidam aut vicus, tertia autem plenissima que constat ex plurimis, qualis oratoria, veluti quedam iam urbs ideoque popularibus apta auribus".

und Wissenschaftslehre in dem, was sie zu leisten vermag, in der Erstellung eines in sich widerspruchfreien begrifflichen Modells der Realität, begründet, und andererseits alternative Möglichkeiten der Annäherung an die Realität und ihrer Beschreibung eröffnet. Sie befreit damit, auf längere Sicht, die Wissenschaften von dem engen Korsett der aristotelischen Analytiken und läßt andere Ordnungen der Dinge denkbar werden, z. B. jene, die sich auf die im dritten geistigen Sinn gegebenen Qualitäten stützt, auf die Zahlen.

E. J. ASHWORTH

Changes in Logic Textbooks from 1500 to 1650: The New Aristotelianism

The period 1500 – 1650 is a distinctive one in the history of logic. It begins when the great works of fourteenth-century logic, embedded in university curricula all over Europe[1], are replaced by new and different texts; it ends when the 'new philosophies', first of Descartes and later of Locke, infiltrate the study of logic and lead logicians to embrace an '[e]xplicit consideration of the cognitive faculties and their operations'[2] at the expense of more formal concerns. Even within the 150 year period thus demarcated, there is an enormous variety of change and development to be taken into consideration. At the expense of over-generalization, four different streams can be isolated. First, there is the continuity of the medieval tradition, particularly exemplified by the publications of those working at Paris in the first three decades of the sixteenth century[3]. Second, there is the new rhetorical humanism of such men as Rudolph Agricola, whose influential *De inventione dialectica libri tres* was first published posthumously in 1515[4]. Third, there is the Aristotelian humanism of those who, especially in Italy, were involved with the publication of the Greek Aristotle[5], with the publication and translation of the Greek commentators on Aristotle[6], and with the production of new commentaries on Aristotle[7]. Finally,

1 For fuller details and references, see E. J. Ashworth, 'Traditional Logic' in *The Cambridge History of Renaissance Philosophy*, edited by C. B. Schmitt (Cambridge: Cambridge University Press, 1988), pp. 150 – 151.

2 J. G. Buickerood, 'The Natural History of the Understanding: Locke and the Rise of Facultative Logic in the Eighteenth Century', *History and Philosophy of Logic* 6 (1985), p. 161.

3 Ashworth, 'Traditional Logic', pp. 151 – 152.

4 For discussion, see L. Jardine, 'Humanist Logic' in *The Cambridge History of Renaissance Philosophy*.

5 The first printed edition of the Greek text of Aristotle was produced in Venice by Aldus Manutius from 1495 to 1498.

6 See C. B. Schmitt, 'Alberto Pio and the Aristotelian Studies of his Time', Study VI in C. B. Schmitt, *The Aristotelian Tradition and Renaissance Universities* (London: Variorum Reprints, 1984), pp. 55 – 58.

7 For a complete listing of Renaissance Aristotle commentaries, see C. H. Lohr, 'Renaissance Latin Aristotle Commentaries: Authors A–B', *Studies in the Renais-*

there is the investigation of demonstration and scientific method, culminating in the logical work of Jacopo Zabarella, the well–known Paduan Aristotelian[8].

So far as textbook production was concerned, all these four streams were to intermingle. Writings purely in the medieval tradition ceased abruptly after 1530, at least outside Spain; but some parts of the medieval contribution to logic continued to be included in at least some textbooks. The new interests of rhetorical humanism, the emphasis on the topics, on strategies for plausible argumentation, on methods of organizing discourse, on the use of literary examples, had a great impact on the classroom. However, teachers soon found that the works of Agricola himself or of the later Pierre de la Ramée contained insufficient formal material, and their writings were soon supplemented by Aristotelian syllogistic. Thus in Germany from 1520 on, Philip Melanchthon produced a series of textbooks combining humanist insights with Aristotelian logic[9]; and in the 1590s, Germany gave rise to Philippo–Ramism, a school of textbook writers whose aim was to combine what was best in Pierre de la Ramée with what was best in the works of Philip Melanchthon[10]. The study of the Greek Aristotle and the Greek commentators had a strong impact on the textbook writers of the second half of the sixteenth century; and, after Zabarella, sections on scientific method were also to find their way into logic textbooks.

My own interest is in the fate of specifically medieval logical doctrines and the process whereby they were either lost from view or were transmuted into a subordinate part of Aristotelian logic. In order to pursue this theme, I have chosen six textbooks which were used at various times and places during the period 1500 – 1650; and I intend to consider their contents in some detail so as to demonstrate the interaction between medieval logic and the other three streams I isolated above. It must, of course, be pointed out that there were many other textbooks which did not contain any medieval logic, and hence were not suitable for my purposes. The works I have chosen are as follows: (1) the *Libelli Sophistarum*, loose col-

---

sance 21 (1974), pp. 228 – 289; 'Authors C', *Renaissance Quarterly*, 28 (1975), pp. 689 – 741; 'Authors D–F', *ibid.*, 29 (1976), pp. 714 – 745; 'Authors G–K', *ibid.*, 30 (1977), pp. 681 – 741; 'Authors L–M', *ibid.*, 31 (1978), pp. 532 – 603; 'Authors N–Ph', *ibid.*, 32 (1979), pp. 529 – 580; 'Authors Pi–Sm', *ibid.*, 33 (1980), pp. 623 – 734; 'Authors So–Z', *ibid.*, 35 (1982), pp. 164 – 256.

8 See N. W. Gilbert, *Renaissance Concepts of Method* (New York: Columbia University Press, 1960).

9 See E. J. Ashworth, *Language and Logic in the Post–Medieval Period* (Dordrecht, Boston: D. Reidel, 1974), pp. 13 – 14. His logic text was first published in 1520 as *Compendiaria dialectices ratio*, though in the place cited I mention only the first of the later versions, the *Dialectices libri IIII* of 1527.

10 Ashworth, *Language and Logic*, pp. 16 – 17.

lections of late fourteenth-century material which were used at Oxford and Cambridge in the first decades of the sixteenth century[11], (2) the *Logica parva*[12] of Paul of Venice, probably written 1395 - 1396[13], printed many times up to 1614 (or beyond), and used as a textbook particularly in Italy. Both the *Libelli Sophistarum* and the *Logica parva* show how well-embedded medieval logic could seem, even in the early sixteenth century. (3) the *Summulae* of Domingo de Soto, a Spaniard who studied at Paris[14]. The first edition appeared in Burgos in 1529, and the much-altered second edition in Salamanca in 1539[15]. Soto's work is illustrative both of early sixteenth-century developments within the medieval tradition; and, in its second edition, of the impact of rhetorical humanism. (4) the *Institutionum Dialecticarum libri octo* of Pedro da Fonseca[16]. It was first published in Lisbon in 1564, and the last of its fifty-three editions appeared in Lyon in 1625[17]. This work typifies the solid, late-scholastic textbook, full of detail and heavily influenced by Aristotelian humanism. (5) the *Logicae Artis Compendium* of Robert Sanderson, dating from 1615, and used as a textbook in Oxford well into the eighteenth century[18]. In this work, all the four streams are mingled. (6) the *Logica Hamburgensis* of Joachim Jungius,

---

11 For full discussion, see E. J. Ashworth, 'The "Libelli Sophistarum" and the Use of Medieval Logic Texts at Oxford and Cambridge in the Early Sixteenth Century', *Vivarium* 17 (1979), pp. 134 - 158.

12 This work has been published in facsimile: Paulus Venetus, *Logica* (Venice 1472; Hildesheim, New York: Georg Olms, 1970). For a translation with notes, see A. R. Perreiah, *Paulus Venetus: Logica Parva* (München, Wien: Philosophia Verlag, 1984).

13 See F. Bottin, 'Logica e filosofia naturale nelle opere di Paolo Veneto' in *Scienza e filosofia all'Università di Padova nel Quattrocento*, edited by A. Poppi (Contributi alla Storia dell'Università di Padova 15. Trieste: Lint, 1983), p. 89 - 91.

14 For a discussion of Soto's logical work, see V. Muñoz Delgado, *Lógica formal y filosofia en Domingo de Soto (1494 - 1560)* (Madrid: Edita Revista "Estudios", 1964).

15 For a discussion of the various editions, see A. d'Ors, 'Las Summulae de Domingo de Soto', *Anuario Filosofico. Universidad de Navarra* 16 (1983), pp. 211 - 213.

16 There is a modern edition: Pedro da Fonseca, *Instituições Dialécticas Institutionum Dialecticarum libri octo*, 2 volumes, edited and translated by J. Ferreira Gomes (Coimbra: Universidade de Coimbra, 1964).

17 See Ferreira Gomes, editor's introduction to Fonseca, see fn. 16 above, I, pp. xxxv-xlvi.

18 For a facsimile of the 1618 edition, see Robert Sanderson, *Logicae Artis Compendium*, with an introduction by E. J. Ashworth (Bologna: Editrice CLUEB, 1985).

first published as a whole in 1638[19], though Books 1 to 3 had appeared in 1635[20]. This too is a solid, detailed textbook, but it brings us to the end of the road so far as the medieval contribution to logic is concerned.

I shall begin my investigation by considering the types of logic text that would have been used at a fifteenth–century university. There are three groups. First, there is the 'Organon' of Aristotle, together with the commentaries so exhaustively enumerated by Charles Lohr[21]. I shall not be concerned with this type of literature, except to note that it underwent considerable changes during the sixteenth century owing to the influence of humanism and to the recovery of the Greek commentators. Second, there is the textbook proper, such as the *Summulae logicales* of Peter of Spain, itself typically presented with a commentary by some later author. Third, there is the group of independent texts, each devoted to some aspect of the specifically medieval contribution to logic. If one is to understand later developments, this group must be investigated in some detail, and I shall start by analyzing its subdivisions[22].

The core of the first subdivision is provided by the so–called *parva logicalia*, or treatises dealing with the properties of terms, including their reference in various contexts. Here we find tracts on supposition, on relative terms, on ampliation, appellation, restriction and distribution. These core treatises were supplemented in three ways. Logicians wrote about syncategorematic terms, those logical particles such as 'all', 'some', and 'not', which determine the logical structure of a proposition; they wrote about exponible terms, those logical particles such as 'except' and 'only' whose presence requires the analysis of an apparently simple categorical proposition into several conjoined propositions; and they wrote about the proof of terms, or the way in which the truth–conditions of propositions are affected by the presence of exponible terms, of modal terms such as 'necessary' and 'possible' or of epistemic terms such as 'knows' and 'believes'. Obviously there was a good deal of overlap between writings on syncategorematic terms, on exponibles and on the proof of terms, since

19 For a modern edition, see R. W. Meyer, editor, *Joachimi Jungii Logica Hamburgensis* (Hamburg: J. J. Augustin, 1957).
20 See W. Risse, *Joachimi Jungii Logicae Hamburgensis Additamenta* (Göttingen: Vandenhoeck & Ruprecht, 1977, p. 7.
21 For a listing of medieval Aristotle commentaries, see C. H. Lohr, 'Medieval Latin Aristotle Commentaries: Authors A–F', *Traditio* 23 (1967), pp. 313 – 413; 'Authors G–I', *ibid.*, 24 (1968), pp. 149 – 245; 'Authors Jacobus–Johannes Juff', *ibid.*, 26 (1970), pp. 135 – 216; 'Authors Johannes de Kanthi–Myngodus' *ibid.*, 27 (1971), pp. 251 – 351; 'Authors Narcissus–Richardus', *ibid.*, 28 (1972), pp. 281 – 396; 'Authors Robertus–Wilgelmus', *ibid.*, 29 (1973), pp. 93 – 197; 'Supplementary Authors', *ibid.*, 30 (1974), pp. 119 – 144.
22 For more details and references, see Ashworth, 'Traditional Logic', pp. 146 – 149.

one and the same logical particle could be treated in all three types of treatise.

The second subdivision contains the 'three tracts of the moderns', the treatises on consequences, obligations and insolubles. Treatises on consequences covered all types of argumentation, beginning with a good deal of what is now called propositional logic, and they often included the syllogism as a special example of one kind of argumentation. They were also noteworthy for lengthy discussions of the notion of consequence itself, and of the difference between formally valid and materially valid inferences. Treatises on obligations dealt with the rules to be followed in a certain kind of disputation which was specifically designed to test the logical skills of undergraduates, and which therefore deliberately confined itself to exploring the logical consequences of accepting an often bizarre falsehood. Treatises on insolubles dealt with semantic paradoxes, such as the standard liar: 'What I am now saying to you is false', and they explored in some depth the semantic presuppositions of language, including the truth–conditions for contradictory and synonymous propositions.

The third subdivision is formed by the treatises on sophisms in which problematic or puzzling statements were analyzed and tested against various logical rules. Since these rules were drawn from the areas of investigation already mentioned, including supposition theory and its ramifications, there was considerable overlap between the contents of these treatises and those belonging to the first and second subdivisions. Indeed, the latter treatises, as well as the commentaries on Aristotle and on Peter of Spain, themselves made heavy use of sophisms in order to test the rules they enunciated against possible counter–examples. Thus we get a two–way movement. A treatise on sophisms begins with the sophisms and proceeds to the rules; a treatise on, for instance, consequences begins with the rules and proceeds to the sophisms. Paul of Venice's *Logica magna* (written 1397 – 98) is a particularly noteworthy example of the use of sophisms as a testing device[23].

An overview of this group of specifically medieval texts reveals the following features. First, the use of sophisms which I have just discussed; second, a particular attitude to language; and third, a non–Aristotelian approach. So far as language is concerned, the texts betray no interest in persuasive or elegant discourse, these areas being left to the rhetoricians.

---

23 See Paul of Venice, *Logica magna* (Venice, 1499). An edition and translation of this work is being published under the auspices of the British Academy. The first volume to appear was: Paul of Venice, *Logica Magna. Part II Fascicule 6*, edited and translated by F. del Punta and M. M. Adams (published for the British Academy by the Oxford University Press, 1978). For the date of the work, see Bottin, fn. 13 above, p. 88, pp. 91 – 92.

Instead, they used language in order to make a logical point[24]. The authors were deeply concerned with the effects that different word–orders and the addition of extra logical particles had on both meaning and reference, and they frequently tried to express semantic differences through different syntactic structures. One simple example is the reading of '*Papam vidi*' as opposed to '*Vidi papam*'. '*Papam vidi*' was taken to mean that at some point in time I saw a man who came to be Pope, but that I did not recognize him under the description 'holder of the papal office'. On the other hand, '*Vidi papam*' means that I both saw a man who came to be Pope and recognized him under the description 'holder of the papal office'. The result of such an approach to language is, not unexpectedly, a very tortured and artificial style which displayed itself to its best (or worst) effect in the sophisms. So far as Aristotle is concerned, the texts are non–Aristotelian (not anti–Aristotelian) in that they focus on matters which Aristotle had not discussed in any detail, if he touched on them at all. Some authors, such as the fifteenth–century Thomists of Cologne, attempted to relate what they were doing to passages in the 'Organon', but their attempt can only be described as perfunctory[25].

The fate of these specifically medieval texts during the sixteenth century is an interesting one. At the beginning of the century they were still fully entrenched at many universities, and it is here that I would like to consider both the *Libelli Sophistarum* and the *Logica parva*. The *Libelli Sophistarum* were used at both Oxford and Cambridge, each university having its own version, and they were printed as late as 1524 (Cambridge version) and 1530 (Oxford version). The Oxford version begins with a *summulae* offering a brief introduction to elementary logic, including terms, propositions, the square of opposition, equipollence, conversion, and the syllogism. It was followed by separate treatises on consequences, objections to the treatise on consequences, supposition, obligations, insolubles, and other logical topics, as well as by some treatises on natural philosophy. A few of the treatises in the collection can be assigned to known authors from the second part of the fourteenth century, or earlier; and almost without exception each treatise is known to spring from a long manuscript tradition. Even where no manuscripts have yet been found, I think it would be a mistake to postulate sixteenth–century authorship. Paul of Venice's *Logica parva* belongs firmly to the same tradition as the *Libelli Sophistarum*. Its

---

24 For discussion of changing attitudes to language with particular reference to the differences between the language of medieval logic and the language of humanists, see L. Giard, 'Du latin médiéval au pluriel des langues, le tournant de la Renaissance', *Histoire Epistémologie Langage* 6.1 (1984), pp. 35 – 55.

25 *Copulata super omnes tractatus parvorum logicalium Petri hispani ac super tres tractatus modernorum* (Cologne, 1493), fol. i^r–v. This work is sometimes incorrectly ascribed to Lambertus de Monte.

first tract is a *summulae*; tract two deals with the material of the *parva logi-calia*; tracts three, five and six deal with consequences, obligations and insolubles; tract four is on the proof of terms; and the last two tracts raise objections to the *summulae* and to the treatise on consequences.

So far then, we have purely medieval writings being used as textbooks both in England (a notorious logical back-water at the time) and in Italy. There are two things to note in particular. First, as Charles Schmitt remarked:

> Contrary to what is generally thought, the most technical and most highly specialized products of medieval scholasticism continued to remain popular during the Renaissance, precisely at the same time as when humanism was at its height[26].

Second, neither of the textbooks in question betrays much influence of Aristotle. Syllogistic is there, but in a strictly subordinate role. While it would be a mistake to refine too much on this point, given that we are dealing with works introductory to further logical studies, it is still clear that Paul of Venice's notion of the essential preliminaries to logic is very different from that found in Fonseca, Sanderson, or Jungius.

Before I turn to these later authors, I shall consider Domingo de Soto, a Spaniard who wrote in the tradition of renewed medieval logic found at the University of Paris. The first edition of Soto's *Summulae* published in 1529 still has much in common with the *Libelli Sophistarum* and the *Logica parva*, if only because it too is a loose collection of tracts dealing with a variety of subjects. It opens with an introduction to dialectic in which Soto first discusses definition, division and argumentation, and then gives a full treatment of terms as meaningful signs, of supposition theory, and of its ramifications. There follows a commentary on Peter of Spain's first tract which dealt with nouns, verbs and propositions; a work on exponibles; a commentary on Peter of Spain's fourth tract which was devoted to syllo-gistic; a tract on insolubles and a tract on obligations. Heavy use is made of sophisms, and much of the material discussed is either non-Aristotelian, or, like definition and division (two of the three *modi sciendi*) not directly related to the 'Organon'. On the other hand, the syllogism is much more prominent than it was in the *Libelli Sophistarum* or the *Logica parva*; and even some of the material which falls within the medieval tradition is con-temporary in its inspiration. Thus, Soto uses the special signs 'a' and 'b' which belong to late fifteenth-century developments in supposition the-

---

26 Schmitt, 'Alberto Pio', p. 49.

ory[27]; and his discussion of terms includes much early sixteenth-century material on the notion of a sign as such[28].

The second edition of Soto's *Summulae*, printed in Salamanca in 1539, shows some interesting changes. It is much briefer, and the material has been organized into seven parts. The first is on terms; the second, which includes remarks on definition and division, is devoted to propositions and supposition theory; the third is on the relations between propositions; the fourth is on exponibles; and the fifth is on syllogisms but includes material on consequences. Finally, there are the re-written tracts on insolubles and obligations. Soto's preface to this new edition is very significant[29]. He explained that although the sophistic excesses of late medieval logic had made it horrifying and inaccessible to boys, there was still a need for a fairly detailed introductory text. It was not enough to take a few examples from Cicero and think that one had given sufficient treatment to logic. On the other hand, Aristotle himself was hard to read, so that the 'Organon' could not be used directly. Soto added that exercises in logic were essential, and that he had retained 'some quibbles and a few sophisms' for this purpose.

It is worth considering Soto's later attitude to the content of an introductory logic text in more depth. There are two features which are interesting. On the one hand, there is the rejection of the rhetorical logic of the humanists as insufficient. It was simply not seen as rich enough in content to fulfil the purposes of a university education. On the other hand, we have Soto's belief that while Aristotle's 'Organon' is of central importance, it cannot be read by boys in its raw state. Introductory material is needed, and this introductory material must, for Soto, include certain parts of the specifically medieval contribution to logic. Supposition theory is central, but even the doctrines of obligations and insolubles still have a part to play. Nor, as I noted above, has the use of sophisms been entirely rejected.

The emphasis on an Aristotelian content supplemented by medieval developments is found even more clearly in the next author on my list, Pedro da Fonseca. Before I analyze the changes that had taken place, and their significance, I shall give a brief summary of the contents of Fonseca's *Institutionum Dialecticarum libri octo*. Book 1 begins with some remarks on the nature of dialectic, and then offers some basic information about nouns and verbs, viewed as meaningful signs. Book 2 takes up the catego-

27 See E. J. Ashworth, 'Multiple Quantification and the Use of Special Quantifiers in Early Sixteenth Century Logic', Study X in E. J. Ashworth, *Studies in Post-Medieval Semantics* (London: Variorum Reprints, 1985).

28 See E. J. Ashworth, 'The Doctrine of Signs in Some Early Sixteenth Century Spanish Logicians', *Anuario Filosofico. Universidad de Navarra* (forthcoming).

29 The preface is reproduced in Domingo de Soto, *Summulae* (Salamanca, 1554; Hildesheim, New York: Georg Olms, 1980), sig. A 2^{r-v}.

ries. Book 3 discusses propositions and their relations, including some material on three kinds of exponible proposition, namely exclusives, exceptives and reduplicatives. Books 4 and 5 take up division and definition respectively. Book 6 is about consequences, beginning with a brief overview of some medieval material, but mainly devoting itself to the syllogism. Propositional logic appears briefly under the heading of 'hypothetical syllogisms'. Book 7 is about demonstration and the topics. Book 8 starts by investigating fallacies, but concludes with an overview of supposition theory.

The first thing to be learned from this table of contents is that the 'Organon' itself is now very clearly the focus of attention. The material of the *Categoriae*, *De interpretatione*, *Analytica Priora*, *Analytica Posteriora*, *Topica* and *De Sophisticis Elenchis* is taken up in order. A closer reading of the text reveals that Fonseca is frequently concerned to explain the precise intention of Aristotle's remarks; and that in his attempt to understand Aristotle, he drew on his knowledge of the Greek language (as had Soto to some extent) and of Greek authors. He cites not only those who commented on Aristotle, such as Alexander of Aphrodisias and Ammonius, but also Plato and Pindar. Among Latin authors he draws heavily on Cicero, and there are references to Horace and Virgil. Later authors used include the great Arab commentator Averroes. In all of this Fonseca reflects the renewed Aristotelianism of the sixteenth century. There is a strong philological emphasis, based on the new study of the Greek language; and Aristotle's text is to be read through the eyes, not of late medieval logicians, but of the Greek and Arab writers. Wider classical learning is used to illuminate points and to provide apt examples. In so far as Fonseca did make use of writers from the medieval Latin West, he tended to focus on Thomas Aquinas, whose works knew a sudden surge of popularity in the sixteenth century[30]. Ockham is cited, but no logician who succeeded Ockham in time is cited until we reach the humanist Rudolph Agricola.

On the other hand, some medieval logic is still to be found in Fonseca's work, as my analysis of the table of contents has already revealed. If one compares what Fonseca has chosen to retain to the subdivisions of the specifically medieval contribution to logic that I outlined earlier, one finds the following. First, there is no hint of the texts devoted to sophisms, nor indeed is there any use of sophisms by Fonseca, who was commended for his lack of sophistry by the Jesuit *Ratio Studiorum* of 1586[31]. Second, there is no trace of the treatises on obligations and insolubles. Third, the treatises on consequences have left their mark, but much of the detail has been omitted, and the list of non-syllogistic consequences has been reduced to

---

30 See F. E. Cranz, 'The Publishing History of the Aristotle Commentaries of Thomas Aquinas', *Traditio* 34 (1978), pp. 157 – 192.
31 K. Kehrbach, *Monumenta Germaniae Paedagogica*, Bd. V (Berlin, 1887), p. 131.

a few dealing with truth and modality[32]. Fonseca makes it more than clear that his main interest in argumentation is in the syllogism. Fourth, the *parva logicalia* and the treatises on exponibles remain influential, but the doctrines survive in a truncated form. Only three types of exponible are discussed[33]; and the material about supposition and related doctrines is presented as an aid to understanding fallacies, rather than as an integral part of logic in general. Fonseca warned that these doctrines were 'unrefined, uncouth and remote from use', and that to dwell on them at length was dangerous to good language[34]. However, he remarked, some loss would come from ignoring these doctrines altogether.

Fonseca's reference to good language is significant, for the language in which the medieval material is discussed has also changed. Not only have sophisms disappeared, but so too has any attempt to treat Latin as a technical language in which different word–orders represent different logical structures. The propositions which Fonseca wishes to employ for such operations as syllogistic conversion are presented in an already fully–standardized form, and they are always relatively simple propositions devoid of repeated logical particles, or logical particles found in curious places. In so far as Fonseca's language retains a complexity of its own, it is merely because he is striving to be classical in style and vocabulary, not because he sees Latin itself as a logical tool.

These changes in language can be linked to the new style of humanist education. Humanists were typically interested in persuasive arguments, so far as they were concerned with arguments at all; and to be persuasive one needs to write or speak a Latin which is elegant, nuanced, ornamented; in short, very different from the "barbarous" Latin of the schoolmen[35]. But humanists were also interested in an educational system with a strong literary content, drawn from classical poets and historians. These interests produced new forms of student exercise. Instead of spending their undergraduate years disputing about logic, grammar and natural philosophy, students (at least at Oxford and Cambridge) came to be expected to write themes, that is, essays on a given subject; to deliver declamations, that is, speeches on a set topic; and to take part in disputations which were marked by forcefulness and good sense rather than a mastery of logical subtleties[36].

Fonseca's logic is obviously compatible with the new style of education;

---

32 Fonseca, see fn. 16 above, I, pp. 342 – 350.

33 *Ibid.*, I, pp. 230 – 248.

34 *Ibid.*, II, pp. 676 – 678.

35 See Ashworth, introduction to Sanderson, see fn. 18 above, pp. xix–xx; and L. Jardine, 'Lorenzo Valla and the Intellectual Origins of Humanist Dialectic', *Journal of the History of Philosophy* 15 (1977), pp. 143 – 164.

36 Ashworth, introduction to Sanderson, see fn. 18 above, pp. xxxiv–xxxv.

and this new style also helps us to understand why obligations and insolubles have disappeared. They were not helpful for the understanding of the Aristotelian material; and the exercises to which they gave rise were heavily dependent on the use of paradoxical falsehoods in order to exercise boys in nothing other than logical subtleties. But it is when we turn to Robert Sanderson that we see most clearly the effects of the new humanist education on the logic textbook, given that Sanderson makes explicit provision for the forms of student exercise developed during the sixteenth century. His *Logicae Artis Compendium* includes a lengthy appendix on the use of logic[37]. Here Sanderson first shows how a theme is to be handled, and he includes a model treatment of the theme 'Jealousy', complete with Greek terms, classical references and material organized under topical headings. He then discusses how a problem is to be handled in a disputation, and recommends this exercise both as a training for the mind and as a means of coming to the truth. It is abundantly clear that the kind of disputation he has in mind has nothing at all in common with the medieval obligational disputation. Finally, he discusses method viewed as a means of ordering a discourse, whether one equates a discourse with an entire discipline, with a complete text, or with a single theme. In passing, Sanderson also mentions declamations, which for him offer a model to be avoided, relying as they do on rhetorical devices[38]; and commonplace books, in which students are supposed to keep a record of their reading[39].

At the same time, Sanderson offers the student the material he needs in order to understand Aristotelian logic. As became popular in the seventeenth century, the *Logicae Artis Compendium* is organized in accordance with the three acts of the mind. Book 1, on concepts or terms, takes us through the categories. Book 2, on judgment or propositions, discusses the types and relations of propositions, and includes an outline of supposition theory together with some remarks on exponible propositions. In Book 3, on argumentation, we find the syllogism, introduced by a brief discussion of the notion of consequence, demonstration, topics, and fallacies. Method is also covered briefly. As with Fonseca, the medieval material is still there, but strictly subordinated to the overall purpose of introducing Aristotle's 'Organon' in an orderly manner.

With my last author, Joachim Jungius, we come to the end of the road for medieval doctrines. In his *Logica Hamburgensis* of 1638, Jungius presented Aristotelian logic in six books. The first three, corresponding to Zabarella's general logic, were organized in accordance with the three acts of the mind, and cover categories, propositions and syllogisms. The mext two, corresponding to Zabarella's special logic, deal with demonstration

---

37 Sanderson, see fn. 18 above, Appendix Prima, pp. [243] – [329].
38 *Ibid.*, p. [287].
39 *Ibid.*, pp. [351 – [359].

and dialectic, that is, the topics. The sixth book deals with sophistic or fallacies, viewed as an appendix to both general and special logic[40]. Thus the 'Organon' is covered from beginning to end. A good deal of propositional logic is also included, but owes more to the Stoics and to Jungius's own genius than to Aristotle or the medievals[41]. So far as medieval logic is concerned, only the doctrine of exponibles, in Fonseca's simplified form, remains[42]. The word '*consequentia*' is used, but the medieval definitions and rules have disappeared[43]. Supposition theory has also disappeared, and although there is some discussion of disputational techniques, this discussion is appended to Book Six, and owes nothing to the obligational disputation[44]. The *Logica Hamburgensis* is certainly not a purely Aristotelian textbook, for it includes non–Aristotelian material, and betrays the strong influence of such near–contemporaries as Zabarella; but it is far removed from the *Libelli Sophistarum* or Paul of Venice's *Logica parva*.

Why these changes took place is an interesting and intractable question. Humanism coexisted too long with medieval logic for humanism to be the sole explanation; and, as Charles Schmitt pointed out, the return to Averroes and Aquinas in the sixteenth century shows that mere revolt against anything medieval is not a sufficient explanation either[45]. Changes in grammar teaching[46] and changes in other parts of the university curriculum, with the new emphasis on literary and linguistic studies, presumably have a good deal to do with the appearance of a new style of logic. So too do Reformation, Counter–Reformation and the resulting changes in theological studies. In his introduction to the second edition of his commentary on the first book of Peter Lombard's *Sentences*, the Scottish logician and theologian John Mair speaks of the changes at Paris[47]. In its reaction to Luther, the Theology Faculty had turned away from the definitions of the *Sentences* back to Holy Scripture, and they had rejected scholastic subtleties for a plainer approach. They now felt they had gone too far, and were reintroducing some scholastic subtleties into the handling of student disputations. Even so, the impact on Mair's writing is clear. Whereas, he

---

40 Jungius, see fn. 19 above, p. 3.
41 See Ashworth, *Language and Logic*, especially pp. 165 – 167.
42 Jungius, see fn. 19 above, pp. 90 – 93.
43 See the index to Jungius, see fn. 19 above, p. 649.
44 Jungius, see fn. 19 above, pp. 377 – 390.
45 C. B. Schmitt, 'Philosophy and Science in Sixteenth–Century Italian Universities', Study XV in Schmitt, *The Aristotelian Tradition*, pp. 316 – 317.
46 T. Heath, 'Logical Grammar, Grammatical Logic, and Humanism in Three German Universities', *Studies in the Renaissance* 18 (1971), pp. 9 – 64.
47 John Mair (or Major), *In Primum Magistri Sententiarum disputationes et decisiones nuper repositae* (Paris, 1530), sig. A i^v. Mair also tells the reader that he had never really liked the old style of writing. The first edition of his Sentence commentary had appeared in 1510.

wrote, the first edition had contained a good deal of detailed logical and physical discussion, the second edition goes over these matters in a few words, if at all. One may conclude from Mair's remarks that students no longer needed to be thoroughly trained to handle sophisms and the doctrines of medieval logic before they entered theology; nor did they need these skills for other parts of their studies. What they did need was a training in clear thinking, and Aristotelian syllogistic was thought to offer that, particularly when presented in the neatly organized format of the late sixteenth–century textbook.

CHARLES LOHR

The Sixteenth-Century Transformation of the Aristotelian Natural Philosophy

In the year 1513 the Fifth Lateran Council condemned certain philosophers who taught that at least according to philosophy it is true that the human soul is mortal[1]. Pietro Pomponazzi had dealt with this subject repeatedly in the course of his university lectures on Aristotle's *De anima*, but the actual controversy began only in 1516, with the publication of his *Tractatus de immortalitate animae*.

Pomponazzi maintained that according to Aristotle the doctrine of the soul belongs to physics as a part of the doctrine dealing with *corpus animatum*. For this reason it is impossible, if one begins with Aristotle's principles, to prove the immortality of the soul. All material forms are generated from the potency of matter and therefore corruptible. But the soul is a material form. None of its operations are carried out without a corporeal organ. Knowledge begins in sensation and understanding itself depends on sensible images. Were it possible to supply a metaphysical proof based on the idea that the soul is not educed from the potency of matter, but rather directly created by God, one could possibly hold that the soul is both a spiritual substance and the form of the body. But Aristotle knew nothing of creation. For him the presence of immaterial operations in a material form is a contradiction and the notion of a spiritual substance which is also the form of the body is impossible[2].

The difficulty with Pomponazzi's position was not simply that it denied the possibility of giving an Aristotelian proof of immortality. His argu-

---

1 Bulla 'Apostolici regiminis' (1513) of Pope Leo X Mansi XXXII 842 f. Concerning Pomponazzi's position on the immortality of the soul and the subsequent controversy about his teaching see E. Gilson: Autour de Pomponazzi: problématique de l'immortalité de l'âme en Italie au début du XVIe siècle. Archives d'histoire doctrinale et littéraire du moyen âge 28 (1961), 163 – 279; id.: L'affaire de l'immortalité de l'âme à Venise au début du XVIe siècle. In: Umanesimo europeo e umanesimo veneziano. Ed. V. Branca. Florence 1963, 31 – 61; G. Di Napoli: L'Immortalità dell'anima nel Rinascimento. Turin 1963. P. O. Kristeller: Eight Philosophers of the Italian Renaissance. Stanford 1964, 72 – 90.
2 Pietro Pomponazzi: Tractatus de immortalitate animae, cap. 9. Ed. G. Morra: Bologna 1954, esp. 110 – 118; cf. Gilson: Autour de Pomponazzi, 183 – 195.

ment upset the theological position that Christian revelation and Aristotelian philosophy are fundamentally in agreement. The theologians had rejected contemporary attempts to enlist the Platonic conception of man in the service of Christianity because the idea of the body as the instrument of the soul and at the same time the source of the evil inclinations in man conflicted, in their eyes, with the Christian doctrines of the incarnation and the necessity of grace for salvation. In Aristotle's view of man as a substantial unity, they had found a natural basis for the doctrine that original sin affects the whole man.

But Pomponazzi's position not only jeopardized the idea that the Aristotelian philosophy supported revelation. It also endangered the principle which provided the warrant for clerical surveillance over doctrinal questions. Were Pomponazzi right in maintaining that according to Aristotle the soul is mortal, then Aristotle's psychology ought to have been condemned in accordance with his own metaphysical principle of contradiction, on the ground that it entailed a conclusion contrary to revealed doctrine.

Pomponazzi's assertion that, as a Christian, he believed that the soul is immortal, while denying the possibility of a rational demonstration, only served to increase the theologians' apprehension. The formulation of the Lateran Council's condemnation shows that the fathers were less concerned about the question of immortality than they were about the view that a doctrine could be true in philosophy, but contradict a truth in theology. They made it an obligation of university professors to justify by reason the assent to all those Christian doctrines which are accessible to man's natural powers.

It was especially the traditional proponents of the notion of a Christian philosophy, the theologians of the Dominican Order, who took up Pomponazzi's challenge. Although some of them continued to hold that the abandonment of the Christian interpretation of Aristotle would endanger the faith, two of the most important Dominican writers were prepared to make some concessions to Pomponazzi.

Cardinal Cajetan, who – as General of the Order – was present at the Lateran Council, had been one of Pomponazzi's colleagues at the university of Padua. Confronted with the latter's naturalistic interpretation of Aristotle, he saw himself forced to defend the fundamental idea that a doctrine cannot be true in philosophy and false in theology. Accordingly, he distinguished between Aristotle and the true principles of philosophy. Aristotle's position cannot result from the principles of philosophy because nothing can be concluded from true principles which is not true and it is known by faith that Aristotle's position – at least in Pomponazzi's interpretation – is false[3].

Crisostomo Javelli, regent in the Studium of the Order at Bologna during the time when Pomponazzi was professor in the university there, took the discussion a step further. In a move decisive for the history of natural philosophy in the sixteenth century, he argued that, whatever Aristotle's opinion might be, the immortality of the soul is a position rationally demonstrable – not in physics, but rather in metaphysics. Bringing the idea of creation into the science of being and with it Aquinas' related notion of a real composition of essence and existence in created reality, Javelli maintained that the soul is not generated from the potency of matter. Its existence comes to it from outside, through creation. The soul is the substantial form of the body it animates, but it is, at the same time, immortal because it is a spiritual substance composed of essence and existence[4].

The 'Pomponazzi affair' had thus far–reaching consequences for the complex interrelationships between philosophy, theology, and natural science in the sixteenth century. Its development had been foreshadowed by the establishment of separate chairs for metaphysics in the Padua arts faculty, by the increasing tendency of Scholastic commentators on Aristotle to concentrate on the *Metaphysics*, *Physics*, and *De anima*, by the growing number of commentaries composed on Thomas' tract *De ente et essentia*, and by the increasing stress on the common heritage in Albertism, Thomism, and Scotism. In fact, the controversy concerning the immortality of the soul reveals something of the nature of the Scholastic enterprise. By making the human soul a metaphysical object, Scholastic thinkers in the sixteenth century brought to full term an evolution which had begun three hundred years earlier.

From the beginning of the thirteenth century Scholastic authors had agreed that their explanation of theological doctrine had to be in accord with Aristotle's conception of deductive science. Aristotle's conception lent itself to their enterprise not only because the articles of faith could be taken as the axioms or indemonstrable principles for a deductive presentation of biblical and patristic teaching. It also provided a systematic place for the apologetic efforts of the theologians. While Christian doctrines were regarded as supernatural truths which could not be proved, it was

---

3 Thomas de Vio: cardinalis Caietanus, Commentaria in libros De anima Aristotelis. Lib. III cap. 2; cf. M.-H. Laurent: Le Commentaire de Cajétan sur le "De anima". In: Thomas de Vio: cardinalis Caietanus (1469 – 1534): Scripta philosophica III. 1. Ed. I. Coquella: Rome 1938, vii–lii at xxxiii; Gilson: Autour de Pomponazzi, 173 – 183; J. Belda–Plans: Cayetano y la controversia sobre la inmortalidad del alma humana. Scripta theologica 16 (1984), 417 – 422.

4 Crisostomo Javelli: Tractatus de animae humanae indeficientia. Pars I cap. 5. Venice 1536, f. 28 r; cf. Gilson: Autour de Pomponazzi, 259 – 273.

thought that their acceptance could be shown to be at least reasonable because congruent with fundamental philosophical doctrines like the existence of God and the immortality of the human soul. In case of conflict between philosophy and Christian doctrine, the principle of contradiction – the fundamental principle of Aristotelian science – was able to serve to eliminate philosophical doctrines which entailed consequences at variance with revelation.

For these reasons revealed theology and metaphysics were brought together in terms of Aristotle's theory of science. According to the Philosopher the particular sciences have their own proper principles, but there are common or general principles for all the sciences. The Scholastics proposed therefore employing the articles of faith as the proper principles of theological science and the Aristotelian metaphysics for the common principles of such basic philosophical doctrines as could be used to support the teachings of revelation[5].

Thomas Aquinas, for example, explained that the subject–matter of metaphysics is *ens in communi*. With one eye on the revealed doctrine of creation, he held that the relationship of all the things that fall under the notion of 'being in general' to the first principle was one of causality. Created beings are distinct from the first principle because they are made up of essence and the existence bestowed on them by creation. Material beings are distinct from and inferior to immaterial beings because their essences are composed of matter and form. Thomas' position on the subject of metaphysics was thus able to provide an argument for the necessity of revealed doctrine. The doctrine of God is included in metaphysics as the doctrine of the principle or cause of being. But although the theologian as apologist can demonstrate God's existence on the principle of causality, God's essence remains beyond human understanding since man's knowledge takes its departure from sense experience. Thomas rejected the idea – current in the twelfth century – of a type of intellectual knowledge, higher than reason, but natural to man. A knowledge of God's essence is, in his view, accessible only through the gratuitous, supernatural light of revelation[6].

Decisive for the conception of philosophy which was dominant among Scholastic thinkers during the late medieval period was the analysis made by Duns Scotus, a thinker for whom the connection between revelation

---

5 Cf. A. Lang: Die theologische Prinzipienlehre der mittelalterlichen Scholastik. Freiburg i. Br. 1964; C. H. Lohr: Mittelalterliche Theologien. In: Neues Handbuch theologischer Grundbegriffe 3, Munich 1985, 127 – 144.

6 Thomas Aquinas: In Boethium De trinitate, q. 5 art. 1 et 4; id.: In XII libros Metaphysicorum, lib. VI lect. 1. Cf. Th. Kobusch, L. Oeing–Hanhoff and T. Borsche: art. 'Metaphysik'. In: Handbuch philosophischer Grundbegriffe 5, 1980, esp. 1218 – 1226 (Thomas Aquinas).

and metaphysics as the science of being is even closer than it is for Aquinas. Scotus began with an examination of traditional metaphysics which amounted to a critique of natural reason. Aristotle's metaphysics, he maintained, does not get beyond physical reality. Because he was compelled – not having access to revelation – to take sense knowledge as his point of departure, Aristotle could discover principles and draw conclusions, but apply them only in the physical order. His metaphysics is consequently mixed with error and unable to answer questions of God's nature and man's destiny.

But the revelation of the existence of spiritual reality has opened a new horizon for metaphysics. Since the mind is able to comprehend the notion of immaterial reality from the moment that it attains access to it, Scotus concluded that the first object of the intellect is not the *ratio quidditatis sensibilis*, as Aristotle and Thomas had maintained, but rather *ens sub ratione entis* – a concept which is so broad that it includes everything whose existence is not contradictory, which is transcendent because it is anterior to all modes and determinations, and which must be univocal because it applies to all things in the same way.

Duns Scotus pleaded accordingly for the elaboration of a new, autonomous metaphysics, independent of the physical sciences. In view of revelation it is possible to conceive a pure metaphysics, not limited by human faculties of knowledge. This new science of being would be open to all reality, pure knowing of pure knowability. The subject of this science is not, however, God as the personal, triune God known through revelation. Such knowledge is beyond science which can deal only with universal concepts. Metaphysics can attain to the divinity only as infinite being.

This definition of metaphysics involved some basic changes not only in the relationship of metaphysics to revealed theology, but also to the other speculative philosophical sciences. When the metaphysician arrives at the knowledge of infinite being, he has the same unclear and confused notion of God that one would have of man when he knew only what the word 'animal' means. Revealed theology as the knowledge of a triune God is, therefore, still necessary, but metaphysics with its analysis of the notion of being supplies the basis for its scientific development.

Moreover, since metaphysics as the science of being as being excludes a natural knowledge of God as God, it is possible to envisage a science of natural theology which had as its subject God as prime mover, using physical proofs like those of Averroes.

Finally, the notion of finite being, opposed to infinite being, but including both immaterial and material reality, involves a category of being unknown to Aristotle and makes possible the conception of a science which should study corporeal reality in a metaphysical way, as *ens mobile*, in contradistinction to the Aristotelian physics, whose subject is *corpus mobile* – a cosmology distinct from natural science[7].

Thomas Aquinas and John Duns Scotus were theologians, concerned primarily with the systematic presentation of revealed doctrine. The consequences of their ideas for philosophy were not drawn until over a century later – when fourteenth–century progress in natural science made it necessary for the church to reassert its claim to be the ultimate arbiter even in questions which were strictly philosophical in character.

From the time when the Schoolmen first turned their attention to Aristotle and the great scientific works of antiquity, an enormous amount of progress had been made in natural philosophy. By about the year 1300 the West had caught up with Islamic lands in the natural sciences and surpassed them in technological innovation. Much of the fourteenth–century progress in natural philosophy – progress, above all, in the theory of motion, in astronomy, and in mathematical areas like the theory of proportions and infinite series – was achieved through the gradual emancipation of science from the tyranny of Aristotle's world–view. These advances gained for the university faculties of arts a new autonomy. Freed from its traditional role as the handmaid of theology, the arts faculty became an institution on a par with the faculties of medicine, law, and theology.

At the same time, the church had played an important role in this progress. Ecclesiastical condemnations served the interests of philosophy to the extent that they constrained the philosophers to break with Aristotle on many questions which were essential to the structure of his thought. The fact that many of Aristotle's doctrines – his determinism, his notion of the eternity of the world, his denial of God's power to create an extramundane void or a plurality of worlds – were in conflict with Christian teachings made it impossible to maintain that Aristotle had spoken the whole truth[8].

In the fourteenth century the philosophers had, in general, worked together with theologians to create a new world–view, independent of that of Aristotle. But around the beginning of the fifteenth century the church – pressed by the Schism and the conciliar movement – seems to have regarded the growing autonomy of the arts faculties as a threat to the primacy of the clergy in deciding doctrinal questions. The end of the Hun-

---

7 Johannes Duns Scotus: In XII libros Metaphysicorum, lib. I q. 1, II q. 3, IV q. 1, VI q. 1. Cf. E. Gilson: Metaphysik und Theologie nach Duns Scotus. Franziskanische Studien 22 (1935), 209 – 231; id.: L'object de la métaphysique selon Duns Scot. Mediaeval Studies 10 (1948), 21 – 92.

8 Cf. E. Grant: The Reaction of the Universities and Theological Authorities to Aristotelian Science and Natural Philosophy. In: A Source Book in Medieval Science. Ed. E. Grant: Cambridge, Mass. 1974, 42 – 52; C. H. Lohr: The Medieval Interpretation of Aristotle. In: The Cambridge History of Later Medieval Philosophy. Cambridge 1982, 80 – 98.

dred Years' War and the reorganization of the university of Paris after the Council of Basel marked a turning point in the history of the relationship between philosophy and Catholic theology. The victory of the papacy after the Council was accompanied by a return to the ideas of the classical Scholastic doctors, particularly to the ideas of Thomas Aquinas.

This development was a result not only of Thomas' ecclesiology, but also of the consequences which could be drawn from his position on the relationship between philosophy and revealed doctrine. His epistemology offered a qualified guarantee for clerical authority. Thomas had distinguished between truths which are accessible only to faith, like the doctrines of the trinity and the incarnation, and truths which can be proved by reason, like the existence of God and the immortality of the human soul. Since all human knowledge has its origin in sense experience, revelation is both necessary and reasonable, necessary because God's essence must remain beyond man's natural understanding, reasonable because revelation agrees with and supplements basic philosophical conclusions. Thomas' rejection of the view that revealed doctrines are accessible to the layman through a type of intellectual knowledge higher than reason made it possible for the clergy to maintain its view of itself as the unique interpreter of the tradition. Philosophy is autonomous in its own realm, but philosophical doctrines which entail consequences contrary to revealed doctrine can be subject to ecclesiastical censure.

In order to give the exercise of this control a basis in reason Aristotle's conception of metaphysics as the science of being was extended – contrary to Aristotle's intention – to include the material world and the human soul. As early as the beginning of the fourteenth century Nicholas Bonet, one of Scotus' immediate disciples, had distinguished clearly between 'Metaphysica', 'Theologia naturalis', and 'Philosophia naturalis'. Whereas metaphysics deals with the nature and subject of philosophy and with the properties and categories of being, natural theology is concerned with the doctrine of God as infinite being and natural philosophy with man and the physical world as finite material being[9].

The victory of the papacy after the Council of Basel gave a new impetus to the renewed interest in a metaphysical approach to problems in natural philosophy. From the time of the Council to that of Pomponazzi almost as many commentaries on Aristotle's *Metaphysics* were composed as in the preceding two centuries taken together. In accordance with the metaphysical objects enumerated by authors like Bonet, the commentators tended to treat the *Metaphysics* in conjunction with the *Physics* and the *De anima*

---

9 Nicholas Bonet's handbook was published at Venice in 1505; it is divided into four parts: Praedicamenta, Philosophia naturalis, Metaphysica, Theologia naturalis. Cf. J. Riesco Terrero: Nicolás Bonet éscribe una metafísica sistemática dos siglos y medio antes que Suárez. Salmanticensis 9 (1962), 3 – 21.

and to neglect Aristotle's *De caelo*, *De generatione*, and *Meteora*. The biological works and the works of moral philosophy were taken up by completely new types of philosophers[10].

In the new metaphysical tracts the classical approaches of Aquinas and Scotus found increasing use, both among the theologians and among the members of the arts faculties. In Paris the secular master of arts, John Versor, drew the conclusions from Thomas' doctrine for the study of philosophy. The liberty which the Thomist position allowed in the resolution of philosophical questions had to appeal to thinkers concerned to preserve the independence of the arts faculty and sustain the progress which had been made in natural philosophy during the preceding century.

Versor composed commentaries in the form of questions on almost all of the texts in the university corpus of Aristotle's works. His questions on the *Metaphysics* were based on Thomist teaching with some important precisions reflecting the Scotist distinctions we have outlined above. Metaphysics is a universal science comprehending all types of created reality. The *ens in quantum ens* which metaphysics studies is not to be understood as the being common to God and creatures, but rather the being which is common to created things whether material or immaterial. God is treated in metaphysics only as the cause of being. Created being is ordered hierarchically. The intelligences are treated in metaphysics as *ens creatum immateriale*. Corporeal things are treated in the universal science of metaphysics *sub ratione entis* as *ens creatum materiale*, and in the particular science of physics as *corpus mobile*[11].

Basically, the idea of a Christian Aristotelianism which fifteenth–century masters at Paris thus found adumbrated in Thomas Aquinas, the idea of a philosophy autonomous in its own realm, but guided both positively and negatively by revelation, represented a kind of pragmatic sanction, defining the powers of the clergy in its relation to science. Thomas' view enabled the theologians to recognize the autonomy of the philosophical sciences, while continuing to maintain the scientific character of their own discipline. Whereas the particular sciences, including theology, have their own proper principles and methods, metaphysics was, in the Thomist view, a general science of all reality and supplied the common principles for all the sciences.

The idea was closely connected with the situation after the Council of Basel. Just as the papacy had to recognize the authority of secular rulers in

---

10 Cf. A. Gabriel: Metaphysics in the Curriculum of Studies of the Mediaeval Universities. Miscellanea mediaevalia 2 (1963), 92 – 102.

11 Johannes Versor: Quaestiones super Metaphysicam Aristotelis, lib. I qq. 1 et 6, IV. q. 1, XI q. 1. Cologne 1494; repr. Frankfurt 1967, fol. 1r – 2r, 5r – v, 24v – 26r, 91v – 92r. Cf. J. Riesco: El ser en la metafísica de Juan Versoris, Salmanticensis 13 (1966) 373 – 384.

the temporal sphere, so also the clergy – whose function had traditionally been that of teaching – had to admit the self–sufficiency of the secular sciences and to concede the limitation of its role in this sphere to that of surveillance.

The conception of metaphysics as the science of being propounded by thinkers like John Versor provided the theoretical grounding for the theologians' negative control over science. The fundamental principle of Aristotle's metaphysics, the principle of contradiction, justified the condemnation not only of theological doctrines, but also of philosophical conclusions. As early as the year 1277 the bishop of Paris – in the first instance of ecclesiastical intervention in questions which were purely philosophical in character – condemned 40 theological and 179 philosophical propositions. The propositions were condemned on the ground that they entailed consequences which were in contradiction to revealed teachings.

It was, in fact, in this way that the thirteenth and fourteenth centuries had eliminated many of the foreign elements – doctrines like that of the unicity of the human intellect – in the Aristotelianism which the West had inherited from Arabic thinkers. The fifteenth century continued this process. Just at the time when in Italy many were proclaiming that the Platonic philosophy was more in accord with Christianity than the Aristotelian, the Scholastics in Paris were excluding the extreme realism of Wyclif, the emanationism of the Albertists, and the idea of an intellectual type of knowledge higher than reason, on the ground that these doctrines conflicted with the divine freedom or the notion of a gratuitous revelation.

This Scholastic Aristotelianism developed primarily in the universities of northern Europe. It was espoused particularly by the members of the mendicant orders. The friars were willing to recognize the autonomy of the philosophical sciences and found in the *via antiqua* a rational foundation for their understanding of revelation and the role of the clergy in interpreting it.

Through the friars Scholastic Aristotelianism was brought to Italy around the middle of the fifteenth century. Here it encountered a radically different, secular form of Aristotelianism. The Italian faculties of arts were orientated less toward theology than to medicine, and the Aristotelianism they taught was concerned less with the hereafter than with the tasks of men in this world. In the university of Padua there was no proper theological faculty until the middle of the fourteenth century and then it was formed not by the secular clergy, but by aggregating to the university the existing theological schools of the mendicant orders. It was only about the middle of the fifteenth century that the Dominican and Franciscan friars succeeded in having chairs erected in the arts faculty for Thomistic and Scotist metaphysics[12].

The conflict between the two Aristotelianisms broke out almost immediately. The conflict came to a head in the celebrated controversy involving Pietro Pomponazzi with which we began. On the surface, this controversy concerned Aristotle's teaching with regard to the immortality of the soul. On a more fundamental level, however, at issue was the legitimacy of the Scholastic transformation of Aristotle's science of being.

By defining the subject–matter of metaphysics as being as it is divided into finite and infinite being or into created and uncreated being, or even as the being common to God and creatures, the Scholastics had quietly introduced into Aristotle's science the scriptural notions of God's infinity and the world's creation along with their own conception of reality as graded hierarchically, as a chain of being ascending from matter to God. Their definitions of metaphysics implied the possibility of considering the world and the human soul, not simply physically – as *corpus mobile* and *corpus animatum* – as in Aristotle, but also as metaphysical objects – *sub ratione entis*. The proofs both of God's existence and of the soul's immortality had from the beginning formed an essential part of Scholastic apologetics. Armed with these definitions, the Scholastics could maintain that it was possible to give metaphysical, rather than simply physical, proofs of both[13].

The definition of metaphysics as the science of infinite and finite being thus betrayed the clerical interests which lay behind the notion of a Christian Aristotelianism. The schemes of participation or ontological composition which the Scholastics employed in order to account for the various degrees of perfection in the great chain of being were meant, in the last instance, as a metaphysical basis for the traditional division of society into clerics and laymen – a division which was being increasingly called in question at the time.

It was this conception of metaphysics which called forth the reaction of the Italian Aristotelians. Although the debate was between two divergent

---

12 Cf. L. Mahieu: Dominique de Flandre (XVe siècle): sa métaphysique. Paris 1942; P. O. Kristeller: Le Thomisme et la pensée italienne de la Renaissance. Montreal–Paris 1967; L. Gargan: Lo Studio teologico e la biblioteca dei Domenicani a Padova nel tre e quattrocento. Padua 1971; P. Scapin: La metafisica scotista a Padova dal XV al XVII secolo. In: Storia e cultura al Santo di Padova fra il XIII e il XX secolo. Vicenza 1976, 485 – 538; A. F. Verde: Domenico di Fiandra: intransigente tomista non gradito nello Studio Fiorentino. Memorie Domenicane NS 7 (1976), 304 – 321.

13 Cf. J. Hegyi: Die Bedeutung des Seins bei den klassischen Kommentatoren des hl. Thomas von Aquin: Capreolus, Silvester von Ferrara und Cajetan. Pullach 1959; P. Di Vona: Studi sulla Scolastica della Controriforma. Florence 1968.

conceptions of reality and between the two divergent conceptions of society they reflected, men like Pomponazzi wanted to conduct the discussion in terms of the correct understanding of Aristotle's doctrine. Against the notions of infinity and creation which the Scholastics had introduced into their Aristotelianism, the secular Aristotelians maintained that according to Aristotle God is finite, the world eternal, and man's soul mortal.

But in the attempt to defend the metaphysics they needed the Scholastics were ready to abandon Aristotle. By assimilating Duns Scotus's fundamental disjunction between infinite and finite being to the Thomist distinction between uncreated and created being, they were able to present a united front behind a science of being, independent of that of the Philosopher, which by the light of natural reason studies God as *ens increatum*, the world as *ens creatum materiale*, and the human soul as *ens creatum immateriale*. Philosophy thus became metaphysics with its three branches, natural theology, cosmology, and psychology, while the subject-matter which had belonged to the Aristotelian physics was free to become natural science.

The abandonment of Aristotle by the theologians played an important part in the emancipation of the natural sciences from the Aristotelian philosophy. Whereas in the fourteenth century scientific developments had usually been fitted into Aristotle's encyclopaedia, in the fifteenth century the traditional framework was made less and less tenable by new approaches and new materials, by new sciences and a new technology. But up until Pomponazzi's time the Aristotelian framework had been retained for theological reasons.

Because the formulation of an independent philosophy dealing with God, the world, and man *sub ratione entis* relieved Scholastic thinkers of the obligation to relate their conclusions to Aristotelian principles, we must distinguish sixteenth-century Scholastic Aristotelianism both from its medieval predecessor and from the secular Aristotelianism in the arts faculties of the Italian universities. Whereas the Italian Aristotelians were reduced to offering simply an exegesis of the Philosopher's text, the Scholastic interpreters could regard cosmology as a part of metaphysics and introduce the latest scientific developments into their commentaries on the *Physics*. It was thus – long before Galileo – that natural science was able to free itself of Aristotle and go its own way[14].

---

14 Cf. E. Grant: Were There Significant Differences Between Medieval and Early Modern Scholastic Natural Philosophy? The Case for Cosmology. Nous 18 (1984), 5 – 14; id.: A New Look at Medieval Cosmology, 1200 – 1678. Proceedings of the American Philosophical Society 129 (1985), 417 – 432.

JEAN-FRANÇOIS COURTINE

Suarez et la Tradition Aristotelicienne de la Métaphysique

Au seuil de ses *Disputationes*, Suarez examine longuement, comme cela est traditionnel au moins depuis le *Prooemium* du commentaire de Thomas d'Aquin, la question de la détermination essentielle de la métaphysique, quant à sa nature, sa dénomination propre, son sujet, son objet, sa fin et son statut épistémologique ou scientifique particulier. Avant même d'aborder explicitement la question *de natura primae philosophiae*, Suarez a, semble-t-il, fait sienne la figure classiquement ancillaire du rapport philosophie et théologie, au sens de la *theologia divina et supernaturalis* de Thomas (Cf. *S. Th., qu.*1, *a.*5, *Ad* 2m).

Dans le proême des *Disputationes Metaphysicae*, Suarez entreprend en effet de déterminer la situation respective de la *Scientia divina* (au sens de la théologie révélée et "surnaturelle" - *Divina et supernaturalis theologia*[1]) et de la métaphysique, entendue comme philosophie première[2]. - La théologie, en tant que *divina theologia*, trouve son véritable point de départ dans la révélation: ses principes lui sont livrés par Dieu lui-même se manifestant. Mais elle doit aussi, à titre de science précisément, se déployer concrètement, se développer et même s'achever *humano discursu et ratiocinatione* - par et à travers la discursivité de la raison humaine. Par où elle devient nécessairement aussi objet de calcul et de raisonnement. Par delà la sûreté de son fondement inébranlable, l'infaillibilité de son ultime ancrage, elle doit être encore confortée par les vérités établies par la lumière naturelle (*lumen naturae*). Si la fonction de la raison demeure auxiliaire, "ancillaire", elle n'en est pas moins décisive et absolument indispensable:

> Divina et supernaturalis theologia, quamquam divino lumine principiisque a Deo revelatis mitatur, quia vero humano discursu et ratiocinatione perficitur, veritatibus etiam naturae lumine notis juvatur, eisque ad suos discursus

---

1 Pour l'histoire du terme "surnaturel", on renverra à l'étude classique et magistrale du P. H. de Lubac: Surnaturel, Etudes historiques. Paris 1956, 3ème partie.

2 Sur l'histore de ce terme à l'époque de Suarez, cf. J.-F. Courtine: La métaphysique désaccordée. Les premières discussions dans la Compagnie de Jésus. In: Les Etudes Philosophiques, 3, 1986, pp. 309 - 327.

perficiendos, et divinas veritates illustrandas, tanquam ministris et quasi intrumentis utitur.

La théologie révélée peut et doit faire appel aux vérités connues par la raison naturelle et les utiliser "à titre de ministres et pour ainsi dire d'instruments", afin de mener à son terme sa démarche, toujours nécessairement discursive, et d'illustrer les vérités divinement manifestées. Par là Suarez, qui demeure assurément d'abord et avant tout théologien, réaffirme, comme il va de soi, la nécessaire subordination aux vérités divines, c'est-à-dire révélées, de tout ce qui est connu à la lumière de la raison, mais en réalité il fait plus et autre chose. Ce n'est pas seulement parce que la philosophie (*prima philosophia*) est la première de toutes les sciences naturelles qu'elle se tient au premier chef (*praecipue*) au service de la théologie "sacrée et surnaturelle", comme si, tout au sommet de la hiérarchie des sciences, le passage était plus aisé du naturel au surnaturel (*Ad divinarum rerum cognitionem proxime accedit [prima philosophia]*), mais c'est surtout parce qu'elle "explicite et confirme les principes naturels qui embrassent toutes choses et qui, en quelque façon, étayent et soutiennent toute doctrine":

> Inter omnes naturales scientias, ea quae prima est omnium, et nomen primae philosophiae obtinuit, sacrae ac supernaturali theologiae praecipue ministrat. Tum quia ad divinarum rerum cognitionem inter omnes proxime accedit, tum etiam quia ea naturalia principia explicat atque confirmat, quae res universas comprehendunt, omnemque doctrinam quodammodo fulciunt atque sustentant.

Ainsi la *prima philosophia* n'est pas seulement au faîte d'un édifice hiérarchisé, mais elle est aussi, et pour des raisons essentielles, universellement fondative, elle supporte toute doctrine, y compris par conséquent la *sacra doctrina* – du mois *quodam modo*[3].

Ce renversement remarquable de la relation ancillaire est ce qui fonde ce témoignage quasi biographique, suffisamment inhabituel sous la plume de Suarez pour mériter d'être cité en son entier:

> C'est pour cette raison – note le Docteur de Coïmbre – que, bien qu'occupé à des commentaires plus importants et à l'approfondissement de disputes de théologie sacrée qui devaient paraître au grand jour, j'ai été contraint d'en interrompre un moment le cours ou plutôt de le différer, afin que ce que j'avais élaboré dans ma jeunesse, il y a de nombreuses années[4], au sujet de

---

3 Cf. aussi *Disputationes Metaphysicae*, I, 5,15: "… verumtamen hujusmodi cognitio Dei exacta ac demonstrativa non potest per naturalem theologiam obtineri, non cognitis prius communibus rationibus entis, substantiae, causae, et similibus, quia nos non cognoscimus Deum nisi ex effectibus et sub communibus rationibus, adjunctis negationibus quibus imperfectiones excludimus".

4 Sur l'enseignement de Suarez à Ségovie, puis au Collège Romain, on consultera R. de Scorraille: Fr. Suarez de la Compagnie de Jésus. T. I, l'Etudiant–Le Maître, Paris 1912, livre 1, ch. 1 et 2. Sur les discussions au Collège Romain, vid. in

cette sagesse naturelle, et répété dans mes leçons, je puisse le réviser et l'enrichir au moins à mes moments perdus pour qu'enfin ces cours puissent être communiqués à tous pour le profit du public[5].

On aurait tort de voir dans cette "confession" le simple témoignage d'un professeur qui décide de mettre au point d'anciens cours en vue d'une publication, et pour ce faire remet à plus tard d'autres travaux déjà commencés. Il ne s'agit en réalité ici ni de décider de l'utilité ou de l'opportunité de telle ou telle publication, ni même de répondre à une exigence purement pédagogique. La nécessité qui ici s'impose à l'auteur (*coactus sum ..., cogebar ...*) tient à la chose même, au fait que, comme l'indique Suarez, dès lors que l'on s'engage à fond dans telle ou telle disputation *de mysteriis* divins, les "dogmes métaphysiques" interviennent subrepticement, sans lesquels il est tout à fait impossible de traiter comme il convient (*pro dignitate*) "les plus hauts mystères". Le pur théologien se trouve donc nécessairement conduit à mêler des considérations proprement philosophiques à l'étude des "choses divines et supernaturelles", ou, pour éviter un tel mélange, et par souci d'économie, à en appeler chez ses lecteurs à la *nuda fides* quant à des questions susceptibles d'un traitement spécifiquement philosophique!

La théologie révélée prend, comme on sait, pour principes premiers les vérités connues de foi qui échappent par définition à l'intelligence du *viator*, mais elle doit, non moins nécessairement, s'appuyer sur des principes philosophiques préalablement dégagés ou établis et fondés en raison, à moins d'introduire abruptement ces principes comme des *metaphysica dogmata* ou de nouveaux et singuliers *articuli fidei*.

Si la philosophie est d'abord présentée comme "servante", son rôle est à ce point indispensable que sans son ministère, c'est l'édifice tout entier de la théologie discursive qui se voit ruiné:

PARADOSIS, Studies in the memory of Edwin A Quain. New York 1976, l'étude de Charles H. Lohr. Jesuit Aristotelanism and sixteenth-century Metaphysics, pp. 203 - 220.

5 "Hanc igitur ob causam, quamvis gravioribus sacrae theologiae commentationibus ac disputationibus pertractandis, et in lucem emittendis sim distensus, earum paululum cursum intermittere, vel potius remittere sum coactus, ut quae de hac naturali sapientia ante plures juvenis elaboraveram, et publice dictaveram, saltem succivis temporibus recognoscerem et locupletarem, ut in publicam utilitatem omnibus communicari possent. Cum enim inter disputandum de divinis mysteriis haec metaphysica dogmata occurrerent, sine quorum cognitione et intelligentia vix, aut ne vix quidem, possunt altiora illa mysteria pro dignitate tractari, cogebar saepe, aut divinis et supernaturalibus rebus inferiores quaestiones admiscere, quod legentibus ingratum est et parum utile; aut certe, ut hoc incommodum vitarem, in hujusmodi rebus sententiam meam breviter proponere, et quasi nudam fidem in eis a legentibus postulare."

> Ita etiam haec principia et veritates metaphysicae cum conclusionibus ac discursis cohaerent, ut si illorum scientia ac perfecta cognitio auferatur, horum etiam scientiam nimium labefactari necesse est.

Les conclusions théologiques ont à ce point partie liée aux vérités métaphysiques qu'en dépit de l'absolue supériorité, réaffirmée d'emblée, de la *theologia divina*, la philosophie, justement nommée *prima philosophia*, conserve sa priorité réelle.

> C'est pour toutes ces raisons, et en réponse à de nombreuses demandes, que j'ai décidé d'écrire par priorité cette oeuvre dans laquelle j'embrasserai toutes les questions métaphysiques selon une méthode scientifique (*ea doctrinae methodo*) qui sera plus à même de comprendre brièvement les choses elles-mêmes et servira davantage à la sagesse révélée[6].

On voit comment cette subordination préalable aboutit en réalité à la complète autonomie de la métaphysique qui ne peut remplir son office pour ainsi dire qu'après coup et si seulement son exposition s'est avérée suffisamment compréhensive. Si donc la métaphysique demeure enserrée dans un édifice doctrinal plus vaste au sein duquel une place lui est d'abord assignée, elle ne peut tenir sa place et jouer son rôle d'auxiliaire que si elle se déploie préalablement dans sa totale indépendance. C'est pourquoi il importe avant tout de déterminer son objet propre:

> Prius vero quam de materia huic doctrinae subjecta dicere incipiam, de ipsamet sapientia seu metaphysica, ejusque objecto, utilitate, necessitate attributisque illius atque muneribus, Deo auspice, disserere aggrediar.

Il convient pourtant de compléter les remarques préliminaires des *Disputationes Metaphysicae* concernant la théologie révélée dans sa relation complexe à la *prima philosophia*, par le *prooemium* du *Tractatus de divina substantia* (Vivès, t.I., pp. xxiii – xxiv). Le point de départ de Suarez y est, encore une fois, tout à fait traditionnel, puisque le Doctor Eximius distingue, en se référant à saint Paul, une double théologie, naturelle et révélée:

> Universa fere, quae de Deo, ut unus est, attribuuntur, duplici theologia cognosci possunt, naturali, et infusa, seu supernaturali[7].

Mais cette dualité n'implique pas concurrence inutile ou double emploi, puisqu'aussi bien la théologie naturelle a sa fin propre, qui touche à "la perfection qui convient à la nature [de l'homme]" (*ad perfectionem naturae consentaneam pertinet*), et surtout parce qu'elle peut rendre service à l'*altior* ou *superior theologia*.

---

6 "His igitur rationibus et multorum rogatu inductus, hoc opus praescribere decrevi, in quo metaphysicas omnes disputationes ea doctrinae methode compecterer, quae ad rerum ipsarum comprehensionem et ad brevitatem aptior sit, revelataeque sapientiae inserviat magis."

7 Cf. en particulier, Thomas d'Aquin: Expositio super librum Boethii De trinitate. Éd. Decker. Qu. V, a.1, pp. 165 – 166, et a.4, pp. 192 – 195.

Cette dernière est à son tour quasi indispensable au développement et à la configuration de la théologie des philosophes. Suarez reprend ici un puissant motif thomiste qui aboutit à renverser le sens de la relation ancillaire[8].

Ce parallélisme relatif et cette subordination réversible expliquent que les auteurs scolastiques aient laissé dans une certaine confusion ces deux "théologies" presque complémentaires:

> Hinc factum est, ut promiscue tradiderint, quoniam licet per se, et ex instituto supernaturalem theologiam doceant, nam ex revelatis principiis procedunt, nihilominus naturalia theologia utuntur ut ministra, ad supernaturales veritates confirmandas, et ut ex utriusque theologiae consonantia animus fidelis in illis veritatibus facilius conquiescat.

Il n'en va plus tout à fait de même pour Suarez, précisément parce que le préalable que constituaient les *Disputationes Metaphysicae* l'a conduit à élaborer, à titre de *doctrinae complementum*, mais de manière distincte et séparée (*distincte ac separatim*) une théologie naturelle. Il lui est donc permis non seulement de passer beaucoup plus rapidement sur toutes les questions qui relèvent de la thélogogie naturelle, mais encore d'éviter les dangers de la "promiscuité" dans laquelle les scolastiques tenaient les deux théologies[9].

---

8 Cf. Thomas, ibid., qu. III, a.1, pp. 113 – 114: "… dicendum quod cuilibet in beatitudinem quaerere debeat, et qualiter. Quod quidem facilius fieri non potest quam per fidem, cum rationis inquisitio ad talia pervenire non possit nisi multis praecognitis quae non est facile scire. Nec etiam potuit cum minori periculo, cum humana inquisitio propter imbecillitatem intellectus nostri sit facilis ad errorem, et hoc aperte ostenditur ex ipsis philosophis, qui per viam rationis finem humanae vitae quaerentes et modum perveniendi in ipsum in errores multiplices et turpissimos inciderunt …". Cf. sur ce texte, Et. Gilson: Christianisme et philosophie. Paris 1936 p. 86. Cf. aussi Thomas d'Aquin: Summa Theologia, Ia, qu.1, a.1: "Ad etiam ea quae de Deo ratione humana investigari possunt, necessarius fuit hominem instrui revelatione divina: quia veritas de Deo per rationem investigata, a paucis, et per longum tempus, et cum admixione multorum errorum homini proveniret." Cf. aussi De Veritate, qu.14, a,10, et aussi, enfin et surtout, Summa contra Gentiles, Lib. I, cap. iv, n° 21 – 27 (Marietti) où saint Thomas énumère les obstacles qui s'opposent à la *cognitio Dei* (indispositio complexionis, necessitas rei familiaris, pigritia), avant de conclure: "Salubriter ergo divina providit clementia ut ea etiam quae ratio investigare potest, fide tenenda praeciperet: ut sic omnes de facili possent divinae cognitionis participes esse et absque dubitatione et errore."

9 "Quoniam vero in opere, in quo Metaphysicam sapientiam tradimus, necessarium fuit ad illius doctrinae complementum naturalem theologiam distincte ac separatim pro viribus elaborare: idcirco multo brevius hic possumus ea omnia, quae de divinae naturae excellentia per naturalem rationem aliquo modo cognoscuntur, percurrere."

Ce point mérite assurément d'être souligné dans la mesure où il apparaît évidemment que l'autonomisation de la métaphysique (ontologie générale et théologie) entraîne nécessairement une refonte complète de la *theologia divina* et de son statut.

Sans pouvoir entrer ici dans l'examen d'une question complexe qui exigerait l'étude détaillée de la systématicité ontothéologique post–suarézienne, rappelons simplement que la Contre–Réforme élabore thématiquement à côté de ou en conflit ouvert avec ce que l'on a coutume de nommer la "théologie spéculative"[10] une théologie "positive" qui, loin de mêler dans une dangereuse promiscuité le donné révélé et la philosophie destinée à le manifester[11] s'attachera à l'établissement du pur donné révélée tel qu'il est attesté dans l'Ecriture[12]. Certes, Suarez demeure étranger à ce bouleversement méthodologique dont un des premiers et décisifs témoignages demeure les *Loci theologici* de Melchior Cano, mais ce n'est point par hasard pourtant si de manière quasi simultanée apparaissent la préoccupation de fixer les principes propres à la Révélation et celle de constituer une métaphysique complète et indépendante. C'est d'ailleurs ce qu'attestent après coup le développement parallèle dans l'Allemagne du XVIIème siècle des divers *systemata metaphysica* et des recherches "positives".

***

Les questions abordées par Suarez au seuil de la *Disputation* I regroupent l'ensemble de la problématique classique du commentarisme aristotélicien. C'est pourquoi J. Owens, par exemple, pourra renvoyer à l'exposé suaré-

---

10 Cf. P. Pinckaerts: Signification du terme 'spéculatif'. In: Nouvelle Revue Theologique, 81 (1959), pp. 675 – 695.

11 Cf. Thomas: Summa Theologiae, Ia, qu.1, a.5, ad 2m: "Haec sapientia [sc. sacra doctrina] accipere potest aliquid a philosophicis disciplinis, non quod ex necessitate eis indigeat, sed ad majorem manifestationem eorum quae in hac scientia traduntur." Cf. aussi a.8, ad 2m: "Utitur tamen sacra doctrina etiam ratione humana: non quidem ad probandum fidem, quia per hoc tolleretur meritum fidei; sed ad manifestandum aliqua alia quae traduntur in hac doctrina." Cf. encore, in Boethium De trin., qu.V, a.5, p. 195 (Decker): "Theologia sacrae scripturae tractat de separatis ... sicut de subjectis, quamvis in ea tractentur aliqua ..., secundum quod requirit rerum divinarum manifestatio."

12 De l'immense bibliographie sur cette question de la "positive", mentionnons simplement L. Willaert: La restauration catholique. Fliche et Martin, t.18, Paris 1960, en particulier pp. 221 – 258; Cf. aussi R. Guelly: L'évolution des méthodes théologiques à Louvain d'Erasme à Luther. Revue d'Histoire Ecclésiastique, 37 (1941), pp. 31 – 144. Signalons aussi l'utile monographie de Th. Tshibangu: Théologie positive et théologie spéculative. Paris–Louvain 1965. Et rappelons pour finir le précieux appendice d'H. Gouhier: La crise de la théologie au temps de Descartes. In: La pensée religieuse de Descartes, Paris 1972, 2ème éd.

zien "pour une vue d'ensemble des positions scolastiques"[13]. Certes, la mise en perspective historique de Suarez est tout sauf innocente, et ce n'est point comme témoin ni comme historien de la haute scolastique que nous devons l'interroger ici. Reste que la thèse proprement suarézienne se définit à travers l'exposition historico-systématique des doctrines, et qu'il importe, si du moins on veut cerner cette thèse dans son originalité et sa portée historiale, de suivre la démarche "dialectique" de notre auteur.

Avant d'aborder pour elle-même la question du sujet-objet de la métaphysique, Suarez examine, comme il est d'usage, la question de la multiplicité des noms de la "science recherchée". Quelle est la raison de cette polyonymie? Quelle est en dernière instance l'unité sémantique, le noyau de sens qui doit régler ce foisonnement terminologique?

La métaphysique est nommée d'abord par Aristote *sapientia (sophia)* dans la mesure où elle traite "des premières causes", et par là "des choses les hautes et les plus difficiles" (985 a 5 - 6), et en un sens "de tous les étants" (*de universis entibus*). Suarez passe rapidement sur ce trait de "sagesse" qui retient au contraire plus longuement l'attention de Fonseca dans son *Commentaire*[14]. Elle peut aussi s'appeler "absolument ou par antonomase" *philosophia*, ou encore *prima philosophia* (1004 b 26; 1004 a 4). La philosophie est en effet "étude de la sagesse", et celle-ci, conformément à l'*ordo naturae*, se laisse principalement acquérir dans cette science qui est versée *in divinarum rerum cognitione* – dans la connaissance des choses divines. Comme on le voit, Suarez s'efforce ici de rendre raison de la multiplicité de la science anonyme-polyonyme et presque de déduire la diversité des dénominations de la science recherchée, qui a toujours été la croix des commentateurs. C'est parce que, en tant que *sapientia*, elle se tourne vers la connaissance des choses divines, que la science en question est nommée aussi *theologia naturalis* (E.1, 1026 a 19), "quoniam de Deo ac divinis rebus sermonem habet, quantum ex naturali lumine haberi potest. Ex quo etiam metaphysica nominata est" – poursuit Suarez.

Suarez ici, de manière très frappante, tente de situer sur une même ligne continue la multiplicité des dénominations qui doivent toutes se rassembler sans contradiction sous l'intitulé reçu, même s'il n'est pas proprement aristotélicien, de *meta ta physica, id est, de his rebus, quae scientias seu res naturales consequuntur*. Suarez repète ici à son tour un geste déjà traditionnel et qui réapparaîtra encore chez Kant ou Hegel: cet intitulé, peut-être déjà formulé par Aristote lui-même en vertu de considérations extrinsèques, nomme pourtant à bon droit l'entreprise en question dans la multiplicité de ses aspects: la métaphysique fait en effet abstraction des choses sensibles ou matérielles – celles qui sont précisément dites "physiques" – pour

13 J. Owens: The doctrine of Being in Aristotelian Metaphysics. Toronto 1978 (3), p. 6, n. 21.
14 Com. in Metaph., Lib. I, cap. 2, col. 119 sq.

prendre en vue aussi bien les choses divines et séparées de la matière que les raisons communes de l'étant (*et res divinas et materia separatas, et communes rationes entis quae absque materia existere possunt*). Toute la question de la section 1 (*Metaphysicae objectum*) tournera naturellement autour de cet et ... et .... Le titre de métaphysique se laisse donc comprendre légitimement selon les deux acceptions communes de la préposition grecque *méta*: la science recherchée est dite "*metaphysica, quasi post physicam, seu ultra physicam constituta.*" Elle vient après dans l'ordre de l'acquisition du savoir, et cela précisément parce que son objet "dépasse l'ordre des choses physiques" (*quia eorum [sc. physicorum] ordinem superat*). C'est également en raison de cette prééminence réelle, de cette absolue priorité que cette science peut être dite *princeps et domina* (E., 1026 a 21 sq.). Le primat se révèle en réalité à double face: il tient pour une part à la dignité propre de l'objet de cette science, mais aussi à son rôle fondamental qui consiste à établir et à assurer les principes de toutes les autres sciences (*et omnium principia aliquo modo stabiliat et confirmet*).

Comme on le voit, Suarez se borne ici à rappeler schématiquement les interprétations communes des intitulés multiples de la *pragmatéia* aristotélicienne, et il suit d'assez près les analyses d'Albert le Grand et de l'Aquinate dans les proêmes de leur commentaire respectif. Ce qui pourtant caractérise d'emblée la "répétition" suarézienne, c'est la volonté clairement perceptible d'intégration de la multiplicité des titres, de déduction de chaque intitulé. Quelle que soit l'apparente diversité des dénominations, elles renvoient toutes complémentairement à un aspect déterminant de la science en question (recherchée), elles se fondent unitairement dans le sujet–objet de la métaphysique. C'est donc lui qu'il convient d'examiner d'abord, si l'on veut comprendre la "vérité" ou la "justesse" des noms qui désignent traditionnellement l'enquête initiée par Aristote:

> ... et ideo primum omnium inquirendum a nobis est hujus doctrinae objectum, seu subjectum, quo cognito, constabit facile quae sunt hujus sapientiae munera, quae necessitas vel utilitas, et quanta dignitas.

Dans la première section de cette première *Dispute*, Suarez mène cette enquête selon le mode d'exposition classique qui sera le sien d'un bout à l'autre des *Disputationes Metaphysicae* et qui consiste à dégager progressivement la thèse qui sera finalement arrêtée à travers la discussion d'une série aussi complète que possible d'opinions concernant le point en question, la mise en évidence et le cas échéant la critique (souvent formulée syllogistiquement) des arguments qui les sous-tendent. C'est cette traversée – souvent complète effectivement – qui a valu à Suarez sa réputation d'historien irremplaçable des doctrines médiévales[15]. – Notre propos n'est point ici de remettre en cause, sur ce terrain purement historique, la qualité et

---

15 Cf. A. Schopenhauer: Ueber die vierfache Wurzel des Satzes vom zureichenden Grunde. Éd. Landmann–Tielsch (Hamburg 1957), qui caractérise les *Dis-*

l'ampleur de l'information suarézienne; ce que nous voulons simplement souligner, c'est l'importance de cette *mise en perspective* des doctrines reçues, aussi bien quant à l'interprétation qu'elle implique de telle ou telle pensée, que quant aux conséquences, plus ou moins faciles à appréhender immédiatement, qu'elle induit. Les thèses "proprement" suaréziennes s'élaborent historiquement, c'est-à-dire en un recours constant aux doctrines traditionelles les plus généralement reçues et les mieux autorisées, mais sans qu'on puisse pourtant parler simplement, comme on l'a pourtant souvent fait, d'un "éclectisme" suarézien, d'un corps de doctrines plus moins cohérent, unifié, systématique. En réalité, le propos suarézien est bien de systématisation, même si celle-ci ne se fait jour le plus souvent qu'à travers la discussion des "opinions" en présence, telles qu'elles ont été préalablement *établies* par Suarez lui-même. Autrement dit, il est d'emblée exclu de fixer une thèse comme proprement suarézienne à partir du seul examen de la *vera opinio* qui vient achever le parcours de la *disputatio*, d'abord parce que cette *opinio*, apparemment "définitive", ne se laisse pas déterminer indépendamment de la série des conclusions partielles qui jalonnent l'examen des "sentences" contradictoires en présence, ensuite et surtout parce que la thèse ainsi dégagée demeure le plus souvent incompréhensible, ou mieux inappréciable, dans son sens et sa portée véritables, si elle ne se trouve pas entièrement référée à l'ensemble des doctrines qu'elles contredit ou plus fréquemment encore qu'elle prétend concilier, intégrer après les avoir gauchies de manière plus ou moins nette. Soit encore l'impossibilité d'entendre *à la lettre* la thèse qui se donne pour définitivement arrêtée, abstraction faite de sa fonction essentielle qui est de trancher, le plus souvent sans éclat ou sans en avoir l'air, entre des doctrines foncièrement irréductibles, et qui ont elles-mêmes été préalablement soumises aux contraintes de la re-formulation, de la traduction[16], de l'agencement dialectique et de l'explicitation argumentative.

***

---

putationes Metaphysicae* comme "le véritable compendium de la scolastique" (p. 15). – Cf. aussi Martin Heidegger: Sein und Zeit. Halle 1927. § 6, p. 22: "En sa forme scolastique, l'ontologie grecque passe, pour l'essentiel, par les *Disputationes Metaphysicae* de Suarez, dans la "métaphysique" et la philosophie transcendantale de l'époque moderne …". Et aussi, Grundprobleme der Phänomenologie. Gesamtausgabe, Frankfurt 1975. Bd. 24, p. 112: "Suarez est le penseur qui a exercé la plus grande influence sur la philosophie moderne … C'est Suarez qui le premier a systématisé la philosophie médiévale et au premier chef l'ontologie." – A propos de Suarez "historien", cf. Et. Gilson: L'être et l'essence. 2ème éd. Paris 1962, p. 148: "… [Suarez] possède de la philosophie médiévale une connaissance qu'un spécialiste de nos jours ne peut s'empêcher de lui envier."

16 A propos de ce caractère "dialectique" de la pensée de Suarez, Bernhard Jansen

Après ces remarques relatives à la méthode d'exposition suarézienne, revenons à l'étude des thèses majeures. Suarez fait précéder l'énoncé de sa thèse fondamentale (*ens in quantum ens reale esse objectum adaequatum hujus scientiae*) de l'examen critique de six opinions historiquement attestées. Or il s'agit précisément à la faveur de cette revue critique de dé-limiter aussi complètement et exactement que possible le champ de la métaphysique (*ita ut neque illius fines transgrediamur, neque aliquid intra eos relinquamus intactum*) (DM., I, 1,1). La démarche est bien - comme nous le disons - celle de l'intégration: elle vise à rassembler et à comprendre sous l'unité de l'objet adéquat le plus grand nombre possible de déterminations partielles qui ont été données du sujet de la métaphysique. "On a montré en effet - conclut Suarez au terme de son examen historique - que l'objet adéquat de cette science doit comprendre Dieu et d'autres substances immatérielles, mais pas seulement celles-ci. De même il doit comprendre non seulement des substances, mais encore des accidents réels, et non les êtres de raison et ceux qui sont entièrement par accident; mais aucun objet ne peut être tel si ce n'est l'*ens ut sic*; c'est donc lui qui constitue l'objet adéquat"[17].

Les différentes opinions passées en revue ont permis de souligner à chaque fois un trait ou un aspect du sujet-objet de la science recherchée, la tâche étant pour Suarez de composer la multiplicité de ces traits dans l'unité d'une détermination complète où ressortent objet adéquat, objet principal, parties, etc. - Il faut noter que Fonseca suit lui aussi une démarche analogue dans son *Commentaire*, au point que la série des opinions reçues pourrait laisser croire que "la" métaphysique se divise immédiatement en une multiplicité de recherches juxtaposées ou concurrentes[18]. Dans les deux

---

notait fort justement: "Die Disp. Met. des Suarez lassen sich nun die Problem-Stellung durchweg, wenn nicht ausnahmslos, von der traditionellen Metaphysik aufgeben. Insofern weisen sie nichts Neues, Schöpferisches auf ... Und doch weht durch das ganze Werk zugleich ein anderer Zug". B. Jansen, Die Wesensart der Metaphysik des Suarez. In: Scholastik, XV, 2, pp. 161 – 185. – En parlant ici de "traductions", nous songeons aux nombreuses occurences où Suarez s'efforce de réduire des oppositions doctrinales tranchées à de simples querelles de mots. Cf. par exemple, DM., V, 5,3.

17 DM. I, 1,26: "Ostensum est enim, objectum adaequatum hujus scientiae debere comprehendere Deus et alias substantias immateriales, non tamen solas illas. Item debere comprehendere non tamen entia rationis, et omnino per accidens; sed hujusmodi objectum nullum aliud esse potest praeter ens ut sic; ergo illud est objectum adaequatum."

18 Com. in Metaph., lib. IV, cap. I, sect. 4 (t.I, col. 648 – 649): "Erunt enim qui credant quatuor, vel etiam quinque ponendas esse Metaphysicas. Unam quae agat de transcendentibus, ut de iis, quae ratione sola abstracta sunt a rebus omnibus. Alteram, quae agat de primis decem vulgati generibus et partibus entis, quae minus abstracta sunt, quam transcendentia, et per solam notitiam transcendentium percipi non possunt. Tertiam, de substantiis separatis finitis, quae

cas, la tâche s'impose également de définir la raison formelle (*ratio formalis sub qua*) qui doit réduire à l'unité et organiser systématiquement les différentes recherches partielles.

La *ratio formalis sub quae* est nécessairement *ratio una*, acception unitaire qui est destinée à rassembler toutes les déterminations ontologiques régionales. Si Suarez, comme Fonseca, doit souligner la définition *compréhensive* de l'objet de la métaphysique, au point de risquer de n'assigner à Dieu, ou plus exactement à la théologie (naturelle) qu'une pertinence et une fonction subordonnées, c'est peut-être parce que la précompréhension ou la prédétermination univoque de la *ratio entis* impose de manière quasi irrésistible le démembrement ou le démantèlement de l'édifice traditionnel de la métaphysique comme proto–théo–ontologie. En réalité, cet édifice dont l'équilibre reposait sur une délicate et fragile distribution architectonique, n'a sans doute jamais été très assuré. Mais c'est maintenant le principe unificateur et directeur qui fait cruellement défaut; ou plutôt l'unification ne se laisse penser qu'au titre et au prix de l'univocité, comme unité d'une seule et même *ratio entis*[19] dont la loi s'impose également à tout ce qui est ou peut être sur la terre comme au ciel. L'unité de la métaphysique, comme ontothéologie, ne se laisse soutenir que comme unité logique (*ratio formalis sub qua*).

Cette unité compréhensive de l'objet de la métaphysique a certes pour résultat premier de "faire tomber Dieu dans le champ de cette science"[20], mais c'est seulement à ce prix qu'il est possible, aux yeux de Suarez, de "sauver" l'unité spécifique de la métaphysique.

---

tamen ratione non tantum abstracta sunt, sed re etiam ipsa. Quartam, de Deo Opt. Max qui non solum abstractus est re ac ratione a materia proprie dicta, sed etiam ab omni potentialitate, quae modo quodam materia dici potest. Adde etiam fortasse, quintam Metaphysicam de anima separata, quae cum sit abstracta re ipsa, non autem ratione (neque enim sine essentiali propensione ad materiam intelligi potest) aliam postulat scientiam a praedictis quatuor, et mediam inter eas, ac Physicam." Fonseca, on le sait, refusera ces distinctions qui aboutissent à l'éclatement pur et simple de la métaphysique selon son concept traditionnel, pour s'efforcer au contraire d'assurer l'unité, fût–elle articulée en différentes régions d'une seule et même recherche. Cet éclatement est cependant remarquable en ce qu'il anticipe assez précisément la situation qui sera celle de la *Schulmetaphysik* au XVIIème siècle.

19 Rappelons la célèbre déclaration de Suarez en faveur de l'univocité, dont il est difficile de mesurer d'un seul coup l'énormité: "… nunc solum assero, omnia, quae diximus de unitate conceptus entis, longe clariora et certiora videri, quam quod ens sit analogum, et ideo non recte propter defendendam analogiam negari unitatem conceptus, sed si alterum negandum esset, potius analogia, quae incerta est, quam unitas conceptus, quae certis rationibus videtur demonstrari, esset neganda" (DM. II, 2,36).

20 "… ergo absolute cadit Deus sub objectum hujus scientiae …"

Dire que l'objet de la métaphysique "comprend"[21] Dieu, fût-ce à titre d'*objectum praecipuum*, c'est non seulement s'opposer diamètralement à la lettre et à l'esprit de tout l'enseignement de Thomas d'Aquin, mais c'est encore et surtout soumettre Dieu, avec une assurance quasi somnanbulique, faisant fi de toute une tradition centrée sur la méditation de l'omnipotence[22], au trait *logique* de l'ontothéologique. Suivons ici la démarche suarézienne:

> Nam Deus est objectum naturaliter scibile aliquo modo [...]; ergo potest cadere sub aliquam naturalem scientiam, non solum ut principium extrinsecum, sed etiam ut objectum praecipuum ... Unde confirmatur, quia haec scientia non solum considerat Deum sub praeciso respectu principii, sed postquam ad Deum pervenit, ejus naturam et attributa absolute inquirit, quantum potest naturali lumine [...]; ergo absolute Deus cadit sub objectum hujus scientiae. Confirmatur secundo quia haec scientia est perfectissima sapientia naturalis; ergo considerat de rebus et causis primis et universalissimis, et de primis principiis generalissimis, quae Deum ipsum comprehendunt, ut 'Quodlibet est vel non est', et similibus; ergo necesse est ut sub objecto suo Deum complectatur (DM., I, 1,19).

Quel est ici le privilège de Dieu comme *objectum praecipuum*? Non pas celui d'un principe extérieur dont l'empire imposerait cohérence et unité hiérarchisée à tout ce qui est; le privilège est bien plutôt ici en raison inverse de la transcendance du Premier qui ne peut être envisagé absolument (*absolute*) que dans le champ ouvert à la métaphysique générale. Tout se passe comme si Suarez prenait comme point de départ indubitable l'hypothèse formulée par Thomas dans son Commentaire de la *Métaphysique*: si l'on pouvait considérer l'*ens commune* comme un genre (cf. *Métaph.* Gamma 2, 1003 b 19 - 22 et 1004 b 22 - 1005 a 3), il faudrait alors poser une *science générale* dont la mission propre serait de "considérer" toutes les "espèces", les figures, les déterminations régionales de l'étant[23]. Mais, on le

---

21 Sur ce *comprehendere*, cf. H. U. v. Balthasar: Herrlichkeit. Einsiedeln 1961 - 69. III, 1, p. 385; Cf. aussi G. Siewerth: Das Schicksal der Metaphysik von Thomas zu Heidegger. Einsiedeln 1959, pp. 124 - 125.

22 Mentionnons simplement ici Pierre Damien: Lettre sur la toute puissance divine. Éd. Cantin, SC. Paris 1972; cf. aussi et surtout la *theologia de potentia Dei absoluta* dont H. Oberman fournit un exposé bref et dense in The Harvest of medieval Theology. Cambridge 1963, pp. 30 - 56. Rappelons enfin que, comme l'a montre T. Gregory: Dio ingannatore e genio maligno. Nota in margine alle Meditationes di Descartes, in: Giornale critico della Filosofia italiana, IV (1974), cette "théologie" constitue l'arrière-plan de la démarche catésienne du doute. Cf. aussi A. de Muralt: Epochè–Malin génie–théologie de la toute puissance. In: Studia Philosophica, 1966, pp. 159–191.

23 Thomas: Metaph., n° 547 (Marietti): "Si igitur omnia entia sunt unius generis aliquo modo, oportet quod omnes species ejus pertineant ad considerationem unius scientiae quae est generalis ..."

sait, il n'en va pas ainsi pour l'Aquinate: non seulement l'être n'est pas un genre, mais à supposer même qu'il le fût, c'est à titre de *cause* de ce genre, de *principe extérieur* absolument transcendant et inconnaissable, que Dieu pourrait faire l'objet d'une "considération" propre à la métaphysique[24]. Loin d'être *compris* sous l'objet de cette science, c'est l'être commun lui-même qui est d'emblée subordonné à Dieu et à son efficience[25].

Ici encore trouve à se confirmer la profonde remarque d'Et. Gilson qui soulignait la stérilité constante des débats doctrinaux thématiques, dans la mesure où les décisions principielles qui commandent les positions respectives des protagonistes ont le plus souvent été prises ailleurs et antérieurement à toute confrontation expresse. La pré- ou mieux l'archi-décision thomiste veut qu'il n'y ait aucun sens à parler d'une *ratio communis entis* sur laquelle devraient se régler Dieu et les créatures. Nulle *ratio* indépendante qui les contiendrait en elle et dont ils participeraient. Si l'on affirme que Dieu est être, il faut alors en tirer aussitôt la conséquence que toutes les autres "entités" dépendent ontologiquement de lui et sont retenues dans l'orbe de sa puissance (*virtus*). Si Dieu est être, il est en un sens tout l'être, et jamais partie d'une instance transcendantale, la *natura entis* commune. Certes, tous les étants sont extérieurs à Dieu pour autant qu'ils en "descendent"; mais cette dérivation n'implique à son tour aucune participation selon un ordre de priorité et de consécution. L'étant *est* – on peut même se risquer à soutenir qu'il est Dieu – pour autant qu'il l'imite, à mesure de son essence. Transcendance, "descendance" et imitation sont les ultimes présupposés d'une pensée qui s'élabore d'emblée dans l'horizon de la communauté analogique dont Dieu est la cause, sans être pris lui-même dans cette participation[26].

***

---

24 Metaph., Prooemium: "Ejus autem scientiae est considerare causas proprias alicujus generis et genus ipsum ... Unde oportet quod ad eadem scientiam pertineat considerare substantias separatas, et ens commune, quod est genus ... "

25 De Div. Nom., n° 660: "Omnia existentia continentur sub ipso esse communi, non autem Deus, sed magis esse commune sub ejus virtute."

26 Cf. I. Sent., Prol., qu.1, a.2, ad 2m: "Creator et creatura reducuntur in unum, non communitate univocationis sed analogiae. Talis autem communitas potest esse duplex. Aut ex eo quod aliqua participant aliquid unum secundum prius et posterius, sicut potentia et actus rationem entis, et similiter substantia et accidens; aut ex eo quod unum esse et rationem ab altero recipit; et talis est analogia creaturae ad creatorem; creatura enim non habet esse nisi secundum quod a primo ente descendit, nec nominatur ens nisi inquantum ens primum imitatur". – Sur ce point, vid. en particulier J. Owens: Diversity and community of Being in St. Thomas Aquinas. Mediaeval Studies 22 (1960).

Revenons à la problématique suarézienne de la nature et de l'objet de la métaphysique.

La première thèse (*sententia*) mentionnée par Suarez sans référence précise à quelque auteur qui l'aurait soutenue expressément, détermine trop largement l'objet de la science en question comme l'*étant*, appréhendé dans toute son abstraction:

> Prima sententia est ens abstractissime sumptum, quatenus sub se complectitur non solum universa entia realia, tam per se quam per accidens, sed etiam rationis entia, esse adaequatum objectum hujus scientiae.

En réalité, cette première thèse demeure directrice pour toute l'entreprise suarézienne, même si elle a besoin d'une correction et d'une précision importante. Elle esquisse d'emblée la première délimitation complète du champ de la métaphysique, et par là l'emporte immédiatement sur toutes les autres thèses qui seront examinées ensuite et qui ont toutes en commun de déterminer trop étroitement le sujet–objet de la science recherchée.

La correction apportée par Suarez à cette première thèse – même si elle paraît d'abord fermement et clairement établie (l'objet adéquat de la métaphysique est l'*ens in quantum ens reale*, les accidents pris en vue sont les "accidentia *realia*", à l'exclusion par conséquent des êtres de raison) – est certes capitale, mais elle dépend entièrement de la stricte teneur du concept de réalité, et, comme nous le verrons, elle se mettra elle–même à vaciller en fonction des ambiguïtés irréductibles de la, ou mieux des déterminations suaréziennes de la *realitas*. Tout se passe comme si Suarez, après avoir critiqué d'emblée cette délimitation de l'objet de la métaphysique comme trop générale, se réglait sur elle jusque dans la dernière *Disputatio* qui traite effectivement des *entia rationis*. On n'est donc pas surpris de constater que c'est cette première thèse qui se retrouve le plus souvent, modifée ou non, dans l'élaboration ultérieure de la *Schulmetaphysik*.

Mais voyons plus précisément quels sont les arguments rapportés par Suarez à l'appui de cette première thèse et quelle critique il en fait. La science qui par définition est de toutes la plus abstraite (*omnium abstractissima*), doit avoir pour objet adéquat ce qu'il y a précisément de plus abstrait – l'*ens in tota illa amplitudine* –, l'étant pout autant qu'il est justement "objet" possible de l'entendement (*quia ens in tota illa amplitudine intellectui objicitur*). C'est l'intellect et son objet le plus général qui sert ici de règle pour la détermination de la métaphysique: "... ens prout objicitur huic scientiae, sumi debet sub ea abstractione et latitudine, qua haec omnia directe comprehendat" (*ibid.*). Or précisément, la science, comme l'intellect comprend ici toutes choses, aussi bien les *realia* que les *entia rationis*, l'étant par soi que l'étant par accident, puisqu'elle les envisage précisément pour autant qu'ils sont intelligibles ou qu'ils s'objectent à l'intellect. Dans cette perspective, déterminer strictement l'objet de la métaphysique, c'est déterminer le type d'abstraction propre à cette science ([abstractio] quae est ab omni materia sensibili et intelligibili), et le statut de l'objectité qui lui correspond.

La seconde thèse que Suarez mentionne immédiatement après n'est qu'une variante de la première, laissant simplement de côté les êtres de raison:

> Secunda opinio esse potest, objectum hujus scientiae esse ens reale in tota sua latitudine, ita ut directe non comprehendat entia rationis, quia entitatem et realitatem non habent, complectatur vero non solum entia per se, sed etiam entia per accidens, quia enim haec realia sunt, vereque participant rationem entis et passiones ejus (DM., I, 1,4).

C'est presque littéralement la thèse que Suarez fera sienne, c'est aussi celle que retient Fonseca (*op.cit.*, lib.IV, cap.1, qu.1, sect.3, col. 645 – 647). En effet ces deux thèses ne doivent être rejetées qu'en fonction d'une conception trop restrictive de l'*ens per accidens*, comme ce dont il ne saurait en toute rigueur y avoir science et dont l'unité relève entièrement de l'acte même d'intelliger (*si autem illa unitas non sit in re, sed tantum in apprehensione vel conceptione,tale ens ut sic non vere dicetur reale*). Ainsi envisagé l'*ens per accidens* doit être exclu de la considération directe de la métaphysique, et Suarez ajoute significativement:

> Et ratio est quia talia neque vere sunt entia, sed fere nomine tantum neque cum entibus realibus conveniunt in eodem conceptu entis, sed solum per quandam imperfectam analogiam proportionalitatis ...

Indépendamment de la question de savoir si la raison ainsi évoquée est bonne ou mauvaise, il faut noter cependant qu'elle est absolument contradictoire avec ce qui sera la démarche même de la métaphysique suarézienne passant directement du concept formel (*proles mentis*) au concept objectif, de l'unité du nom à l'unité réelle, de l'analogie à l'univocité. L'objet adéquat d'une science, note Suarez, requiert une unité objective. Certes, mais la question est de savoir quel est justement le statut de cette unité objective et comment passer légitimement du *conceptus entis*, de l'unité de l'*apprehensio* ou de la *conceptio* à la position de l'objectité[27].

La critique qui vaut contre tous les êtres de raison ne s'applique pas en toute rigueur aux étants par accident qui peuvent être eux aussi envisagés comme des déterminations "réelles":

> ... non est similis ratio de accidentibus realibus; nam illa revera sunt entia, et sub unitate conceptus objectivi entis aliquo modo comprehenduntur ... Neque necesse est omnia, quae aliquo modo considerantur in scientia, directe contineri sub adaequato objecto ejus, nam multa considerantur obiter per quamdam analogiam, seu reductionem, vel ut eorum cognitione objectum ipsum magis illustretur, vel quia cognito objecto, per analogiam ad illud cae-

---

27 Cf. ibid., I, 1,6: "... ens non esse objectum secundum totam illam analogiam, quae magis in unitate vocis quam objecti consistit."

tera cognoscuntur, et fortasse aliter cognosci non possunt. Item proprietates subjecti, quae de ipso demonstrantur, non est necesse directe contineri sub ipso subjecto, saltem secundum omnia quae includunt. Sic igitur, quamvis haec scientia multa consideret de entibus rationis, nihilominus merito excluduntur ab objecto per se et directe intento (nisi qui velit de nomine contendere), propter utramque causam dictam. Nam imprimis entia rationis considerantur aliquo modo in hac scientia, non tamen per se, sed propter quamdam proportionalitatem quam habent cum entibus realibus, et ut ab eis distinguantur, et ut clarius et melius concipiatur quid habeat in entibus realitatem et entitatem, quid vero non habeat. Unde (ut sic dicam) magis considerantur haec rationis entia, ut cognoscuntur non esse entia, quam ut eorum scientia vel cognitio acquiratur (I, 1,6).

Nous avons cité longuement ce passage décisif en ce qu'il énonce clairement le *principe* de la solution suarézienne: la distinction entre l'objet adéquat de la science en question – ici la métaphysique – et ce qui est directement envisagé en elle comme compris sous cet objet d'une part, et d'autre part ce qui n'est envisagé qu'en passant (*obiter*) ou indirectement, soit pour illustrer l'objet formel (Dieu ne tombe-t-il pas sous ce cas?), soit parce qu'à l'inverse, ces objets de seconde et comme d'indirecte considération ne peuvent être connus qu'à la lumière de l'*objectum adaequatum formale* (*reductio* et analogie de proportionalité). Il en va ainsi de cet être de raison par excellence qu'est le rien (*nihil*) que n'est intelligible que contredistingué de l'*ens realiter sumptum*, qui à son tour se détermine dans son *entitas* ou sa *realitas* sur fond de néant, ou plus précisément en relation avec les différentes figures du rien[28]. Ce n'est donc point par concession de dernière minute que Suarez achève sa recherche par une dispute précisément consacrée aux êtres de raison, mais selon une nécessité essentielle de l'appréhension abstractissime de l'*ens*, comme le verront bien Cl. Timpler ou encore Leibniz, posant comme détermination absolument première l'*intelligibile* ou le *cogitabile*, en deçà de l'alternative du *reale* ou du *fictum*.

Ayant ainsi corrigé les premières thèses qui définissent trop largement l'objet de la métaphysique, Suarez envisage à présent les doctrines qui le restreignent abusivement (sunt plures aliae [*sententiae*] quae nimium illud coarctant). Il s'agira là encore de reconnaître le droit relatif de chacune d'entre elles en établissant le mode d'articulation qu'entretient chacun des sujets secondaires avec l'objet adéquat formel.

La première de ces thèses trop étroites est diamétralement opposée à la thèse initiale de l'*ens abstractissime sumptum*, puisqu'elle pose comme objet de la métaphysique l'étant le plus singulier qui soit – Dieu:

Tertia itaque opinio ... solum supremum ens reale (videlicet Deum) facit objectum hujus scientiae (I, 1,8).

---

28 Cf. J.-F. Courtine: Le projet suarézien de la métaphysique. In: Archives de Philosophie, 42 (1979), pp. 235 – 273.

On retrouve évidemment ici l'alternative classique Avicenne – Averroès à laquelle Duns Scot avait donné sa formulation canonique. La métaphysique est donc proprement théologie; elle tire sa dignité et son éminence reconnues de la dignité de son objet premier et propre:

> Theologia nihil aliud est quam scientia de Deo; erit ergo Deus hujus scientiae objectum; nam ex objecto accipit scientia suam dignitatem et praestantiam, eaque attributa vel nomina, quibus talis dignitas indicatur; sed praestantissimum objectum est Deus; ergo hoc debet esse objectum praestantissimae ac dignissimae scientiae.

La manière dont Suarez expose les arguments qui soutiennent cette thèse et les critiques qu'il lui oppose éclairent précisément le rapport de l'ontologie générale à la théologie, qui sera directeur pour toutes les *Disputationes*. La thèse en question conteste d'emblée la distinction, fondamentale pour Suarez, entre l'objet principal ou spécial parce que supérieur (*principale, praecipuum objectum*) et l'objet adéquat d'une science. La science dont nous parlons, explique la thèse, est *nobilissima, dignissima*; il est donc conforme à son éminence d'avoir Dieu pour objet adéquat (quia nobilius et excellentius est habere Deum pro objecto adaequato, quam solum pro principiali). Le refus de la distinction, l'identification du principal et de l'adéquat repose plus profondément sur l'affirmation que Dieu, l'étant infiniment parfait, doit être nécessairement ce à quoi tend immédiatement, comme à son "objet" propre, cette science en laquelle culmine précisément le savoir, sans qu'il faille passer par quelque *ratio communis entis Deo et creaturis*. L'absoluité, l'apriorité du Premier est telle qu'il ne peut être visé et atteint que selon sa *ratio propria – sub Deitate*, dirait Scot –, sans qu'il soit nécessaire, ni même possible de faire le détour par la considération générale de ce qui est commun[29]. Ce serait d'ailleurs supposer quelque chose de supérieur et d'antérieur à Dieu, ce qui est contradictoire:

> Sed nihil potest esse prius natura Deo; ergo non potest esse objectum principale contentum sub aliquo communi.

L'éminence divine est telle qu'il n'est pas possible d'envisager un terrain commun où se rencontreraient Dieu et l'étant créé, où ils conviendraient sous un même objet:

---

29 "… Deus secundum propriam rationem quid nobilius est quam esse possit quaelibet ratio communis Deo et creaturis …, quia Deus secundum propriam rationem est ens infinite perfectum; omnis autem alia ratio abstractior ex se non dicit, neque requirit infinitam perfectionem; sed illa scientia, quae habet pro objecto adaequato Deum, immediate et per se primo tendit in ipsum secundum propriam rationem ejus; illa vero scientia, quae solum respicit Deum ut principale objectum, ad summum potest per se primo versari circa aliquam rationem entis communem Deo et creaturis; ergo illa prior scientia erit longe nobilior, quia nobilitas scientiae sumitur ex illo objecto, in quo per se primo tendit" (I, 1,8).

> ... Deum non posse esse principale objectum hujus scientiae si non est adaequatum, quia Deus et creatura non possunt convenire sub aliqua communi ratione objecti scibilis; ergo vel Deus dicendus est adaequatum objectum hujus scientiae, vel omnino excludendus ab objecto illius. Antecedens patet primo, quia Deus est objectum intelligibile longe alterius rationis et eminentioris, quam sit omne objectum creatum, magisque distat Deus ab objecto quovis creato, in abstractione et immaterialitate, quam distent omnia entia creata secundum proprias rationes suas; sed non possunt omnia objecta creata convenire secundum proprias rationes sub uno adaequato objecto hujus scientiae; ergo multo minus possunt convenire Deus et alia entia creata.

Dans cette perspective, la métaphysique a pour seul objet adéquat un étant éminemment singulier, Dieu, et elle se définit strictement comme théologie. La métaphysique est bien, comme le disait Aristote, *scientia divina*, mais au sens où, comme Dieu lui-même, elle n'a que Dieu comme objet premier et immédiat (quia divinus intellectus nobilissimus omnium est, et ideo solum Deum habet pro objecto adaequato, nihilque aliud attingit, nisi in quantum in ipsomet Deo, seu per ipsum manifestatur).

La métaphysique doit donc se régler sur la science que Dieu a de lui-même, ou encore sur la *visio beata* dont l'objet adéquat est Dieu atteint directement, et non pas *sub aliqua ratione communi*. Certes, la métaphysique comme *theologia naturalis* ne vise pas Dieu dans sa révélation surnaturelle, mais elle n'en a pas moins Dieu même pour véritable objet pour autant qu'il est "connaissable à la lumière de la raison naturelle."

Répondre à cette thèse qu'il tient pour fondamentalement erronée permet à Suarez de préciser sa propre conception. Suarez remarque d'abord que de fait la dite métaphysique traite de nombreux points dont la connaissance ne saurait s'ordonner simplement et immédiatement à Dieu comme à l'unique objet de cette science, mais c'est pour ajouter aussitôt une raison, *a priori* cette fois et beaucoup plus importante, à savoir qu'il est essentiellement impossible d'atteindre Dieu directement et en lui-même, ou encore de le connaître sous une raison qui lui serait propre, impossible autrement dit d'appréhender Dieu *sub ratione deitatis* ou dans sa singularité (*ut haec essentia*). En ce sens, la vision béatifique, et abstraction faite de toutes les questions concernant le *medium quo* de celle-ci, ne peut servir de règle ni d'exemple à la métaphysique, fût-elle envisagée principalement comme *scientia divina*. La métaphysique, qui procède toujours "à la lumière naturelle de l'intellect humain" ne peut appréhender Dieu sous une raison commune[30]. L'analogie avec la *visio beata* ou la *theologia super-*

---

30 "Ratio ... a priori est, quia haec scientia, cum discursu naturali procedat, non attingit Deum prout in se est, sed quantum ex creaturis manifestari potest lumine naturali intellectus humani; et ideo nulla esse potest scientia naturalis, quae ipsum attingat, et pespiciat ut adaequatum objectum, quia ratio sub qua attingitur, semper communis est aliis rebus creatis. Unde constat recte dictum esse, tractando fundamentum superioris scientiae, Deum contineri sub objecto

naturalis, poursuit Suarez, est d'autant moins justifiée que cette théologie elle–même n'a pas pour *seul* objet adéquat Dieu lui–même, mais bien plutôt le révélé ou le *révélable en général*[31]. Suarez renvoie ici implicitement à la détermination thomiste de la théologie comme science dont l'unité est assurée non point *materialiter*, mais *secundum rationem formalem objecti*[32]. Si donc il devait y avoir analogie, ce serait plutôt entre le *revelabile* et l'*ens abstracte sumptum*, Dieu pouvant dans les deux cas être envisagé *principaliter*.

Mais tel n'est pas encore le centre de la critique suarézienne. Il s'agit, pour le Doctor Eximius, de montrer que non seulement rien ne s'oppose à la possibilité d'appréhender selon une raison commune Dieu et le créé, mais encore que cette convenance ou cette convergence, eu égard à la *ratio entis*, est indispensable si seulement on veut connaître Dieu de la seule manière qui nous est naturellement permise, à savoir d'après ce qui de Dieu peut être *manifesté*:

> Ad ultimum respondetur, non repugnare Deum, ut cognitum per creaturas, convenire cum illis in aliqua ratione communi objecti; nam licet in suo esse, et secundum se magis distet a creatura qualibet, quam ipsae inter se, tamen secundum ea quae de ipso manifestari possunt scientia naturali, et juxta rationem et modum quo manifestari possunt ex creaturis, major proportio et convenientia inveniri potest inter Deum et creaturas, quam inter aliquas creaturas inter se (I, 1,13).

Le terme de *manifestatio* appartient, on le sait, au lexique thomiste, en particulier destiné à déterminer le rapport de la raison naturelle à la *sacra doctrina*: la raison naturelle ne saurait être mise à contribution pour "prouver la foi", mais elle peut contribuer à "manifester" certains points transmis dans et par la foi (Ia, qu.1, a.8). De Dieu et des *res divinae*, certains aspects peuvent être *mis en lumière* par la raison naturelle.

En outre, présupposer que Dieu et la créature "conviennent" sous tel ou tel rapport et répondent à une *ratio communis*, ce n'est pas, à proprement

---

hujus scientiae ut primum ac praecipuum objectum, non tamen ut adaequatum."

31 "Multi enim censent non Deum, sed ens revelatum, esse objectum adaequatum illius doctrinae; quia divina revelatio, quae est ratio formalis sub qua illius objecti, aeque cadere potest in Deum et res alias, quod attinet ad vim et rationem cognoscendi, quamvis in ratione finis et in excellentia rei revelatae Deus omnia superet, et ideo dici soleat vel principale objectum, vel simpliciter objectum ... (I, 1,12).

32 S. Th., Ia, qu.1, a.3, resp. – Cf. aussi ad 1m: " ... dicendum quod sacra doctrina non determinat de Deo et creaturis ex aequo, sed de Deo principaliter, et de creaturis secundum quod referuntur ad Deum, ut ad principium vel finem ...";
Ad 2m: " ... et similiter ea quae in diversis scientiis philosophicis tractantur, potest sacra doctrina, una existens, considerare sub una ratione, inquantum scilicet sunt divinitus revelabilia."

parler, faire de la *ratio entis* quelque chose d'antérieur à Dieu, et comme *a priori* vis-à-vis de lui; il suffit, remarque Suarez, que cette *ratio* soit donnée *secundum abstractionem vel considerationem intellectus*. La priorité en question est donc conceptuelle, et c'est en traitant du *conceptus entis* qu'on pourra véritablement l'élucider. Suarez pose simplement ici la possibilité générale d'une prédication universelle par rapport à laquelle Dieu ne serait qu'un cas particulier, fût-il éminent:

> Sicut enim intelligi potest convenientia aliqua vel similitudo imperfecta inter Deum et creaturas in ratione entis, substantiae, vel spiritus, ita possunt dari aliqui conceptus secundem rationem priores Deo in universalitate praedicationis (I, 1,13).

Remarquons que Fonseca, dans son Commentaire, présente sur cette question de la priorité conceptuelle de l'*ens*, de son apriorité, une position très proche de celle de Suarez[33]. – Retenons seulement pour l'instant la thèse – non encore totalement explicitée – sous-jacente à la critique de l'interprétation théologisante de l'objet de la métaphysique: la *ratio entis* qui définit formellement le sujet-objet de la métaphysique détermine *a priori* un champ de généralité tel que Dieu peut assurément y être compris comme partie, voire comme partie principale, mais toujours spéciale, sans jamais pouvoir s'égaler au tout, se donner comme objet adéquat. C'est à partir de cette même présupposition fondamentale que Suarez peut rejeter immédiatement ce qu'il présente comme *quarta opinio*: l'objet de la métaphysique n'est point uniquement et exclusivement Dieu, mais aussi les intelligences créées. C'est aussi ce qui, dans les divisions de la métaphysique scolaire, s'intitulera pneumatologie:

> Quarta opinio sit, substantiam, aut ens immateriale, prout in se includit solum Deum et intelligentias, esse adaequatum objectum hujus scientiae.

Cette interprétation, poursuit Suarez, croit pouvoir s'autoriser d'Aristote qui distingue les parties de la philosophie en fonction des différents types

---

33 Com., lib. IV, cap. 1, qu.1, sect. 8, col. 655: "Quod si quis dicat: Ergo saltem more intelligendi nostro, ens esse prius Deo, concedendum id quidem est, si modo ens confuse concipiatur: quo pacto entis nomen nullum naturae gradum significat Deo et creaturis communem ... Caeterum ens esse hoc pacto prius Deo, non est esse prius natura illo, sed posse a nobis prius concipi, ut a multis qui Deum esse negaverunt, conceptum est, imo et a veris philosophicis concipitur, cum destinguitur in ens finitum et infinitum. Quin etiam addiderim, etsi ens diceret gradum aliquem entitatis communem Deo et creaturis, et Deus adhuc maneret creator (quod plane videtur contradictionem involvere) adhuc tamen juxta modum illum prioris, qui ex Aristotele adductus est, non esse ens prius natura Deo; adhuc enim posito ente in rerum natura, necessario poneretur Deus."

de substance[34] et qui pose une substance "séparée" (immaterialis, secundum esse abstrahens a materia)[35] en plus des substances sensibles, objet de la science physique (sicut duplex est substantia, materialis scilicet et immaterialis, ita duplex est scientia). Dans cette hypothèse, la métaphysique a bien un objet commun – la *substantia immaterialis* –, mais non universel; elle obéit en tout cas à la disjonction tenue pour fondamentale entre matériel et immatériel, physique et hyperphysique.

La démarche critique de Suarez est ici analogue à celle que nous avons examinée précédemment, et elle consiste à intégrer à titre d'objet partiel, voire privilégié, la substance immatérielle, en désamorçant par là l'aspect polémique de la thèse en question qui est précisément de contester la possibilité et la consistance d'une ontologie générale:

> Probat quidem recte ille discursus substantias immateriales maxime pertinere ad objectum hujus scientiae. Probat etiam ex rebus substitentibus in rerum natura nullas alias cadere per se et secundum proprias rationes sub objectum hujus scientiae praeter substantias immateriales … Non tamen probat, nec recte concludit, substantiam immaterialem, ut sic, esse objectum adaequatum hujus scientiae, quia in ipsa immateriali substantia considerari possunt aliae rationes, seu conceptus objectivi universaliores, de quibus secundum adaequatam rationem potest aliqua scientia tradi, nam his rationibus respondent propria principia et proprietates; nulla autem alia scientia praeter metaphysicam has rationem contemplatur; igitur adaequatum metaphysicae objectum sub aliqua universaliori ratione designandum est (I, 1,15).

La substance immatérielle représente donc elle aussi un objet trop étroit pour définir le champ d'investigation de la métaphysique, et l'interprétation de l'abstraction sous–jacente à cette thèse (abstrahere a materia secundem esse) est elle-même partielle et unilatérale. D'où la conclusion:

> … ad objectum hujus scientiae satis est quod in conceptu objectivo suo materiam non includat, neque sensibilem, neque intelligibilem. Quod vero includat etiam aliquid repugnans materiae, hoc potest pertinere ad majorem quamdam excellentiam vel proprietatem objecti, non tamen adaequatum objectum constituit.

Les deux dernières thèses examinées par Suarez, loin de définir trop étroitement, par une spécialisation excessive, l'objet de la métaphysique, en se laissant pour ainsi dire captiver par ce qui en lui est principal ou premier, disent trop peu et demeurent bien en deçà de la portée et de la dignité de cette science. Il s'agit d'une part de la thèse selon laquelle l'objet de la métaphysique est certes l'étant, mais l'étant qui se laisse répartir ou diviser selon la multiplicité des chefs catégoriaux (quinta opinio … dicit ens divisum in decem praedicamenta esse adaequatum objectum hujus scientiae); et d'autre part la thèse attribuée à Buridan, selon laquelle l'objet adéquat de

---

34 Γ 2, 1004 a 2 – 3.
35 E 1, 1026 a sq.

la métaphysique est la substance comme telle (substantia quatenus substantia est), dans sa substantialité et abstraction faire de la dichotomie matériel – immatériel, fini – infini.

La première thèse revient en réalité à faire de l'*ens finitum*, ou encore de l'*ens* en général, à l'exclusion de Dieu, l'objet adéquat de la métaphysique. Telle est, nous dit Suarez, la thèse de Dominique de Flandre[36], qui concède cependant que Dieu demeure d'une certaine façon envisagé par cette science pour autant qu'il est considéré comme la *causa prima* de l'étant ainsi entendu. Dieu en effet ne saurait trouver place dans le champ strictement défini de la prédication catégoriale. Quoi qu'il en soit de la doctrine de Dominique de Flandre, la thèse est ici importante en ce qu'elle semble pouvoir s'appuyer sur l'autorité de l'Aquinate et de la distinction stricte entre le sujet d'une science et ses causes ("Hoc enim est subjectum in scientia, cujus causas et passiones quaerimus, non autem ipsae causae alicujus generis quaesiti").

La métaphysique envisage bien Dieu comme une cause, mais pas seulement comme une cause ou un principe extrinsèques qui tomberaient pour ainsi dire hors de l'objet propre de cette science; Dieu n'est pas seulement cause de l'objet de la métaphysique – l'*ens commune* –, mais il en est également partie, et même partie principale (*pars praecipua*).

> Falsum est … hanc scientiam non agere de Deo ut de primario ac principali objecto suo, sed tantum ut de principio extrinseco … Nam Deus est objectum naturaliter scibile aliquo modo [...]; ergo potest cadere sub aliquam naturalem scientiam, non solum ut principium extrinsecum, sed etiam ut objectum praecipuum.

En effet, la métaphysique n'envisage pas Dieu uniquement sous la figure de la causalité (*sub praeciso respectu principii*), mais encore en lui-même, dans sa nature et ses attributs, du moins autant qu'ils sont accessibles à la raison naturelle. C'est donc absolument et pas seulement respectivement que Dieu tombe dans le champ de la métaphysique ou sous le coup de la métaphysique[37]. Il est enfin de l'essence de la métaphysique de rechercher en général les premiers principes et les causes les plus universelles, au nombre desquels il y a Dieu: "Ergo necesse est ut sub objecto suo Deum complectatur."

Il n'y a pas lieu dans cette perspective, de se poser la question de savoir comment Dieu "entre dans la métaphysique" (wie kommt der Gott …?)[38];

---

36 Sur Dominique de Flandre, cf. L. Mahieu: Dominique de Flandre (xvème). Sa Métaphysique. Paris 1942.

37 "Unde confirmatur quia haec scientia non solum considerat Deum sub praeciso respectu principii, sed postquam ad Deum pervenit, ipsumque sub dicta ratione principii invenit, ejus naturam et attributa absolute inquirit, quantum potest naturali lumine …" (I, 1,19).

38 Martin Heidegger: Identität und Differenz, 1957, pp. 52 sq.

le dieu est d'emblée présent à côté de l'étant créé. Et si donc le sujet de la métaphysique contient virtuellement en lui tous les objets que cette science considère, Dieu est d'emblée et nécessairement du nombre.

La discussion de la sixième thèse, attribuée assez prudemment à Jean Buridan, qui ferait de la substance comme telle l'objet adéquat et propre de la métaphysique[39] permet à Suarez d'introduire pour la première fois, dans l'économie des *Disputationes*, la notion de *conceptus objectivus entis*, et par là d'amorcer décidément sa propre détermination positive du sujet–objet de la métaphysique. Suivons ici plus en détail l'argumentation de Suarez: c'est la substance comme telle, nous apprend Buridan, qui constitue l'objet à proprement parler adéquat de la métaphysique, parce cet objet ne saurait être défini de manière plus contractée (*contractius*) – sauf à retomber sur les précédentes thèses déjà discutées: Dieu, l'être immatériel en général, l'être divisé catégorialement –, mais pas davantage de manière plus abstraite (*abstractius*). Seule en effet la substance est proprement étant, tout le reste appartenant plus ou moins directement au registre des accidents de la substance. Et pour soutenir son interprétation, Buridan croit pouvoir s'autoriser de deux passages aristotéliciens classiques: Z 1, 1028 b 6 – 7 et Λ 1, 1069 a 18 – 19 où le Stagirite semble caractériser son entreprise comme *théôria péri tès ousias*.

Suarez croit donc pouvoir résumer en ces termes la position de Buridan:

> Ergo haec scientia tractat de substantia, ut de subjecto et de accidenti, ut de proprietate subjecti; ergo subjectum adaequatum hujus scientiae non abstractius constituendum est quam sit substantia ut sic.

Les conséquences importantes d'une telle thèse apparaissent immédiatement: si en effet l'"ens simpliciter dictum nihil aliud est quam substantia",

---

39 DM., I, 1,21: "Sexta opinio, quae Buridani esse dicitur, est objectum adaequatum hujus scientiae esse substantiam, quatenus substantia est, id est, ut abstrahit a materia et immateriali, finita et infinita." Cf. Buridan: In Metaphysicen Aristotelis Quaestiones argutissimae. Paris 1588, lib. VII, qu.1, fol.xlii (reprint Minerva, Francfort, 1964). – La prudence de Suarez dans l'attribution à Buridan de cette thèse tient essentiellement au fait que le Chancelier, s'il met effectivement en avant le privilège de l'"ousia" dans son examen du livre Z de la Métaphysique, définit très différemment son sujet propre (lib. IV, qu.v, fol.xv verso, et fol.xvi, recto): le *subjectum proprium metaphysicae*, c'est assurément l'ens, et précisément l'ens inquantum est ens. A quoi il faut ajouter cependant – et là réside l'originalité de la position de Buridan – que toute science porte sur l'étant (*ens*) et que ce qui spécifie par conséquent la métaphysique, c'est d'avoir à faire directement au "terminus 'ens'". – "Quando etiam quaerebatur quod est illud [ly 'ens'], responsum est quod iste terminus ens in mente mea existens vel etiam in mente tua" (fol.xvi, r B)! De ce coup d'envoi logique beaucoup plus que psychologie de la question de l'être chez Buridan, Suarez ne se préoccupe pas ici, retenant seulement un autre trait saillant de la problématique nominaliste, celui qui aboutit à identifier substantialité, existence nue et singularité.

la démarche abstractive qui préside à toute enquête métaphysique doit nécessairement s'arrêter à la substance prise comme telle, s'en tenir décidément à celle-ci, puisque les accidents au sens large (accidentia, proprietates, passiones) ne sont rien sans la substance. Ils sont toujours et par définition accidents d'un sujet. Et si l'entité se mesure toujours à l'aune de la substantialité, il n'y a aucun sens à envisager quelque "réalité" qui serait commune à la substance et à l'accident. C'est là un préable logico-épistémologique qui s'impose à toute science, quelle que soit sa nature[40]. Et si l'on tient à établir le droit relatif des propositions qui traitent de la *ratio entis ut sic*, ou qui établissent des propriétés communes à la substance et aux accidents, il convient dans tous les cas de les reconduire, à titre de déterminations analogiques à la substance, principe et foyer de toute analogie.

La thèse de Buridan – et Suarez tient à le souligner fermement – ne manque pas de vraisemblance, elle devrait même s'imposer à tous ceux qui refusent de reconnaître l'existence d'un concept objectif d'être, soit encore d'un concept objectif commun à la substance et à l'accident[41]. Seule la mise en évidence du *conceptus objectivus entis* permet de franchir le pas qui conduit au delà de l'*abstractum* auquel Buridan se tenait:

> Nihilominus haec opinio simpliciter falsa est, et a mente Aristotelis aliena, quia, ut inferius ostendetur, simpliciter verius est dari conceptum objectivum entis, secundum rationem abstrahibilem a substantia et accidenti, circa quem per se, et ut sic, potest aliqua scientia versari, ejus rationem et unitatem explicando, et nonulla attributa de illo demonstrando (DM., II, 1,23).

Ayant ainsi passé en revue les thèses en présence, selon une démarche de correction et d'intégration continues, Suarez peut énoncer la formulation qu'il fera sienne: *Ens in quantum ens reale esse objectum adaequatum hujus scientiae.* Ce qu'il faut d'abord entendre au sens le plus compréhensif: l'étant en tant qu'étant – l'*ens ut sic* – inclut Dieu et les substances immatérielles, mais aussi les substances sensibles et leurs accidents réels. L'objection qui se présente immédiatement face à une définition aussi générale de l'objet, face à cette universalisation, c'est qu'un objet de ce genre ne satisfait plus aux réquisits fondamentaux de la science, à savoir démontrer les propriétés de son sujet à partir de principes qui lui sont propres. L'étant comme tel ne saurait en effet avoir des propriétés propres, puisqu'il est

---

40 DM., I, 1,21: "Patet consequentia, quia nihil potest esse abstractius, nisi aliquid commune directe seu in recto ad substantiam et accidens; hoc autem assignandum non est, quia subjectum adaequatum scientiae non est commune illi subjecto, de quo demonstrantur passiones, et passionibus ipsis."

41 DM., I, 1,23: "Haec sententia habet nonnihil versimilitudinis et apparentiae; et revera qui negant conceptum objectivum entis, satis consequenter hoc modo loquerentur, quia si nullus est communis conceptus objectivus substantiae et accidentibus, nihil reale abstractius concipitur, quod possit esse hujus scientiae adaequatum subjectum."

déjà inclus à titre de sujet dans toute propriété possible[42]. En outre, si Dieu est bien *compris* dans l'objet de la métaphysique, on ne peut dire que de cet objet la science en question recherche les *principes* et les *causes*, puisque précisément Dieu est sans principe et sans cause[43]. L'étant ainsi défini, dans sa plus grande abstraction et sa plus vaste communauté, est l'objet le plus vide et le plus indéterminé, le plus "imparfait" et le moins approprié à une science destinée à être la première de toutes:

> Ens in quantum ens est imperfectissimum objectum, quia est communissimum, et in infimis etiam entibus includitur, multoque perfectius esse substantia, vel substantia spiritualis, vel Deus.

***

Répondre à ces objections, c'est en un sens la tâche même des *Disputationes*, dans leur visée et leur développement. Suarez se borne dans cette section préliminaire à quelques indications générales. La possibilité de distinguer, sinon réellement (in re), du moins par la raison (ratione) entre l'être et ses propriétés transcendantales, même s'il est déjà intrinsèquement présent dans ces propriétés; la possibilité et la nécessité de distinguer deux types de principes, les *principia cognitionis* et les *principia essendi*. Ceux-ci sont de véritables causes, distinctes comme telles de leurs effets et des propriétés qu'elles permettent de démontrer. Mais on appelle aussi principe ou cause "id quod est ratio alterius, secundum quod objective concipiuntur et distinguuntur" – ce qui rend raison de quelque chose, et c'est en ce sens que les principes peuvent être conçus et distingués *objective*. Ce type de principe est suffisant, poursuit expressément Suarez, quand il s'agit de rendre raison de l'attribution de telle propriété à tel sujet: "Hoc genus principii sufficit ut sit medium demonstrationis; nam sufficit ad reddendam veluti rationem formalem, ob quam talis proprietas rei convenit." Si donc l'étant comme tel n'a pas de causes ou principes au sens propre et premier, il est cependant soumis au principe de raison, tout comme Dieu, en un sens, chez qui il est possible de trouver des raisons de ce type (*ex Dei perfectione infinita reddimus causam, cur unus tantum sit et sic de aliis*)[44]. D'où

---

42 "... ens in quantum ens ita abstractum includitur per se et essentialiter in omni ente, et in omni modo vel proprietate cujuslibet entis; ergo non potest habere proprietatem ita adaequatam et propriam, quia subjectum non potest esse essentia suae proprietatis" (I, 1,26).

43 "... ens in quantum ens complectitur Deum, qui est sine principio et sine causa; ergo ens in quantum ens non potest habere principia et causas, quia alioqui talia principia et causae deberent convenire omni enti, quia quod convenit superiori in quantum tale est, debet convenire omni contento sub illo" (ibid).

44 DM., I, 1,29. – Le passage mérite sans doute d'être cité plus longuement, parce qu'il définit parfaitement la dimension apriorique qui caractérise la démarche suarézienne: "Deus est objectum scibile et de eo demonstrantur attributa, non

Suarez conclut: "Ens inquantum ens de se est objectum scibile, habens sufficientem rationem formalem et principia sufficentia, ut de eo demonstrentur proprietates."

Soulignons ici, plutôt que la défense de la scientificité de la métaphysique, dans sa définition aristotélicienne, l'apparition insistante de la *reddenda ratio* – notion dont l'histoire demeure à faire.

En fonction de cette délimitation préalable du sujet–objet de la métaphysique[45], Suarez esquisse une première articulation systématique du champ de cette science. Celle-ci demeure pour l'essentiel conforme aux réquisits généraux de toute science, selon la norme de l'épistémologie aristotélicienne, à tout le moins celle formulée dans les *Analytica Posteriora*. Il appartient à la science de fixer la nature de son objet et d'en définir les principales articulations. Thématiquement la science s'attache à démontrer les propriétés de celui-ci, en faisant appel aux principes, propres et généraux, qui comme tels ne tombent pas directement sous l'investigation de la science en question. Si donc l'objet adéquat de la métaphysique est l'*ens ut sic*, entendu au sens de l'*ens reale*, il reviendra à cette science de déterminer les attributs, les propriétés, les passions de ce sujet eu égard aux principes que sont d'une part les principes logiques, d'autre part les substances séparées, causes, mais aussi parties de l'objet adéquat.

L'élaboration "dialectique" de cette prédétermination du sujet–objet de la métaphysique au seuil des *Disputationes*, toujours référée aux positions doctrinales constamment reçues dans la (les) tradition(s) aristotéliciennes, ne doit pas masquer la modernité de Suarez, la radicalité de la rupture qu'il institue dans l'histoire du commentarisme: d'abord parce que l'*ens reale*, objet adéquat de la métaphysique, a tôt fait (DM. II) de se définir comme *ens nominaliter sumptum, essentia realis, realitas* au sens de la possibilité, enfin et surtout parce que cette détermination compréhensive du sujet de la science recherchée rend possible une nouvelle systématisation de la métaphysique dont les conséquences apparaîtront dès les premières années du XVIIème siècle avec l'apparition d'une *ontologia* tout à fait indépendante de la théologie[46].

---

solum a posteriori et ab effectibus, sed etiam a priori, unum ex alio colligendo … Alio modo dicitur principium seu causa, id quod est ratio alterius, secundum quod objective concipiuntur et distinguuntur; et hoc genus principii sufficit ad reddendam veluti rationem formalem, ob quam talis proprietas rei convenit."

45 DM., I, 1,16: "… Objectum adaequatum hujus scientiae debere comprehendere Deum et alias substantias immateriales, non tantum solas illas. Item debere comprehendere non tantum substantias, sed etiam accidentia realia, non tamen entia rationis, et omnino per accidens …"

46 Sue l'histoire du mot *ontologia*, son apparition et ses conditions de possibilité, cf. J.-F. COURTINE: Ontologie ou Métaphysique. In: Giornale di Metafisica, NS., VII (1985), pp.3 – 24.

PAUL RICHARD BLUM

Der Standardkursus der katholischen Schulphilosophie im 17. Jahrhundert*

I

Die Schulphilosophie ist bekanntlich der wichtigste Träger aristotelischer Tradition im 17. Jahrhundert, dies gilt auch für die katholischen Lehranstalten[1]. Schulphilosophie meint die Praxis philosophischen Unterrichts. Wie jeder institutionalisierten Lehre haftet auch der Schulphilosophie das Odium des Verknöcherten und Veralteten an, doch ist dies nicht so sehr ein Problem der Institutionen als derer, die sich davon emanzipieren wollen. Eine bloße apologetische Umkehrung davon wäre es, die Schulpraxis als Argument zu verwenden, um eine – wie Grabmann[2] gesagt hätte – aristotelische "Signatur" der Neuzeit nachzuweisen, so willkommen dies in unserem Kolloquium auch sein mag. In erster Linie hat die Schulphilosophie eine eigene – auch philosophische – Dynamik, die freilich schwer aufzudecken ist, denn positiv ist mit der Institutionalisierung eine gewisse Verläßlichkeit der Curricula samt ihrer Inhalte verbunden, so daß man nach einem Standardkursus Ausschau halten darf. Hier aber wird man schnell enttäuscht: *Den* Standardkursus gibt es gar nicht, schon gar nicht für Deutschland, jedenfalls, wenn man darunter *ein* Lehrbuch versteht, das per Dekret und in der Praxis überall gelesen und gelehrt worden wäre. Aber auch wenn man unter Cursus das Kurrikulum philosophischen Unterrichts an katholischen Institutionen verstehen will, kommt man in Schwierigkeiten, denn wo immer man die Lehr-

---

* Eine englische Fassung dieses Beitrags wurde im Frühjahr 1988 an der Catholic University, Washington, an der University of Illinois at Chicago und an der Marquette University Milwaukee vorgetragen.

1 Zuletzt Ulrich Gottfried Leinsle: Das Ding und die Methode, Methodische Konstitution und Gegenstand der frühen protestantischen Metaphysik, Augsburg 1985, Einleitung, mit der dort besprochenen Literatur; v. a. Peter Petersen: Geschichte der aristotelischen Philosophie im protestantischen Deutschland, Hamburg 1921, S. 118 – 127 u. passim; Max Wundt: Die deutsche Schulmetaphysik des 17. Jahrhunderts, Tübingen 1939; und v. a. die Studien von Charles B. Schmitt, z. B. dessen The Aristotelian Tradition and Renaissance Universities, London 1984.

2 Martin Grabmann: Die Geschichte der scholastischen Methode, Freiburg 1911, Bd. 2 Einleitung u. ö.

praxis näher untersucht, gibt es Sonderregelungen, Unterbrechungen, unklare Vorschriften, auch verlorene Dokumente. Trotzdem kann man mit Hilfe des Quellenmaterials den Lehrbetrieb einigermaßen genau beschreiben[3], jedenfalls in seinen Grundzügen, als da sind:

- sprachlich-humanistische Propädeutik,
- zwei bis drei Jahre Philosophie,
- drei bis vier oder mehr Jahre Theologie.

Dies gilt – mutatis mutandis und mit wechselnder Belegdichte – für alle Orden[4]. Auf Einzelheiten einzugehen, wäre hier sinnlos (etwa die Prüfungspraxis oder, was mit den Hundstagen zu geschehen hat).

Eine Kleinigkeit sollte jedoch erwähnt werden, nämlich das Diktat[5]: Wo

---

3 Exemplarisch: Karl Hengst: Jesuiten an Universitäten und Jesuitenuniversitäten, Paderborn usw. 1981; mit der älteren Literatur, vor allem: Monumenta Paedagogica Societatis Iesu, hrsg. v. Ladislaus Lukács, bisher 5 Bde., Roma 1965 – 1986 (Monumenta Historica Societatis Iesu 92, 107, 108, 124, 129); im folgenden zitiert: *MPSI*; Ratio studiorum et institutiones scholasticae Societatis Iesu per Germaniam olim vigentes, hrsg. v. G. M. Pachtler, Berlin 1887 – 1874 (Monumenta Germanicae Paedagogica 2, 5, 9, 16) zitiert als *Pachtler*.

4 Für die meisten Orden fehlen zusammenfassende Untersuchungen, brauchbare Beispiele in: Hermann Zschokke (Hrsg.): Die theologischen Studien und Anstalten der katholischen Kirche in Österreich, Wien/Leipzig 1894. Für die *Dominikaner*: Angelus Maria Walz: Compendium historiae Ordinis Praedicatorum, Romae 1930, S. 320 – 326. *Franziskaner*: Heribert Holzapfel: Handbuch der Geschichte des Franziskanerordens, Freiburg 1909, § 106 – 108; Bernardin Lins: Geschichte der bayerischen Franziskanerprovinz, München 1926, S. 205 – 225; Ders: Scriptores Provinciae Bavaricae Fratrum Minorum 1625 – 1803, Firenze/Quaracchi 1954, Prolegomena u. im Katalog zahlreiche Disputationen. *Kapuziner*: Melchior a Pobladura: Historia Generalis Ordinis Fratrum Minorum Capuccinorum, Roma 1947 – 1948, pars I und II, jeweils sectio V; Hilarin von Luzern: Die Studien im ersten Jahrhundert des Kapuzinerordens, in: Liber memorialis Ordinis Fratrum Minorum S. Francisci Capuccinorum, Romae 1928 (Analecta OMC, Suppl. 2 ad vol. 44), S. 79 – 130. *Karmeliter*: Bartholomaeus Xiberta: De institutis Ordinis Carmelitarum quae ad doctrinas philosophorum et theologorum sequendas pertinent, in: Analecta Ordinis Carmelitarum 6 (1927 – 1929), S. 337 – 379. *Benediktiner*: Sägmüller: Das philosophisch-theologische Studium der Schwäbischen Benediktinerkongregation im 16. und 17. Jahrhundert, in: Theologische Quartalschrift 86 (1904), S. 161 – 207; Magnus Sattler: Collectaneenblätter zur Geschichte der ehemaligen Benedictiner-Universität Salzburg, Kempten 1890, bes. 33 ff. *Augustiner*: David Guiterrez: Los estudios en la orden agustiniana desde la edad media hasta la contemporánea, in: Analecta Augustiniana 33 (1970), S. 75 – 149.

5 Zur Einführung des Diktats s. v. a. Ricardo G. Villoslada: La universidad de París durante los estudios de Francisco de Vitoria O.P. (1507 – 1522), Romae 1938, S. 308 – 318; Ratio studiorum 1586, cap 3 § 4; Ratio studiorum 1599, Reg. comm. Prof. Sup. Fac. § 9; Reg. comm. Prof. cl. inf. § 27 (Pachtler 2, p. 82, 288, 388 – 390).

diktiert wird (heutzutage werden Skripten fotokopiert), gibt es kein hinreichendes Lehrbuch. Jakob Schegk in Tübingen – dies zum Vergleich – konnte schon für seine Vorlesungen auf seine eigenen Publikationen als Ergänzung verweisen[6]. Andererseits, wenn überall an verschiedenen Orten diktiert wird (und dies gilt für diese Schulphilosophie), und wenn dennoch eine einheitliche[7] Schulphilosophie gelehrt werden soll (und dies gilt erst recht), dann setzt dies nicht nur einheitliche Referenzmuster voraus, sondern vor allem eine unter den verschiedensten lokalen und persönlichen Bedingungen reproduzierbare Lehre, die in ihrer inneren Ordnung ausschließt, daß eine breite Varietät entstehen kann. Das nennt man dann Scholastik.

Das mustergültige Lehrbuch katholisch-scholastischer Philosophie des 17. Jahrhunderts ist also ein idealtypisch zu beschreibendes Konstrukt. Was wir besitzen, sind zahlreiche Handbücher, die in irgendeiner Form die Lehrpraxis wiedergeben und die auf den ersten Blick den Eindruck erwecken: "Hast du eines gelesen, hast du alle gelesen." Diesen ersten Eindruck wollen wir hier gelten lassen. Denn alle diese Bücher beanspruchen am allerwenigsten, eine neue und eigenständige Philosophie zu bieten, sie wollen vielmehr und ausschließlich die Standards des Kurses – und was immer dafür gehalten wird – einhalten und vollkommen repräsentieren. Wir besitzen also demnach hunderte von Standardkursen.

II

In diesem Kontext, in dem Aristoteles das wichtigste Referenzmuster darstellt, ist primär nicht so relevant, ob dieser durch die Brille der thomistischen oder skotistischen Scholastik gelesen wurde. Für die Geschichte des Aristotelismus viel wichtiger ist es, welche Sektoren des Corpus und der Doktrin des Aristoteles herausgeschnitten werden.

Dies läßt sich zahlenmäßig und daher recht instruktiv an der Bibliographie der Aristoteles-Kommentare für die Zeit von 1500 bis 1650 belegen, die Ch. H. Lohr veröffentlicht hat[8].

---

6 Chistoph Sigwart: Ein Collegium logicum im XVI. Jahrhundert. Freiburg 1890.
7 Institutum Societatis Iesu, Florentiae 1892 – 1893, Bd. 2, Const. pars. 8, cap 1, decl. K: ne opinionum diversitas coniunctioni charitatis noceat; vgl. Const. pars 3, cap. 1 n. 18, sowie durchgehend die Belege bezüglich der Forderung nach einem Einheitslehrbuch unten Anm. 46 ff.: MPSI passim, Indices s. v. Doctrina in S. I. tenenda. Vgl. die Durchsetzung des Thomismus bei den Dominikanern: Franz Kard. Ehrle: Zur Enzyklika "Aeterni Patris", Text und Kommentar, Roma 1954, S. 87 f. Für die Franziskaner: Johannes Poncius: Integer Philosophiae Cursus Ad mentem Scoti, Romae (Scheus) 1642 – 43, Ad lectorem.
8 Charles H. Lohr: Renaissance Latin Aristotle Commentaries, in: Studies in the Renaissance 21 (1974), S. 228 – 289; Renaissance Quarterly 28 (1975), S. 689 – 741; 29 (1976), S. 714 – 745; 30 (1977), S. 681 – 741; 31 (1978),

Die Ordensmitglieder (und diese interessieren uns hier)[9] haben 37,95% der dort verzeichneten Kommentare verfaßt[10]. An ihrer Spitze stehen mit Abstand die Jesuiten, die Dominikaner und die franziskanische Familie[11], und unter diesen haben die Jesuiten mit knapp 20%, also über der Hälfte, noch einmal deutlich die Führung (man bedenke, daß sie ja mit fast 50 Jahren Verspätung in dem Berichtszeitraum starten).

Zwar werden von Religiosen praktisch alle Werke des *Corpus Aristotelicum* irgendwann einmal kommentiert (es fehlen nur gänzlich: *Historia animalium*, *De ingressu animalium*, *De motu animalium* und *De partibus animalium*), aber es gibt doch signifikante Spitzen nach oben und nach unten[12]: Von allen Kommentatoren wurden (in dieser Reihenfolge)

- Physik
- Organon
- De anima
- Ethik
- Metapysik

am häufigsten kommentiert. Wobei die Physik und das Organon sich deutlich absetzen, zugleich aber zu beachten ist, daß Kommentare zu *De anima* häufig in so bezeichneten Physikkommentaren mitenthalten sind. Faßt man Schriften zur Logik (d. h. Kommentare zum Organon und zu einzelnen Teilen davon) zusammen, und entsprechend Schriften zur Naturphilosophie, so ergeben sich insgesamt 2534 physikalische und 1782 logische Kommentare von insgesamt 6653.

Die Orden nun haben folgende Schriften überdurchschnittlich häufig bearbeitet (d. i. mehr als 37,95%)[13]:

Rhetorik	62%
De gen. et corr.	58%
Metaphysik	51%
De caelo	48%
De anima	43,5%
Meteorologie	42%
Kategorien	42%

S. 532 – 603; 32 (1979), S. 529 – 580; 33 (1980), S. 623 – 734; 35 (1982), S. 164 – 256.

9 Der Philosophieunterricht war zumeist den Orden anvertraut, daher konzentrieren sich die folgenden statistischen Angaben auf Angehörige von Orden und Kongregationen. Katholische Autoren von Philosophielehrbüchern, die keinem Orden angehören, wie Carolus Franciscus Abra de Raconis (Totius philosophiae tractatio, Paris 1617 u. ö.) oder Johannes Baptista Duhamel (Philosophia vetus et nova, Paris 1678) sind – zumeist auch inhaltlich – die Ausnahme.

10 Vgl. Tabelle I im Anhang.

11 D. h. Observanten, Conventuale und Kapuziner.

12 Vgl. Tabelle II.

13 Vgl. in Tabelle II die Zahlen mit dem Text "ORDEN" in der Spalte 'Orden'.

Organon	42%
Physik	40% immer aller Kommentare zu dem jeweiligen Werk.

Hinzu kommen noch 42% aller Werke, die die aristotelische Philosophie insgesamt zu kommentieren vorgeben unter Titeln wie "Universa Philosophia" oder "Cursus philosophicus".

Negative Rekorde halten Ordensleute bei den

Problemata	4% (ganze 2 Schriften)
Poetik	5% (2 Schriften)
Politik	9% (13 Titel von 139)
Ökonomik	11%
Ethik	12%
Topik	23%

Da man nun mit Statistiken bekanntlich alles beweisen kann, muß ich jetzt natürlich erläutern, was ich mit diesen Zahlen beweisen möchte.

Während außerhalb der Ordensstudien ein deutliches Schwergewicht auf der Physik und der Logik liegt, scheinen die Ordensleute sich stark für die Metaphysik zu interessieren. Nun liegt die Dominanz der Ordensschulen in der Metaphysik vorrangig an der Schwäche der Metaphysik außerhalb, wo es nur 227 Kommentare gegenüber 661 (das sind 10%) zur Physik gibt.

Daß wiederum die Rhetorik bei den Orden so hoch im Kurs zu stehen scheint, hat nichts mit Philosophie zu tun, sondern mit der humanistischen Propädeutik, und dies ist freilich eine Aussage über die Philosophie. Das sieht man an dem Ausfall in der Poetik und Topik, die ganz schwach besetzt sind, weil nicht essentiell zur Philosophie gehörig, und für die vielmehr Cicero und Horaz verwendet werden[14].

Auch die schwache Auseinandersetzung mit der Nikomachischen Ethik, der Ökonomik und der Politik ist durch Ausgrenzung aus der Philosophie zu erklären: Der Standard–Kursus der katholischen Philisophie enthält diese Fächer nicht, sie werden als Moraltheologie und anläßlich der Kommentierung der Summe des Thomas von Aquin in der Theologie behandelt[15], sofern sie nicht der Seelenlehre zugeordnet werden[16]. Dies läßt

---

14 Von den 129 Rhetorikkommentaren sind allein 114 verschiedene Auflagen des Lehrbuchs des Jesuiten Cyprianus Soarius, mit dem bezeichnenden Titel: De arte rhetorica libri III ex Aristotele et Quintiliano deprompti (Ca. 1560 bis 1735). Vgl. auch Wilfried Barner: Barockrhetorik, Tübingen 1970, S. 321 – 366; Andrea Battistini: I manuali di retorica dei Gesuiti, in: La 'Ratio studiorum', modelli culturali e pratiche educative dei Gesuiti in Italia tra Cinque e Seicento, a cura di Gian Paolo Brizzi, Roma 1982, S. 77 – 120, bes. S. 85 ff.

15 So ausrücklich die (späten) Kapuziner Gervasius Brisacensis: Cursus philosophicus, Coloniae (Schlebusch) 1711, I Praef., und Bernardus a Bononia; Institutio Philosophica praemittenda theologiae, Venetiis (Coletti) 1766, I Prol. q. 1. Zwar enthält bei den Jesuiten die Ratio stud. von 1599 'Regulae Professoris

Schlüsse auf Unterschiede zu protestantischen Autoren in der philosophischen Ethik und der politischen Philosophie (Naturrecht usw.) zu, von hier aus freilich nur ex negativo.

Am überraschendsten ist wohl das starke Gewicht der physica particularis (*De caelo*, *De generatione* usw.). Zum einen bestätigt dies die Kompetenz der Ordensautoren in physikalischen Fragen im engeren Sinne[17]. Zum anderen sind in den Traktaten dieses Inhalts wichtige spekulative Probleme zu behandeln, die die gesamte Ontologie tangieren, so die Qualitätenlehre oder das Problem des Ersten Bewegers, und dies wiederum mit Blick auf die Entwicklung in der Nuova Scienza. Wichtig aber ist, daß alle diese Titel der Einzelkommentierung für würdig befunden wurden. Denn ein großer Teil der Kommentare ist – wie schon gesagt – in den Sammeltiteln enthalten, vor allem den "Cursus philosophici".

Würde man also den Inhalt des Standardkurses auf der Basis der am häufigsten von katholischen Religiosen kommentierten Teile des Corpus Aristotelicum zusammenstellen, so müßte er die *Logik*, die *Physikvorlesung*, *De caelo*, *De generatione*, die *Meteorologie* und die *Metaphysik* enthalten. Und so ist es auch. Es ist dies eben der Inhalt der philosophischen Handbücher der katholischen Institutionen.

Philosophiae Moralis' (Pachtler 2, 344), doch beginnen sie mit der Mahnung, sui instituti nequaquam esse, ad Theologicas quaestiones digredi, und rechnen damit, daß die Ethik ein Schattendasein im Metaphysikkurs fristet. Vgl. MPSI 2, p. 256, mon. 32 (De art. lib. stud. 1565 – 72) § 14, als Nachbemerkung zur Metaphysik: Ex ethicis etiam aliqua praelegenda sunt. In der Praxis enthalten nur die wenigsten Cursus philosophici einen Ethik-Teil. Dies stellt Joseph Saenz de Aguirre OSB ausdrücklich fest: Philosophia moralis, Romae (A. de Rubeis) 1698 (Ein Nachdruck der Argyropulos-Übersetzung), Introductio cap. 1, p. 1. Johannes Poncius OFM (Philosophiae ... cursus integer, Lugduni [Arnaud/Borde] 1672) behandelt z. B. die Ethik zwischen Logik und Physik, verweist aber selbst auf Thomas' I – II und II – II, um sich auf principaliores tantum et generaliores (...) quaestiones beschränken zu können (p. 307).

16 So die Conimbricenses: Commentarii (...) in octo libros Physicorum Aristotelis, Lugduni (Pillehotte) 1610, Prooem. qu. 5 art. 1: Propterea oportet Moralem Philosophiam a naturali sumere, quae sint animae facultates (...). Für ihren eigenen Kommentar zur Nikomachischen Ethik (In libros Ethicorum Aristotelis ad Nicomachum, aliquot Conimbricensis Cursus dispatationes, Lugduni [Officina Iuntarum] 1598), betonen sie: que ab Aristotele (...) sparsim tractata sunt, in ordinem suum redacta comprehenderemus (p- 3). Vgl. Petrus Galtruchius [Gautruche]: Philosophiae, ac mathematicae totius institutio, Viennae (Blaeu) 1661, I p. 16: Animae rationalis facultates propriae sunt intellectus, et voluntas libera.

17 Vgl. z. B. die Arbeiten von Ugo Baldini, v. a.: L'attivitá scientifica nel primo Settecento, in: Storia d'Italia, Annali 3, Torino 1980, S. 513 ff.; Gabriele Baroncini: L'insegnamento della filosofia naturale nei collegi italiani dei Gesuiti (1610 – 1670): un esempio di nuovo aristotelismo, in: La 'Ratio stud.' (wie Anm. 14), S. 163 – 215.

Nach all diesen statistischen Argumenten muß noch eine Überlegung hinzukommen: Der Berichtszeitraum von 1500 bis 1650 umfaßt bekanntlich eine Zeit vielfältiger Umbrüche, von denen die Gründung des Jesuitenordens für unseren Zusammenhang der wichtigste ist, ein Zeitraum, der aber auch eine Kontinuität über die obere Grenze hinweg hat. Wenn daher bereits bis dahin 342 Gesamtkommentare entstehen, von denen 47, also 14%, aus der Feder von Jesuiten stammen, bzw. wenn Cursûs philosophici bereits fast 14% der Gesamtproduktion der Orden ausmachen, so erleben wir hier das Entstehen einer Gattung, die ihre Blüte erst nach 1650 haben und bis weit in das 18. Jahrhundert hineinreichen wird, wie sich sehr gut an den zahlreichen späteren, von Lohr verzeichneten Auflagen ablesen läßt. Man kann daher sagen, daß der Cursus philosophicus mit den Disputationen der Conimbricensis, denen von Hurtado, Arriaga, Toletus und Oviedo als Gattung etabliert und zu *der* typischen Weiterentwicklung oder Mutation des Aristoteleskommentars wird.

Dabei können wir das Phänomen beobachten, daß eben der Teil des Corpus Aristotelicum, der die Logik, die Physik und die Metaphysik umfaßt – unter Ausschluß der übrigen – zu einer Einheit zusammengeschweißt wird, die dann synonym für Philosophie stehen kann. Dies darf man getrost als die bedeutendste Leistung der katholischen Schulphilosophie ansehen. Ihre Bedeutung wird aus ihrer Genese im 16. Jahrhundert klar, ihr Sinn zeigt sich am Unterschied der Methode des Philosophierens.

III

Der Begriff der methodus, der für den Renaissance-Aristotelismus so charakteristisch ist, findet sich bei den Scholastikern nur selten, und falls doch, dann in deutlicher Abkehr von den Intentionen der Humanisten. So schreibt zwar ein Freiburger Jesuit 1629 eine Disputation "Usus rationis humanae", in der er die Inventions- und Dispositionslehre nach R. Agricola reproduziert[18]. Sein Anschluß an die Scholastik besteht nur darin, daß er inventio und iudicium (zusammen mit enunciatio) als mentis operationes auffaßt (p. 4 – 17). Diese operationes intellectus bilden aber das Grundgerüst der summulistischen Logik (d. h. hier des logischen Schnellkurses, der der eigentlichen Logik zumeist vorangestellt ist), und genau so faßt es auch der Ingolstädter Jesuit Saller[19] auf: Für ihn ist methodus syn-

---

18 Caspar Ruthard: Usus rationis humanae, Friburgi Brisg. (Meyer) 1629, im Anhang nach p. 99: Mantissa ex Rudolpho Agricola.

19 Johannes Sallerus: Disputatio logica de methodo, Ingolstadii (Eder) 1592, n. 4: Hinc cum nos logicae obiectum statuamus mentis operationes, convenienter quoque nostrae opinioni Methodum a numero partium dialecticarum exclusam volumus. Neque enim distincta pars esse potest id, quod non est operatio, sed potius modus quidam seu directio operationum naturalis quae consistat intrin-

onym mit Logik insgesamt, eine davon zu unterscheidende Methodenlehre ist ihm suspekt[20], weil beide sich nach materia und obiecta der mentalen Operation zu richten haben. Weil Saller gerade noch methodisch zu sehen in der Lage ist, kann er die Wissenschaften nach ordo doctrinae und ordo naturae unterscheiden, beide sind aber der operatio äußerliche Ordnungen, die von der Dignität und der certitudo der Wissenschaften sehr wohl getrennt zu halten sind[21].

Auch bei dem stark humanistisch beeinflußten Eustachius a S. Paulo (bekannt als die angeblich scholastische Quelle Descartes')[22] ist methodus gleichbedeutend mit consuetus docendi mos, doch bezieht sich seine Bemerkung auf die Versicherung, alle Themen suo loco zu behandeln, unter Zulassung von Ausnahmen, etwa der Abhandlung der Universalien statt in der Metaphysik in der Logik[23]. Und auf die Bedeutung des Zulassens derartiger Umsetzungen werde ich noch zurückkommen.

Für die Erben der Barockscholastik, die Neuscholastiker des 18./19. Jahrhunderts, jedenfalls ist methodus gleichbedeutend mit Disputationsre-

---

sece in ordine quem habet mentis operatio ad suam veram materiam; extrinsece vero in ordine quem habet ad entia rationis, mentalem operationem circa obiectum occupatam consequentia. n. 50: methodum et operationes mentis non realiter sed ratione tantum distingui.

20 Vgl. auch Bartholomaeus Mastrius/Bonaventura Bellutus: Institutiones logicae, quas vulgo summulas vel logicam parvam nuncupant, Venetiis (Ginammi) 1646, pars I, n. 126, p. 308: Methodus autem, sive ordo in scientiis tradendis, quamvis valde iuvet mentis directionem, non tam est instrumentum ab illos [sc. Definitio, Divisio, Argumentatio] condistinctum, quam communis illorum recta quaedam disposito, ut bene dirigent cognitionem nostram (…).

21 Je nach ordo ergibt sich eine andere Reihenfolge der Disziplinen (n. 43 – 46): ordine doctrinae extrinseco: Logik, Mathematik, Physik, Ethik, Metaphysik; ordine naturae extrinseco: (vorab Logik) Metaphysik, Physik, Mathematik, Ethik; ordine dignitatis: Metaphysik, Physik, Logik, Ethik, Mathematik; ordine certitudinis: Mathematik, Logik, Metaphysik, Physik, Ethik.

22 Was Etienne Gilson in seinem Index Scolastico-Cartésien (2. Aufl. 1966, Repr. Paris 1979; Nr. 285, p. 181 – 184) zitiert, sind in der Tat die Gemeinplätze der humanistischen Methodendiskussion, deren Rückbindung an Scholastik allenfalls darin besteht, daß Eustachius die methodus von der scientia sachlich abhängig macht (p.182: methodus non est quaelibet, nec cujuslibet rei dispositio (…) sed apta plurium definitionum, enunciationum, ratiocinationum, etc. ad eandem scientiam pertinentium ordinatio) und die Divisionsmethode in der Arbor Porphyriana, also ontologisch legitimiert sein läßt (p. 184).

23 Eustachius a S. Paulo OCist: Summa Philosophiae, Parisiis (Chastellain) 1614, I Praef. p. 3: Quod ad methodum sive ordinem spectat (…) ut suo quaeque res loco tracetur, nisi forte aliud doctrinae ac facilitatis ratio nonumquam postulaverit (…). Methodus ist also zunächst gerade nicht der ordo doctrinae.

geln[24]. Sie können sich dabei auf eine feste Tradition berufen, die ich hier nicht weiter mit unbekannten Namen belegen will[25]. Die Form der Disputation, die ja auch die Praxis der Universitätsprüfungen bestimmte, folgte strengen Regeln[26] des Behauptens, Beweisens und Widerlegens nach syllogistischer Kunst, und gerade diese wurde in den Summulae (= Logik = Methode) gelehrt[27]. Daher wurde diese Scholastik auch als philosophia polemica[28] oder philosophia contentiosa verstanden und dies ausdrücklich in Entgegensetzung zu philosophia experimentalis[29].

Selbst wenn die cartesianische methodus geometrica propagiert wird, wird die Option für einige Gegenstände offengehalten, die sich ihr entzie-

---

24 Z. B. Carolus Josephus a S. Floriano OFM obs: Joannis Duns Scoti philosophia nunc primum recentiorum placitis accomodata, I, Mediolani (Typ. Morelliana) 1771, S. 483 – 551, bes. die Regeln zur inventio S. 484 – 489 (vgl. 44 – 47).

25 Z. B. Antonius Casilius SJ: Introductio in Aristotelis logicam et reliquas disciplinas, Coloniae (Busaeus) 1692 (1. Aufl. 1619), p. 23: Methodus est (…) dispositio, et coordinatio difficultatum, quaestionum, et reliquorum omnium, quae in tali disciplina traduntur, ut quaedam prius, quaedam posterius collocentur, iuxta ipsarum rerum exigentiam. p. 24: Cum quaelibet quaestio tota sit (…) duplicem methodum servari; primam quidem ut aliena prius proponantur, deinde propria; secundum ut prius propria, deinde aliena (…); Ludovicus Babenstuber OSB: Philosophia Thomistica Salisburgensis, Augustae Vind. (Schlüter) 1706, I p. 42 – 45; Eberhard Ruedorffer: Salisburgensis Thomista, Salisburgi (Mayr) 1732, Log. cap. 1, Vorbem.; Fortunatus a Brixia OFM: Philosophia mentis methodice tractata, Brixiae (Rizzardi) 1749, I p. 172.

26 Stanislav Sousedík: Technika filosofické disputace v 17 století, in: Filosofický časopis 15 (1967), S. 132 – 152 (ausgehend von Caramuel); Willem Audenaard OCD: Verantwordelijken voor het studieleven binnen de beide Karmelorden in de Zuidelijk Nederlanden Eijdens de zeventiende en achtiende eeuw, Gent 1977, S. 60 – 65. Für das Mittelalter vgl. Lambert Marie de Rijk: Die mittelalterlichen Traktate De modo opponendi et respondendi, Münster 1980, bes. Kap. 7. Über die äußere Form der Disputation bei den Jesuiten s. Rat. stud. 1599, Reg. Praef. stud. § 1 – 20, Pachtler 2, S. 276 – 282, und Pachtler 4, Register s. v.

27 Sebastianus Dupasquier OFM conv.: Summa Philosophiae, tom. I, Logica, Lugduni (Briasson) 1693, Prolusio 11: De Methodo: Est ergo methodus, apta collocatio, seu dispositio partium scientiae (…) et haec duplex est, Sc. Dispositionis et Inventionis. Haec nihil aliud mihi videtur quam regula quaedam excogitandis argumentis aptissima: illa vero sc. Dispositionis est rerum coordinatio quae in aliqua scientia traduntur (…). Folgt Prolusio 12: Leges disputationis Philosophicae.

28 Martinus Gottseer SJ: Philosophia polemica. Secundum Aphorismos Aristotelis Stagiritae, Graecii (Widmanstad) 1690. Dieses ungewöhnliche Buch besteht aus zu verteidigenden Thesen abwechselnd aus der Philosophie und (in doppelsinniger Auslegung von "polemicus") der Kriegskunst.

29 Adam Pfister SJ: Universa philosophia eclectica antiquo–nova, sive contentiosa et experimentalis, Würzburg (Kegler) 1747.

hen[30]. Noch 1751 wird für die Physik der Jesuiten dekretiert, ut in istis quaestionibus et disputationibus Physicae experimentalis retineatur methodus syllogistica, ne excurratur in longiores aut mere historicas[31] narrationes[32]. Wenn sich aber Autoren auf die Methodendiskussion einlassen, und dies geschieht erst zum Ende des 17. Jahrhunderts, so in ausdrücklichem Anschluß an den Renaissance-Aristotelismus. Der Benediktiner Anselm Desing fordert 1741, endlich ein Einheitslehrbuch für den Philosophie-Unterricht zu schaffen, und wie durch einen Zufall exerpiert er daneben Campanellas Methoden-Kapitel[33]. Eusebius Amort behauptet (1730), sein Vorbild J. B. Duhamel[34] verschärfend, die Wolffsche Methode sei von Eck und Zabarella längst und viel besser durchgeführt worden[35]. Obwohl nun Amort selbst noch einmal einen scholastischen Kursus zu schreiben versucht, kann er doch nicht umhin festzustellen, daß methodus allein nicht hinreicht, sondern einer magna idearum variarum copia, einer breiten eruditio bedarf, damit die methodus auf die confusae cognitiones appliziert werden kann[36]. Genau dies aber trennt die humanistische von der scholastischen Methode.

Kernstück der syllogistischen Disputation ist die distinctio. Sehr knapp und klar wird die distinctio in einem Handbüchlein von Georg Reeb SJ[37] definiert:

---

30 Johannes Baptista Ptolemaeus SJ: Philosophia mentis et sensuum Secundum utramque Aristotelis methodum pertractata Metaphysice, et empirice, Augustae Vind. et Dilingae (Bencard) 1698, Ad lectorem: si geometrice omnino philosophica pertractentur (...) nec in omni passim proposito ad philosophandum argumenti praestare posse: nisi tantum in specie: efficta videlicet non inventa serie et propagine propositionum (...).

31 Gemeint sind vermutlich umfangreiche Berichte über Experimente, wie man sie etwa bei Lana-Terzi SJ finden kann: Franziscus Tertius de Lanis: Magisterium naturae, et artis. Opus physico-mathematicum, Brixiae (Ricciardi) 1684.

32 Congr. gen. 17, decr. 13 (Pachtler 1, S. 105).

33 Marcellinus Reischl OSB: Philosophia aristotelica (...). Subsidia (...) adjecit P[ater] A[selmus] D[esing] E[nsdorfensis], Salisburgi (Mayr) 1741, I Vorwort (von Desing), p. 154 – 158 im Kapitel "Methodus" Auszug aus Campanella, Syntagma de prop. lib. ad Gabrielem Naudaeum, cap. 2 u. 3. Das Buch ist Desings Bearbeitung der Schrift Reischls für die Ettaler Akademie: Illustris Adolescentis annus philosophicus, Kempten (Stadler) 1738.

34 [Jean Baptist Duhamel:] Philosophia vetus et nova ad usum scholae accomodata in Regia Burgundia novissimo hoc biennio pertractata, Parisiis (Michallet) 1678, I p. 35 über methodus prudentiae und artis (= dialectica).

35 Eusebius Amort CRL: Philosophia Pollingana ad normam Burgundicae, Augusta Vind. (Veith) 1730, p. 583.

36 Ebd. p. 10.

37 Georgius Reeb SJ: Distinctiones philosophicae, Dilingae (Rem) 1624; Ders.: Axiomata philosophica, ebd. 1625; beides zusammen: Distinctiones et Axiomata philosophica, Coloniae (Kinchius) 1642 u. ö. Ich zitiere aus Georgius

est multiplicis sensus explicatio, et separatio unius partis, cum qua veritas propositionis stare non potest.

Obwohl die distinctio auf den ersten Blick ein sprachanalytische Ausfaltung der Semantik zu sein scheint

Fundatur haec distinctio formalis (...) secundo in multiplici vocum significatione, quae distinctione aperienda est,

beansprucht sie doch "nur", die Auffächerung der Sachverhalte zu geben, wie sie a parte rei vorliegen. Denn zu allererst gründet sie in distinctione obiectiva, und deshalb

tunc distinctio, quam adhibemus, vera est, si res ipsae, de quibus tunc sermo, hoc modo inter se sint distinctae, vel tanquam distinctae a nostro intellectu apprehendi petant, supposito in re aliquo saltem fundamento.

Unter vollständiger Umgehung aller skeptischen Einwände gegen eine Korrelation von res und verba beansprucht die scholastische Distinktion, solche Sätze ausschalten zu wollen, die deshalb unsinnig sind, weil sie nicht "sachhaltig" sind, weil sie kein fundamentum in re haben. Es versteht sich von selbst, daß dann auch die Distinktionen selbst und ihre modi unterschieden werden können, wiederum je nach der Form der Sache, die sie auf der positiven Seite hervorheben[38]. Die Distinktionen manifestieren (mit den Worten des Skotisten Mastrius) rerum multiplicitatem, et confusionem – und sind deshalb ein zentrales Stück Metaphysik innerhalb der Logik[39].

Auch wenn es uns – humanistisch Gebildeten – gar nicht behagen mag (aber es tröstet vielleicht, daß diese Scholastik sich bald auf der Verliererseite befand), diese Wissenschaft ist ontologisch fundiert und sonst gar nicht.

Benedictus Pererius[40] z. B. war durchaus in der Lage, die mathematische

---

Reeb: Thesaurus philosophorum seu distinctiones et axiomata philosophica, hrsg. v. J. M. Cornoldi, Paris 1875, p. XI f. Cornoldi († 1892) ist ein führender Vertreter des Neuthomismus, und Ludwig Schütz schließt mit seinem Thomas-Lexikon (² Paderborn 1895, p. IV) explizit an Reeb an.

38 Franciscus Suarez: Disputationes metaphysicae, Paris 1866 (hrsg. v. Vivès, Repr. Hildesheim 1965), disp. 7, Vorwort: ut ex Aristotele sumitur, 2. Post., cap. 14, uniuscujusque rei essentia et quidditas per divisionem seu distinctionem attingitur, nam dividendo unum ab alio ad propriam uniuscujusque rei definitionem pervenitur; unde, quam est difficile rerum essentias cognoscere, tantundem est varios gradus et modos distinctionum explicare.

39 Mastrius (wie Anm. 20) pars I, n. 130, p. 136: Sed quia non minus distinctio, quam divisio valde iuvant ad manifestandum rerum multiplicitatem et confusionem (...) exacta namque de his tractatio ad Metaphysicam spectat.

40 Entgegen einer verbreiteten Ansicht und trotz der zahlreichen Auflagen seiner Bücher war Benito Pereyra durchaus kein maßgeblicher Philosoph der Jesuiten, weil er des Averroimus' verdächtig war: MPSI 2 - 4, Index s. v.

Methode zu würdigen, gerade in ihrem Grad an certitudo[41]. Leider aber verdankt die Mathematik ihre certitudo dem subiectum, nämlich der Quantität, die sich durch Sinnlichkeit und zugleich Leichtigkeit der Abstraktion auszeichnet, nicht aber dem wissenschaftsbildenden Hinblick auf die Sache:

> Nam longe aliud est, considerare scientiam ut est quidam habitus et qualitas aegre mobilis a subiecto (...), et aliud, prout habet ordinem ad subiectum, id est, ad res quas tractat (...)[42]

Daher ist die Mathematik für ihn im strengen Sinne gar keine Wissenschaft[43], weil sie die causae propriae nicht beweist und nicht beweisen kann[44]. Die quantitas ist subiectum der Mathematik, was aber Quantität ist, nämlich ein Akzidens, damit befassen sich Physik und Metaphysik. Physik und Metaphysik sind beides Wissenschaften, und sie sind als habitus auch gleich, ihren Gegenständen nach aber sind sie verschiedene Wissenschaften[45] – und darauf kommt es an. Obwohl also Pererius den wissenschaftlichen Rückbezug auf die Erkenntnisleistung in der Lage ist zu denken, zieht er die Bestimmung der Wissenschaft a parte obiecti vor.

IV

Was hat das alles noch mit Aristoteles zu tun? Die Philosophen der Zweiten Scholastik haben sich aus dem Corpus Aristotelicum den ontologi-

---

41 Benedictus Pererius: De communibus omnium rerum naturalium Principiis et Affectionibus libri quindecim, Lugduni (a Porta) 1588, lib. 3, cap. 4, p. 120 f; lib. 1, cap. 16, p. 53 f.
42 Ebd. lib. 1, cap. 11, p. 39.
43 Kein Wunder: "Mathematics does not enter into the science in such a way as to affect the very kind of knowledge sought." bemerkt Patricia Reif: The Textbook Tradition in Natural Philosophy 1600 – 1650, in: Journal of the History of Ideas 30 (1969), S. 17 – 32, hier 23; das liegt an dem Wissenschaftskonzept, auch wenn dies in nach–baconischer Perspektive "Leaves much to be desired" (22). Vgl. A. C. Crombie: Mathematics and Platonism in the Sixteenth–Century Universities and in Jesuit Educational Policy, in: Prismata, Naturwissenschaftliche Studien (Fs. Williy Hartner), Wiesbaden 1977, S. 63 – 94; P. R. Blum: Sentiendum cum paucis, loquendum cum multis: Die aristotelische Schulphilosophie und die Versuchungen der Naturwissenschaften bei Melchior Cornaeus SJ, in: Aristoteles – Werk und Wirkung (Fs. Paul Moraux) II, Berlin 1987, S. 538 – 559.
44 Pererius cit., lib 1, cap. 12, p. 40: Mathematicus neque considerat essentiam quantitatis, neque affectiones eius tractat prout manant ex tali essentia, neque declarat eas per proprias caussas, propter quas insunt quantitati, neque conficit demonstrationes suas ex praedicatis propriis, et per se; sed ex communibus, et per accidens, ergo doctrina Mathematica non est proprie scientia.
45 Ebd. cap. 11, p. 39 u. cap. 12, p. 43.

schen Teil herausgeschnitten und zu Philosophie gemacht. Zwar lesen sie den humanistisch aufbereiteten Text, aber – unter ontologischer Sicht und dank Abschneidens der gesamten Methodendiskussion – gibt es keine externen Dispositionskriterien des philosophischen Feldes, außer wiederum der Ontologie.

Wie sich also Logik, Physik und Metaphysik zu einander verhalten, hängt ausschließlich von der Bestimmung (distinctio) ihrer Objekte ab. Die Geschichte der Entstehung und Entwicklung des Cursus philosophicus ist daher ein völlig anarchischer (nämlich von keinem übergeordneten Kriterium gesteuerter) Prozeß, in dem fast alle möglichen Varianten vorkommen, solange das Gesamtfeld der Philosophie gemeinsam ist. Ein Prozeß, der auch nie zu einem Ende gekommen ist, sondern in der Aufklärung ausläuft.

Um ein Beispiel zu geben: Es ist für die Gesamtthematik des Kurses einerlei, ob das Objekt der Logik die operationes mentis oder die entia rationis sind; in jedem Falle muß die ontologische Dignität des ens rationis geklärt werden, sei es nun in der Metaphysik (wo zu überlegen ist, ob ens reale und ens rationis einen univoken Seinsbegriff enthalten), sei es in der Logik, die feststellen muß, daß das ens rationis selbst dann ein esse subiectivum in intellectu hat, wenn es ein bloßes Hirngespinst ist. Der erwähnte Pererius bietet ein Beispiel der maximalen Ausweitung der Physik, der berühmte F. Suarez dehnt die Kompetenz der Metaphysik weit in die Physik und Logik aus, Paulus Vallius (alle drei lehrten am Collegium Romanum) schreibt zwei Bände Folio zur Logik, usw.

Iacobus Ledesma startete 1561 eine Umfrage unter den Professoren des Collegium Romanum, welche Themen der philosophische Kurs enthalten sollte[46], und schon diese Umfrage rechnet mit der freien Disponibilität der ontologischen Masse: Derselbe Pererius plädiert für mehr Metaphysik[47], andere rechnen mit der Praxis der knapper werdenden Zeit (und ich komme auch gleich zum Ende) und wollen das wichtigste aus der Metaphysik gleich im ersten Jahr behandelt wissen[48]. Aus diesem brainstorming

---

46 MPSI 2, mon. 62 – 68; mon. 69 der Bericht Ledesmas über die Konsultationen, der freilich für die Philosophie nur noch äußere Kriterien behandelt: doctrinae unitas, Forderung nach Einheitslehrbuch, Disputationen, docendi mos, opiniones (p. 474 – 479).

47 Ebd. mon. 67, p. 459.

48 Ebd. mon. 65 (Iacobus Acosta), p. 448: Quod Metaphysicam, cum hoc sit ultimum, explicabit quot libros potuerit ex illis duodecim.; p. 452: Videat ergo, qui cursum artium docet, quomodo integram hanc scientiam tradat impermixtam aliis. Vgl. De art. lib. stud. (1565 – 72), ebd. mon. 32, p. 256: si (…) temporis angustiis intercludetur magister, cum prooemio primi [sc. libri Metaph.], libros quintum, septimum et duodecimum sibi plene esse enarrandos intelligat. Wichtig ist hier die freie Disponibilität nach Organisationskriterien. Vgl. Fonseca in Anm. 50.

sollte dann ein Einheitslehrbuch[49] in Auftrag gegeben werden: der Standardkursus, über den ich hier hätte referieren sollen. Die Conimbricenses wurden beauftragt[50], aber deren Kommentare wie die des Toletus blieben unbefriedigend[51]. Der Ruf nach einem Einheitslehrbuch[52] wurde auf der 7. Generalkongregation (1615/16) beschieden:

> nihil hac de re in praesentiarum ob varias gravesque a multis in medium allatas causas statuendum, nec videri nunc idoneum huic rei tempus esse[53].

Schon auf der 5. Generalkongregation (1593/94) wurden Zweifel an der Durchführbarkeit des Projekts laut und wollte man sich lieber auf einen catalogus opinionum beschränken[54]. Schließlich verständigte man sich auf Listen von Themen, die nicht behandelt werden durften[55], und beschloß,

---

49 Storia della Campagnia di Gesù in Italia 4: Mario Scaduto: L'epoca di Giacomo Lainez, L'azione, Roma 1964, S. 284 – 288.

50 MPSI 2, mon. 69 (1564 – 65), p. 474; 3, mon. 151 (1561, Anweisungen H. Nadals an die Conimbricenser), p. 60; mon. 213 (1562, Brief Fonsecas an Nadal), p. 317 – 320; mon. 285 (1570), p. 488 f., berichtet Fonseca darüber an den General F. Borgia und schlägt vor: "que sería más a propósito començar por la metaphysica, para más expedición de las cosas, y mayor brevedad de lo demás" – das umgekehrte Verfahren sollte sich durchsetzen.

51 Am 31.12.1602 (d. h. die Schriften der Conimbricenses, Fonsecas und Toledos liegen schon vor) schreibt Ludovico Masselli (Assistente d'Italia) an Claudio Aquaviva: "Una delle cose principali commessemi de V. P. Istruzione della Visita de i studij è stata l'elettione da farsi per consulta d'uomini intelligenti, e versati ne i studij, di qualche Autore o libro, il quale si legga nelle nostre Scuole da i Maestri di Filosofia." Aber: "communemente sono convenuti in questo, che al presente non si sia libro, o autor tale, che per autorità, e sodezza d'opinioni, e di dottrina si possa, e debba proporre per le nostre scuole, e massimamente che nel corso Conimbricense, e nel Toledo si desiderano molte cose (…)." Archivum Romanum Societatis Iesu (ARSI), Inst. 25ᵇ, fol. 360 r/v. (Für Rat und Hilfe bin ich P. Edmond Lamalle zu Dank verpflichtet.) – Dasselbe berichtet Leonardus Cratzerus am 22.8.1603 von einer Visitation der Kollegien in Österreich: Omnes desiderant ut P. Soarez edat cursum philosophicum, quem solum sperant satis facturum. ARSI Austr. 21, fol. 31 r.

52 Z. B. MPSI 3, mon. 147 (1571) p. 43 – 44; 4, mon. 36 (1579), p. 302, 303, 307 f. Congr. gen. V (1593/94) decret. 70 (Institutum wie Anm. 7): ut auctoritate Congregationis conficeretur aliquis Cursus Philosophicus, quo Nostri in Societate uterentur, omnibus communis; placuit Congregationi: ut id P. Generalis iudicio relinqueretur.

53 Pachtler 1, S.89.

54 ARSI Fondo ges. 38 (unpaginiert), fol. [I 1 r/v]: Actio die 12. Jan.: Nam si unus faciat aliis non satisfiat, si plures in unam summam convenire unusquisque suam sententiam probabit aliorum reijcere sit non conveniens (…). (…) sed si ex antiquis ac recentioribus colligatur una summa ingens erit volumen.

55 Die wichtigste ist die von der 9. Generalkongregation beschlossene und von F. Piccolomini 1651 verkündete Ordinatio pro Studiis superioribus (Pachtler 3,

kein Einheitslehrbuch zu publizieren, wohl auch weil Abweichungen davon sonst künftig zu ahnden wären[56]. So schrieb denn, wer immer es sich zutraute, einen eigenen Cursus, immer in der lauteren Absicht, den Standard rein und vollständig zu repräsentieren.

Anhang: Tabellen

Zwei Tabellen zur statistischen Auswertung der Bibliographie der Aristoteles-Kommentare von Ch. Lohr (s. Anm. 8). *Tabelle I* zeigt den Anteil von Ordensmitgliedern in absoluten und Prozentzahlen, dazu die Zahl der Autoren je Orden und deren Prozentanteil bezogen auf alle Ordensleute. *Tabelle II* gibt eine Liste der aristotelischen Werke mit der Zahl der Kommentare je Orden (wo keine Angabe steht, sind sonstige Autoren zusammengefaßt) und dem prozentualen Anteil. Hierfür wurden die bibliographischen Angaben auf Titelstichworte vereinfacht. Einige Titel, die nur Spezialfragen behandeln (z. B. De tempore), wurden übergangen.

S. 77 – 98). Auf der 12. (1682), 14. (1696/97), 16. (1730/31) und 18. (1755/56) wurde die Wiederholung bzw. Erneuerung von Listen verbotener Lehrsätze gefordert (Pachtler 3, S. 99, 101, 104, und Institutum, [wie Anm. 7] II 444).

56 ARSI Austr. 21, fol. 36r/v enthält eine Deliberatio de certo auctore philosophis explicando von ca. 1603, in der die Österreichische Provinz Vor- und Nachteile eines Einheitskurses abwägt, ex parte praeceptorum, ex parte discipulorum und ex parte rei ipsius, und die gängigen Argumente zusammenfaßt: Man könnte sich das ermüdende Diktat sparen, obwohl dieses für die Aufmerksamkeit des Lehrenden wie der Lernenden förderlicher ist. Der Sache nach wird wiederum festgestellt, daß weder Toletus noch die Conimbricenses befriedigend sind. Auch von einem Einheitslehrbuch kann man abweichen, was Anlaß zu Auseinandersetzungen zwischen Präfekten und Professoren werden kann, zumal es Fragen gibt, in quibus alterutra pars sine specie novitatis defendi potest. Vor allem aber würde ein solches Lehrbuch – ob nun auf der Basis eines Neuen oder Alten – die Jesuiten zu einer Schule (analog den Thomisten) stempeln, so daß magis consultum videtur, ut absque certi auctoris nomine cursus Societatis ederetur. Aber in jedem Falle vel in aliquo ab ea discedere licitum foret, vel in nullo. illud turpe esset filio Societatis, istud nimis grave: et quemadmodum iniquum quodammodo; cum enim Deus quaedam incerta esse voluerit, et id humani intellectus ratio ferat, ut alius aliter de rebus iudicet fidei et morum ullo detrimento. Es folgt ebenfalls die Forderung nach einem Katalog von zu vermeidenden Lehrsätzen.

Tabelle I

Orden	Werke	Prozent	Autoren (Ordensmitglieder)	Prozent
ohne Orden	4128	62,05%	offen	
SJ	1327	19,95%	283	51,08%
OP	541	8,13%	99	17,87%
OFM	291	4,37%	59	10,65%
OESA	92	1,38%	29	5,23%
OCarm	81	1,22%	26	4,69%
OSB	80	1,20%	14	2,53%
OCist	23	0,35%	6	1,08%
OCart	18	0,27%	2	0,36%
OdeM	16	0,24%	6	1,08%
OFMca	12	0,18%	7	1,26%
CRSA	7	0,11%	2	0,36%
OST	7	0,11%	2	0,36%
OServ	5	0,08%	3	0,54%
OCD	4	0,06%	2	0,36%
Sr	4	0,06%	1	0,18%
CCRR	3	0,05%	4	0,54%
CRL	3	0,05%	1	0,18%
CRM	3	0,05%	1	0,18%
OTheat	2	0,03%	2	0,36%
CCRRM	1	0,02%	1	0,18%
CRS	1	0,02%	1	0,18%
Cl.Re	1	0,02%	1	0,18%
FMF	1	0,02%	1	0,18%
OSH	1	0,02%	1	0,18%
OSJac	1	0,02%	1	0,18%
GESAMT	6653	100%	554	100%

Tabelle II

Werk	Anzahl	Orden	Prozent
Anal.Post.	157		69.16
Anal.Post.	3	OCarm	1.32
Anal.Post.	1	OCart	0.44
Anal.Post.	1	OESA	0.44
Anal.Post.	1	OFM	0.44
Anal.Post.	1	OFMco	0.44
Anal.Post.	1	OFMob	0.44
Anal.Post.	50	OP	22.03
Anal.Post.	12	SJ	5.29

Werk	Anzahl	Orden	Prozent
Anal.Post.	70	ORDEN	30.84
Anal.Pri.	68		73.91
Anal.Pri.	2	OCarm	2.17
Anal.Pri.	1	OCart	1.09
Anal.Pri.	2	OESA	2.17
Anal.Pri.	10.	OP	10.87
Anal.Pri.	9	SJ	9.78
Anal.Pri.	24	ORDEN	26.08
Anima	341		56.55
Anima	1	CCRR	0.17
Anima	2	CRL	0.33
Anima	1	OCD	0.17
Anima	7	OCarm	1.16
Anima	1	OCist	0.17
Anima	6	OESA	1.00
Anima	2	OFM	0.33
Anima	1	OFMca	0.17
Anima	13	OFMco	2.16
Anima	10	OFMob	1.66
Anima	65	OP	10.78
Anima	7	OSB	1.16
Anima	1	OST	0.17
Anima	1	OServ	0.17
Anima	1	OdeM	0.17
Anima	142	SJ	23.55
Anima	1	SJ/OS	0.17
Anima	262	ORDEN	43.49
Caelo	128		51.82
Caelo	4	OCarm	1.62
Caelo	8	OESA	3.24
Caelo	1	OFM	0.40
Caelo	1	OFMca	0.40
Caelo	2	OFMco	0.81
Caelo	10	OP	4.05
Caelo	6	OSB	2.43
Caelo	1	OST	0.40
Caelo	86	SJ	34.82
Caelo	119	ORDEN	48.17
Causis	1	OESA	25.00
Causis	3	OP	75.00
Causis	4	ORDEN	100.00
Ethik	443		88.07
Ethik	1	OCarm	0.20
Ethik	1	OCist	0.20

Werk	Anzahl	Orden	Prozent
Ethik	1	OESA	0.20
Ethik	1	OFM	0.20
Ethik	4	OP	0.80
Ethik	2	OSB	0.40
Ethik	1	OSJac	0.20
Ethik	1	OdeM	0.20
Ethik	47	SJ	9.34
Ethik	1	Sr	0.20
Ethik	60	ORDEN	11.94
Ethik Eude	1	SJ	100.00
Ethik Eude	1	ORDEN	100.00
Ethik Magn	7		87.50
Ethik Magn	1	SJ	12.50
Ethik Magn	1	ORDEN	12.50
Gen.anim.	3		75.00
Gen.anim.	1	SJ	25.00
Gen.anim.	1	ORDEN	25.00
Gen.et cor	120		41.96
Gen.et cor	5	OCarm	1.75
Gen.et cor	9	OESA	3.15
Gen.et cor	3	OFM	1.05
Gen.et cor	1	OFMca	0.35
Gen.et cor	9	OFMco	3.15
Gen.et cor	2	OFMob	0.70
Gen.et cor	15	OP	5.24
Gen.et cor	7	OSB	2.45
Gen.et cor	1	OST	0.35
Gen.et cor	1	OServ	0.35
Gen.et cor	1	Ocist	0.35
Gen.et cor	1	OdeM	0.35
Gen.et cor	110	SJ	38.46
Gen.et cor	1	SJ/OS	0.35
Gen.et cor	166	ORDEN	58.04
Hist.anim.	6		100.00
Ingr.anim.	2		100.00
Interpret.	75		65.22
Interpret.	1	OCarm	0.87
Interpret.	1	OCart	0.87
Interpret.	2	OESA	1.74
Interpret.	1	OFM	0.87
Interpret.	20	OP	17.39
Interpret.	1	OSB	0.87
Interpret.	1	OServ	0.87
Interpret.	13	SJ	11.30

Werk	Anzahl	Orden	Prozent
Interpret.	40	ORDEN	34.78
Isagoge	113		61.08
Isagoge	1	CRSA	0.54
Isagoge	1	OCD	0.54
Isagoge	1	OCarm	0.54
Isagoge	1	OCart	0.54
Isagoge	2OESA	1.08	
Isagoge	2	OFM	1.08
Isagoge	2	OFMco	1.08
Isagoge	3	OFMob	1.62
Isagoge	35	OP	18.92
Isagoge	9	OSB	4.86
Isagoge	1	OdeM	0.54
Isagoge	13	SJ	7.03
Isagoge	1	Sr	0.54
Isagoge	72	ORDEN	38.91
Kategorien	106		57.92
Kategorien	1	OCarm	0.55
Kategorien	1	OCart	0.55
Kategorien	2	OESA	1.09
Kategorien	3	OFM	1.64
Kategorien	1	OFMca	0.55
Kategorien	1	OFMco	0.55
Kategorien	2	OFMob	1.09
Kategorien	52	OP	28.42
Kategorien	1	OSB	0.55
Kategorien	12	SJ	6.56
Kategorien	1	SJ/OS	0.55
Kategorien	77	ORDEN	42.10
Mechanica	13		86.67
Mechanica	1	CCRR	6.67
Mechanica	1	OSB	6.67
Mechanica	2	ORDEN	13.34
Metaphysik	227		49.03
Metaphysik	1	CRL	0.22
Metaphysik	1	CRM	0.22
Metaphysik	1	CRSA	0.22
Metaphysik	10	OCarm	2.16
Metaphysik	1	OCist	0.22
Metaphysik	5	OESA	1.08
Metaphysik	7	OFM	1.51
Metaphysik	1	OFMca	0.22
Metaphysik	16	OFMco	3.46
Metaphysik	5	OFMob	1.08

Werk	Anzahl	Orden	Prozent
Metaphysik	43	OP	0.29
Metaphysik	3	OSB	0.65
Metaphysik	1	OSH	0.22
Metaphysik	1	OST	0.22
Metaphysik	1	OdeM	0.22
Metaphysik	138	SJ	29.81
Metaphysik	1	Sr	0.22
Metaphysik	236	ORDEN	51.02
Meteorol.	139		57.68
Meteorol.	1	FMF	0.41
Meteorol.	3	OCarm	1.24
Meteorol.	5	OESA	2.07
Meteorol.	2	OFM	0.83
Meteorol.	2	OFMca	0.83
Meteorol.	10	OFMco	4.15
Meteorol.	6	OP	2.49
Meteorol.	6	OSB	2.49
Meteorol.	1	OST	0.41
Meteorol.	66	SJ	27.39
Meteorol.	102	ORDEN	42.31
Mundo	12		100.00
Oeconomica	50		89.29
Oeconomica	1	OESA	1.79
Oeconomica	3	OP	5.36
Oeconomica	2	SJ	3.57
Oeconomica	6	ORDEN	10.71
Organon	678		58.20
Organon	1	CCRRM	0.09
Organon	1	CRM	0.09
Organon	1	CRS	0.09
Organon	3	CRSA	0.26
Organon	1	OCD	0.09
Organon	8	OCarm	0.69
Organon	4	OCist	0.34
Organon	19	OESA	1.63
Organon	5	OFM	0.43
Organon	19	OFMco	1.63
Organon	5	OFM	0.43
Organon	19	OFMco	1.63
Organon	51	OFMob	4.38
Organon	102	OP	8.76
Organon	16	OSB	1.37
Organon	1	OST	0.09
Organon	1	OServ	0.09
Organon	2	OThea	0.17

Werk	Anzahl	Orden	Prozent
Organon	5	OdeM	0.43
Organon	246	SJ	21.12
Organon	1	Sr	0.09
Organon	487	ORDEN	41.80
Part.anim.	13		100.00
Parva nat.	85		75.22
Parva nat.	4	OCarm	3.54
Parva nat.	3	OP	2.65
Parva nat.	3	OSB	2.65
Parva nat.	18	SJ	15.93
Parva nat.	28	ORDEN	24.77
Physik	661		59.93
Physik	1	CRM	0.09
Physik	2	CRSA	0.18
Physik	1	Cl.Re	0.09
Physik	1	OCD	0.09
Physik	12	OCarm	1.09
Physik	3	OCist	0.27
Physik	15	OESA	1.36
Physik	10	OFM	0.91
Physik	2	OFMca	0.18
Physik	18	OFMco	1.63
Physik	59	OFMob	5.35
Physik	94	OP	8.52
Physik	5	OSB	0.45
Physik	1	OST	0.09
Physik	1	OServ	0.09
Physik	4	OdeM	0.36
Physik	212	SJ	19.22
Physik	1	SJ/OS	0.09
Physik	442	ORDEN	40.06
Plantis	5		100.00
Poetik	40		95.24
Poetik	1	OFMco	2.38
Poetik	1	SJ	2.38
Poetik	2	ORDEN	4.76
Politik	126		90.65
Politik	1	OESA	0.72
Politik	3	OP	2.16
Politik	5	OSB	3.60
Politik	4	SJ	2.88
Politik	13	ORDEN	9.36
Problemata	52		96.30
Problemata	2	SJ	3.70
Problemata	2	ORDEN	3.70

Werk	Anzahl	Orden	Prozent
Rhetorik	79		37.98
Rhetorik	2	OESA	0.96
Rhetorik	1	OFMco	0.48
Rhetorik	1	OP	0.48
Rhetorik	125	SJ	60.10
Rhetorik	129	ORDEN	62.02
Secretum	1		100.00
Sophist.	22		73.33
Sophist.	4	OP	13.33
Sophist.	4	SJ	13.33
Sophist.	8	ORDEN	26.66
Subst.orb.	13		100.00
Theologia	2		100.00
Topik	44		77.19
Topik	1	OCarm	1.75
Topik	1	OESA	1.75
Topik	4	OSB	7.02
Topik	7	SJ	12.28
Topik	13	ORDEN	22.80
Univ.Phil.	198		57.89
Univ.Phil.	1	CCRR	0.29
Univ.Phil.	18	OCarm	5.26
Univ.Phil.	13	OCart	3.80
Univ.Phil.	12	OCist.	3.51
Univ.Phil.	7	OESA	2.05
Univ.Phil.	7	OFM	2.05
Univ.Phil.	6	OFMca	1.75
Univ.Phil.	8	OFMco	2.34
Univ.Phil.	2	OFMob	0.58
Univ.Phil.	18	OP	5.26
Univ.Phil.	3	OSB	0.88
Univ.Phil.	2	OdeM	0.58
Univ.Phil.	47	SJ	13.74
Univ.Phil.	144	ORDEN	42.09

ULRICH G. LEINSLE

Methodologie und Metaphysik bei den deutschen Lutheranern um 1600

Die Gründe für die Wiedereinführung der Metaphysik an den Universitäten lutherischen Bekenntnisses um 1600 sind vielfach erörtert worden. Theologische Fragen, Konkurrenzfähigkeit mit den anderen Konfessionen, vor allem mit den Jesuiten[1] und innerkonfessionelle Streitigkeiten, die über das reine Schriftwort hinausweisen, sind eher Anlässe als Gründe[2]. Das Ungenügen des Kompendienwesens der Melanchthonschule[3] ruft nach einem humanistischen Rückgang auf den ganzen Aristoteles mit Einschluß der Metaphysik[4]. Die zeitgenössische Jesuitenscholastik und der Aristotelismus von Padua üben dabei einen bestimmenden Einfluß aus[5]. *Eine* Quelle dieser neuen Metaphysik ist aber auch die Methodenlehre, wie sie innerhalb der Logik des späten 16. Jahrhunderts tradiert wurde[6]. Sie beeinflußt Auftreten und Gestalt der lutherischen Metaphysik; denn die neue Metaphysik ist im Unterschied zur aristotelischen und zu den scholastischen Kommentaren des Mittelalters eine systematische, methodisch vermittelte und pädagogisch orientierte Disziplin[7]. Um die Bedeutung der Methodologie für die Metaphysik zu erhellen, haben wir deshalb zunächst einen Blick auf die Situation dieses logischen Traktats um 1600

---

1 Vgl. P. Petersen: Geschichte der aristotelischen Philosophie im protestantischen Deutschland, Leipzig 1921; H. E. Weber: Die philosophische Scholastik des deutschen Protestantismus im Zeitalter der Orthodoxie, Leipzig 1907, S. 91 – 99; M. Wundt: Die deutsche Schulmetaphysik des 17. Jahrhunderts, Tübingen 1939, S. 34 – 62.

2 Vgl. vor allem W. Sparn: Wiederkehr der Metaphysik, Stuttgart 1976.

3 Vgl. Petersen: Geschichte (s. Anm. 1), S. 118 – 143.

4 Dies unterstreicht vor allem E. Lewalter: Spanisch–jesuitische und deutsch–lutherische Metaphysik des 17. Jahrhunderts, Hamburg 1935 (Nachdruck Darmstadt 1967), S. 21 – 44.

5 Vgl. ebd., S. 21 – 33; K. Eschweiler: Die Philosophie der spanischen Spätscholastik auf den deutschen Universitäten des 17. Jahrhunderts, in: Gesammelte Aufsätze zur Kulturgeschichte Spaniens, hrsg. v. H. Finke, Münster 1928, S. 251 – 325 (Spanische Forschungen der Görres–Gesellschaft I, 1).

6 Ausführlich dargestellt in: U. G. Leinsle: Das Ding und die Methode. Methodische Konstitution und Gegenstand der frühen protestantischen Metaphysik, Augsburg 1985.

7 Vgl. ebd., S. 452 – 459.

zu werfen. Dann soll der Einfluß der Methodologie auf Auftreten und Gestalt der lutherischen Metaphysik dargestellt werden.

1. Methodologie um 1600

Die Zeit um 1600 ist in Deutschland die Blütezeit des *Ramismus*. W. Ong verzeichnet zwischen 1581 und 1610 allein 103 verschiedene Ausgaben der *Dialectica* Ramus 'im Reichsgebiet[8]. Am einflußreichsten erweist sich jedoch nicht die antimetaphysische Fassung der Frühzeit (1543), sondern die Fassung von 1572, die sich bewußt aristotelisch gibt und die Methodenlehre in den Vordergrund stellt. Nach den drei universalen Gesetzen der Notwendigkeit, Vollständigkeit und Homogenität wird eine universale Dispositionsmethode begriffslogischer Natur entworfen[9]. Mit ramistischen Tendenzen zumeist vermischt lebt die Logik *Melanchthons* weiter, dessen Kompendien für die 2. Hälfte des 16. Jahrhunderts noch paradigmatisch sind. Der Melanchthonschule verdanken wir u. a. die Identifizierung der aristotelischen Analysis und Synthesis mit dem Vorgehen der Mathematiker[10]. Das mathematische Methodenideal hat so in Magister Philippus, dessen Gott ja ewiger Geometer ist, eine einflußreiche Autorität im Luthertum gefunden[11]. Als dritte einflußreiche Richtung erscheint die *aristotelische*, die sich vor allem an die Schule von Padua anschließt und in Zabarella und Francesco Piccolomini ihre Autoritäten findet[12]. Zabarellas Unterscheidung von *ordo* und *methodus* wird allerdings zumeist vernachlässigt. Der *ordo* ist für Zabarella im Unterschied zum Ramismus und zu Piccolomini grundsätzlich arbiträr[13]. Er hat instrumentellen Charakter

---

8 W. Ong: Ramus, Method and the Decay of Dialogue, Cambridge/Mass. 1958, S. 298.

9 Vgl. W. Risse: Die Entwicklung der Dialektik bei Petrus Ramus, in: AGPh 42 (1960), S. 26 – 72; N. Bruyère: Méthode et Dialectique dans l'œuvre de La Ramée, Paris 1984, S. 7 – 18; W. Schmidt–Biggemann: Topica universalis, Hamburg 1983, S. 47 f.

10 Ph. Melanchthon: Erotemata Dialectices IV (CR 13, S. 652); vgl. C. Vasoli: La dialettica e la retorica nel Umanesimo, Milano 1968, S. 134 f; ders.: Richerche sulle "Dialettiche" del Cinquecento, in: RCSF 20 (1965), S. 462; H. W. Arndt: Methodo scientifica pertractatum, Berlin–New York 1971, S. 23.

11 Melanchthon: De artibus liberalibus (CR 11, S. 11); vgl. W. Maurer: Der junge Melanchthon zwischen Humanismus und Reformation, Göttingen 1969, I, S.84 ff.

12 Vgl. J. H. Randall: The School of Padua and the Emergence of Modern Science, Padua 1961; A. Poppi: La dottrina della scienza in Giacomo Zabarella, Padua 1972; A. Crescini: Le origini del metodo analitico nel Cinquecento, Udine 1965, S. 425 ff.

13 J. Zabarella: De methodis I, 10 (Opera Logica, hrsg. v. W. Risse, Hildesheim 1966, S. 135 f); vgl. W. Risse: Die Logik der Neuzeit, Stuttgart–Bad Cannstatt

und macht nicht bereits alle Wissenschaft aus. Im Unterschied zur bloßen Disposition ist die *methodus* wesentlich Schlußfolgerung: Argumentation und Beweisverfahren nach Maßgabe der II. Analytik. Erst dieses Beweisverfahren schafft nach Aristoteles Wissen[14]. Alle theoretischen Wissenschaften sind an die synthetische Methode gebunden, die ein deduktives Beweisverfahren ist. Was als Wissenschaft auftreten will, muß sich deshalb durch die entsprechende Methode ausweisen[15].

Der Vielfalt der methodologischen Ansätze entspricht die Vielfalt der Darstellungsformen der philosophischen Disziplinen, vor allem der neu auftretenden Metaphysik. Die ramistische Methode sieht ihr Ideal in der *tabellarischen Darstellung*[16]. Diese ist einprägsam und pädagogisch erfolgversprechend, wie die kleinen Enzyklopädien der Ratichianer beweisen, die auf wenigen Seiten das gesamte fundamentale Wissen speichern wollten[17]. Die Tabelle wird aber im Luthertum in der Metaphysik erst relativ spät heimisch. Sie bleibt die Domäne der Calvinisten. Da von den Ramisten und Semiramisten Methode und Tabelle identifiziert werden, kann Johannes Scharf (1595 – 1660) deren Vorwurf, die Aristoteliker hätten keine Methode, nur dadurch entkräften, daß er die gesamte Philosophie in ebenso dürftige wie inhaltlich zweifelhafte Tabellen zwängt[18].

Die pseudo-mathematische Methodologie nach Melanchthon führt in Verbindung mit der stoisch-neuplatonischen Auffassung der *notiones communes*[19] zur Ausbildung einer *Axiomatik*. So disputiert Thomas Sagittarius (1577 – 1621) in Jena 1607 400 metaphysische und 1609 600 logische

---

   1964, I, S. 215 ff; E. de Angelis: Il metodo geometrico nella filosofia del Seicento, Pisa 1964, S. 56 f.

14 Zabarella: De methodis (s. Anm. 13), I, 2 (Op. log. S. 135).

15 Ebd. II, 2 (ebd. S. 167); vgl. de Angelis: Metodo (s. Anm. 13), S. 60; Poppi: Dottrina (s. Anm. 12), S. 180 – 183; Randall: School (s. Anm. 12), S. 31 f; L. E. Loemker: Struggle for Synthesis, Cambridge/Mass. 1972, S. 158.

16 Vgl. W. Ong: System, Space and Intellect in the Renaissance Symbolism, in: BHR 18 (1956), S. 222 – 229; Schmidt-Biggemann: Topica (s. Anm. 9), S. 49 – 66.

17 Vgl. F. Rioux: L'œuvre pédagogique de Wolfgangus Ratichius (1571 – 1636), Paris 1963, bes. S. 80 ff; J. Lattmann: Ratichius und die Ratichianer, Göttingen 1898; C. Vasoli: L'enciclopedismo del Seicento, Napoli 1978.

18 J. Scharf: Methodus Philosophiae Peripateticae Prior, Leipzig 1631, Praef. – Vgl. Leinsle: Ding (s. Anm. 6), S. 337 – 351; Wundt: Schulmetaphysik (s. Anm. 1), S. 116.

19 Vgl. K. v. Fritz: Grundprobleme der Geschichte der antiken Wissenschaft, Berlin-New York 1971, S. 367 – 379; W. Maurer: Melanchthon-Studien, Gütersloh 1964, S. 23 f.; L. Zanta: La renaissance du Stoicisme au XVIᵉ siècle, Paris 1914.

Axiome[20]. In seiner Metaphysik von 1622 bringt er es auf 2102 Axiome, die größtenteils aus Autoritäten, vor allem Aristoteles und Julius Caesar Scaliger (1484 – 1558) gesammelte Sentenzen und Lehrsätze sind[21]. Diese werden im ersten Werk systematisch geordnet und mit einem kurzen Kommentar versehen, in der Metaphysik von 1622 jedoch nach der systematischen Darstellung einfach ohne Kommentar aufgelistet.

Die methodisch gründlichste Gestalt der Metaphysik wird aber dort erreicht, wo sie am Ideal *beweisender Wissenschaft* nach Maßgabe der II. Analytik gemessen wird[22]. Die Reform der aristotelischen Metaphysik, deren mangelnde Systematik und Heterogenität ein Hauptvorwurf von seiten der Ramisten, aber auch eigenständiger Metaphysiker wie Nikolaus Taurellus (1547 – 1606) war[23], wird nun zur vordringlichen Aufgabe jener Philosophen, die genuin aristotelisch denken wollen. Vor allem in Helmstedt, dem Zentrum der aristotelischen Studien, wird diese Arbeit ihre Heimstatt finden. Die Forderung der Homogenität der Metaphysik (unius generis scientia) scheint aber die Transzendentalität des Gegenstandes der Metaphysik, des *ens in quantum ens*, zu gefährden. Die Spannung zwischen homogenem Wissenschaftsideal und transzendentaler Universalwissenschaft wird den aristotelisch denkenden Metaphysikern aufgegeben bleiben.

2. Das Auftreten der neuen Metaphysik

Daß die Forderung nach Wiederaufnahme der Metaphysik in den Lehrbetrieb auch aus der Logik und Methodologie kommt, nimmt in einem genuin aristotelischen Denken nicht wunder. Dies ist gegeben beim eigenständigsten Logiker unter den deutschen Philosophen zu Ende des 16. Jahrhunderts, Owenus Gunther (Günther) (1532 – 1615). Er studiert noch unter Melanchthon in Wittenberg, lehrt anschließend in Rostock, Jena und ab 1676 als Professor der Logik in Helmstedt, wo er die Anfänge der neuen Metaphysik mitverfolgen kann[24]. Seinen eigenen Werdegang beschreibt er in seinen *Methodorum tractatus duo* von 1586 als bewußte Ab-

---

20 Th. Sagittarius: Axiomatum Logicorum Centuriae sex, Frankfurt/M. 1614; ders.: Axiomatum Metaphysicorum Centuriae quatuor, Jena 1615; vgl. Leinsle, Ding (s. Anm. 6), S. 293 – 295.

21 Th. Sagittarius: Metaphysicorum Aristotelico-Scaligereorum libri II, Jena 1622; vgl. Leinsle: Ding (s. Anm. 6), S. 293 – 305.

22 Vgl. Loemker: Struggle (s. Anm. 15) passim.

23 N. Taurellus: Alpes Caesae, Frankfurt 1597, S. 37 f; vgl. Leinsle: Ding (s. Anm. 6), S. 150 f.

24 Vgl. H. Dreitzel: Protestantischer Aristotelismus und absoluter Staat, Wiesbaden 1970, S. 54 ff; M. Wundt: Die Philosophie an der Universität Jena in ihrem geschichtlichen Verlauf, Jena 1922, S. 18 – 20; Leinsle: Ding (s. Anm. 6), S. 53, steht als Todesjahr irrtümlich 1525!

kehr von den Kompendien der Melanchthonschule und Hinwendung zu Aristoteles und den italienischen Peripatetikern. Er kann sich aber nicht in allem von platonischen und ramistischen Einflüssen freihalten[25].

Für eine mögliche Metaphysik von grundlegender Bedeutung ist die *instrumentelle Auffassung der Logik*. Logik ist Methodologie und als solche Instrument, nicht selbst Wissenschaft. Sie ist "habitus animi organicus" zur Auffindung, Anordnung und Auslegung der Dinge. Als solche ist sie hingeordnet auf das Finden des Wahren und das Wählen des Guten[26]. Folgerichtig setzt Gunther 'Logik' und 'methodus' gleich[27]. Wissenschaft ist dagegen im streng aristotelischen Sinne "habitus conclusionum"[28]. Das kann die Logik gerade nicht sein. Zudem hat es das Kompendienwesen so weit gebracht, daß der wichtigste Teil der aristotelischen Logik, die Analytik, unbekannt geworden ist. So gibt auch die Philosophische Fakultät Helmstedt im Empfehlungsschreiben des Dekans an den Vizerektor vom 9.9.1578 zu, daß die aristotelische Beweislehre ziemlich unbekannt sei[29]. Trotz dieses instrumentalistischen Ansatzes behält die Logik Gunthers in herkömmlicher Weise viel metaphysischen Inhalt bei. Vor allem die als "discrepantiae physicae" aufgefaßten Kategorien lassen eine unmittelbare Anwendung der Logik auf die Dinge zu und sichern ihre Realgeltung, was besonders in der Definitionslehre zum Ausdruck kommt[30]. Die eigentlich ontologischen Probleme sind also in der Logik gut aufgehoben. Die Methodenlehre singt das Lob der Analysis, die gegenüber der Synthesis das viel schwierigere Unternehmen sei. Muß doch die Synthesis nur die zuerst mühsam auseinandergeklaubten Bausteine wieder zusammenfügen[31]. Beide Methoden unterscheiden sich also nur in der Wegrichtung, sind aber in der Sache identisch[32]. Ihnen als "famula" zugeordnet ist die dritte Methode der galenischen Trias, die definitive Methode. Sie setzt die Analyse bereits voraus, die gleichsam die Mutter allen wissenschaftlichen Verfahrens ist: die Rückführung auf möglichst einfache intelligible Elemente, möglichst auf die ersten Prinzipien und Ursachen[33].

---

25 O. Gunther: Methodorum tractatus duo, Helmstedt 1586, Praef. (B 4$^{r/v}$); vgl. Leinsle: Ding (s. Anm. 6), S. 53 – 55.

26 Gunther: Meth. (s. Anm. 25), tr.1 l.1 c.4 (12^r); vgl. Leinsle: Ding (s. Anm. 6), S. 55 – 58.

27 Gunther: Meth. (s. Anm. 25), tr.1 l.1 c.1 (3^v).

28 Ebd. tr.1 l.1 c.5 (13^r).

29 Empfehlungsbrief in: Gunther: Meth. (s. Anm. 25) (A2^v).

30 Gunther, Meth. (s. Anm. 25), Praef. (B5^v–7^r); tr.1 l.2 c.5 (43^r).

31 Ebd. tr.1 l.2 c.5 (43^v); c.6 (44^r); vgl. Leinsle, Ding (s. Anm. 6), S. 59 – 62.

32 Gunther: Meth. (s. Anm. 25), tr.1 l.2 c.6 (44^v).

33 Ebd. tr.1 l.2 c.7 (47^v–48^v); vgl. H. Schüling: Die Geschichte der axiomatischen Methode im 16. und beginnenden 17. Jahrhundert, Hildesheim 1969, S. 82 f.; W. Risse: Zur Vorgeschichte der cartesischen Methodenlehre, in: AGPh 42 (1960), S. 273.

Hier, in der prinzipiellen Grundlegung der Wissenschaften, nicht in ontologischen oder theologischen Fragen, wird nun die Forderung nach einer Metaphysik erhoben. Denn die Dialektik behandelt die gemeinsamen Prinzipien der Wissenschaften nur als Ziel der Analysis, nicht in einer eigenen Betrachtung als "habitus principiorum" oder "sapientia"[34]. Die Einzelwissenschaften können aber nach aristotelischer Auffassung der Leugnung ihrer Prinzipien nicht entgegentreten. Ihre Verteidigung kann auch nicht die Logik übernehmen, da sie nicht ex professo von den Prinzipien handelt. Das ist vielmehr Aufgabe eines "communis et regiae disciplinae professor, quam sapientiam vocamus"[35]. Ohne daß hier das von den Humanisten gemiedene Wort 'Metaphysica 'fällt, ist somit eine im Helmstedter Lehrbetrieb noch nicht vorgesehene Disziplin gefordert, die man am besten als Erste Philosophie bezeichnet, und zugleich ein Professor, den es ebensowenig an der Universität gibt wie die entsprechende Disziplin[36].

Aufgabe dieser geforderten Disziplin ist die absolute Betrachtung der Prinzipien der Wissenschaften. Sie ist also Wisssenschaftstheorie nicht im Sinne einer Methodologie, sondern als inhaltliche Prinzipienlehre. Als solche soll sie zugleich Realwissenschaft sein: "rerum et principiorum communissima scientia", eben jene, die man seit Aristoteles Metaphysik nennt[37]. Die beiden Gegenstände dieser Disziplin, *res* und *principia*, und die beiden Attribute, *communissima* und *regia*, bestimmen ihre weitere Entwicklung an den lutherischen Hohen Schulen. Sie ist die gemeinsame Disziplin von allen Dingen und deren Bestimmungen, die bald als *transcendentia* bezeichnet werden. So wird die Metaphysik bei Johannes Scharf in Wittenberg dann zur *theoria transcendentalis*[38]. Sie ist aber auch *scientia regia*, die dann bei Abraham Calov (1612 - 1686) ebenfalls in Wittenberg als absolute Herrscherin von Gottes Gnaden auftreten wird, als *metaphysica divina*[39]. Wie der Kaiser den Fürsten, wo wird sie allen Wissenschaften ihre Arbeitsbereiche und Gegenstände in der *Horistiké* zuweisen[40]. Sie

34 Gunther: Meth. (s. Anm. 25), tr.1 l.1 c.6 (17ʳ); vgl. ebd. c.5 (13ʳ); Leinsle: Ding (s. Anm. 6), S. 58 f.

35 Gunther, Meth. (s. Anm. 25), tr.1 l.1 c.5 (13ᵛ).

36 Ebd. (ebd); vgl. P.Baumgart, E. Pitz: Die Statuten der Universität Helmstedt, Göttingen 1963; Petersen: Geschichte (s. Anm. 1), S. 123.

37 Gunther: Meth. (s. Anm. 25), tr.1 l.1 c.5 (14ʳ).

38 J. Scharf: Theoria transcendentalis primae philosophiae, quam vocant Metaphysicam, Wittenberg 1624; ders.: Methodus (s. Anm. 18), Tab. 22 f (50 - 52); vgl. J. F. Courtine: Le projet suarézien de la Métaphysique, in: APh 42 (1979), S. 238; N. Hinske: Die historischen Vorlagen der Kantischen Transzendentalphilosophie, in: ABG 12 (1968), S. 98 f; Leinsle: Ding (s. Anm. 6), S. 346 f.

39 A. Calov: Metaphysica divina, in: ders.: Scripta philosophica, Wittenberg 1673, Praef. (S. 94); vgl. Leinsle: Ding (s. Anm. 6), S. 422 - 429.

40 Calov, Meth. div. (s. Anm. 39), tr. post. (S. 827 ff); vgl. Arndt: Methodo scientifica (s. Anm. 10), S. 17.

selbst aber hat im Sinne einer homogenen Wissenschaft Erkenntnis- und Prinzipienlehre aus sich entlassen, die ihr als *Gnostologia* und *Noologia* vorgeordnet werden und nunmehr die Grundlagen der Erkenntnis und Prinzipien der Wissenschaften behandeln[41]. Bei Gunther dagegen ist die Metaphysik noch in erster Linie Prinzipienlehre der Wissenschaften, da die ontologischen Fragen großenteils in der Logik behandelt werden. Die natürliche Theologie ist noch nicht direkt gefordert, aber auch nicht ausgeschlossen, zumal Gunther die Bezeichnung 'Metaphysica' auf die Behandlung der immateriellen Dinge bezieht[42]. Die Erste Philosophie sieht Gunther in engster Beziehung zur Logik. Die Dialektik dient der Realwissenschaft, aber auch die Realwissenschaft der Dialektik, die von den Prinzipien freilich nur hinsichtlich der Erkenntnis handeln kann[43].

3. Die methodische Gestalt der neuen Metaphysik

In der Methode der neuen Metaphysik gehen die deutschen Lutheraner zwei Wege, die in den Universitäten von Altdorf bzw. Helmstedt ihre deutlichste Ausprägung erfahren[44]. Die *Altdorfer* Universität, an der bereits Nikolaus Taurellus eine weit über Aristoteles hinausgehende christliche Metaphysik begründen wollte[45], ist beherrscht durch den Einfluß der italienischen Aristotelestradition. Die Gestalt der Metaphysik soll hier im wesentlichen aristotelisch bleiben. Die Einteilung der Metaphysik ist die der 14 Bücher des Stagiriten, die bestenfalls thematisch geordnet werden, wie in der *Isagoge in lectionem Aristotelis* des Michael Piccart (1574 – 1620)[46]. Gegen die Homogenitätsforderung der Ramisten und Scholastiker wird in Altdorf an der ganzen Weite der aristotelischen Metaphysik festgehalten: Sie handelt als Erste Philosophie vor allem von Gott als der ersten Substanz, dem *ens primum*[47]. Die Metaphysik ist also in erster Linie Theologie, dann aber auch Ontologie, Theorie der seienden Dinge, Wissenschaft vom *ens* und seinen allgemeinsten Bestimmungen, die zunächst allerdings auf Gott bezogen werden. Wie in der Metaphysik

41 A. Calov: Στοιχείωσις γνοστολογική, in: ders.: Script. phil. (s. Anm.39), S. 1 – 37; ders.: Στοιχείωσις Νοολογική, in: ders.: Script. phil., S. 38 – 86; vgl. Weber: Scholastik (s. Anm. 13), S. 115 f; Leinsle: Ding (s. Anm. 6), S. 417 – 422.
42 Gunther, Meth. (s. Anm. 25), tr.1 l.1 c.5 (14[r]).
43 Ebd. Praef. (B5[v]).
44 Vgl. Lewalter: Metaphysik (s. Anm. 4), S. 33 – 44.
45 Vgl. X. Schmid: Nikolaus Taurellus, der erste deutsche Philosoph, Erlangen 1860; H. G. Mayer: Nikolaus Taurellus, der erste Philosoph im Luthertum, Diss. Göttingen 1959; Leinsle: Ding (s. Anm. 6), S. 147 – 165.
46 M. Piccart: Isagoge in Lectionem Aristotelis, Nürnberg 1605, c.29 (S. 184 f); vgl. Petersen: Geschichte (s. Anm. 1), S. 296 f; Leinsle, Ding (s. Anm.6), S. 204.
47 Piccart: Isagoge (s. Anm. 46), c.26 (S. 168); vgl. Leinsle: Ding (s. Anm. 6), S. 202 f; Lewalter: Metaphysik (s. Anm. 4), S. 50.

Theologie und Ontologie zusammengehören, veranschaulicht Piccart an einem auf Thomas Pellegrinus, den Lehrer Philipp Scherbs († 1605), zurückgehenden Bild: Wer den König aufnimmt, nimmt auch dessen Gefolge auf. Die *entia* sind das Gefolge Gottes, des *primum ens*, mit dem sich die Metaphysik also primär zu befassen hat[48].

Diese aristotelisch-theologische Konzeption der Metaphysik wird zunächst gleichsam auf einem Nebengleis gepflegt. Altdorf ist ihr Zentrum und Königsberg, wo Christian Dreier (1610 – 1688) gegen die Herrschaft der Scholastik eine Rückkehr zum genuinen Aristotelismus einleitet[49]. Die historische Kritik der scholastischen Metaphysik durch Jakob Thomasius (1622 – 1684) wird an diese Bemühungen anknüpfen[50]. Doch auch in Altdorf zeigt sich bei Piccart bereits ein Zwiespalt in der Konzeption der Metaphysik und ihres Gegenstandes. Einerseits ist Gott der bestimmende Gegenstand, und die Dinge sind nur sein Gefolge; andererseits sind aber Gott und die Dinge gleichermaßen als *entia* anzusprechen. Dies führt bereits den Aristoteliker Piccart zur Annahme eines *ens in genere*, dessen eine Species dann eben Gott als das *ens primum* ist[51]. Theologische und ontologische Konzeption sind nicht zu einem Ausgleich gebracht, Aristotelestreue und Systematisierungstendenz ebensowenig.

Die systematisch und methodisch durchgestaltete Form der neuen lutherischen Metaphysik wird in *Helmstedt* geboren, wo Cornelius Martini (1567/68 – 1621) und seine Schule ihr Programm der Sammlung der "disiecta membra" der aristotelischen Metaphysik verwirklichen, "scientiae methodo et ordine", wie meist bereits im Titel betont wird[52]. Entscheidend

48 Piccart: Isagoge (s. Anm. 46), c.26 (S. 169 f); vgl. Petersen: Geschichte (s. Anm. 1), S. 304; Th. Pellegrinus (Peregrinus) war 1560 – 1591 Professor in Padua. Das bei J. Quétif, J. Echard: Scriptores ordinis Praedicatorum II, Paris 1721, S. 270b, angegebene Geburtsjahr 1584 kann folglich nicht stimmen!

49 Ch. Dreier: Sapientia seu Philosophia prima, Königsberg 1644. Ausführlicher: U. G. Leinsle: Reformversuche der protestantischen Metaphysik im Zeitalter des Rationalismus, Augsburg 1988, S. 127 – 139.

50 J. Thomasius: Erotemata Metaphysica pro incipientibus. Accessit pro adultis Historia variae fortunae, quam Metaphysica experta est, Leipzig 1670; vgl. Lewalter: Metaphysik (s. Anm. 4), S. 80; G. Aceti: Jakob Thomasius ed il pensiero filosofico–giuridico di Goffredo Guglielmo Leibniz, in: Jus N.S. 8 (1957), S. 259 – 319; Leinsle, Reformversuche (s. Anm. 49), S. 141 – 146.

51 Piccart: Isagoge (s. Anm. 46), c.27 (S. 174); vgl. Leinsle: Ding (s. Anm. 6), S. 203.

52 C. Martini: Metaphysica, Jena 1622, Programm (A6ʳ). Die Sammlung der "disiecta membra" macht ein System aus: N. Rescher: Leibniz and the Concept of a System, in: Stud Leib 13 (1981), S. 115; vgl. Lewalter: Metaphysik (s. Anm. 4), S.53 – 55; Wundt: Schulmetaphysik (s. Anm. 1), S. 60 f; H. J. de Vleeschauwer: Un paralelo protestante a la obra de Suárez, in: Rev Fil 8 (1948), S. 121 f; ders.: Cornelius Martini en de ontwikkeling van de protestantische Metaphysica in

ist hier nicht mehr, wie Aristoteles Metaphysik betrieben hat, sondern einzig, ob sie "conveniente et legitimo ordine" durchgeführt ist[53]. Dieser "legitimus ordo" ist natürlich ein aristotelischer, der der II. Analytik, interpretiert nach dem Schema der Methodologie von Padua in Analysis und Synthesis[54].

Eine entscheidende methodologische Maßnahme der Helmstedter ist die Konzeption der Metaphysik als *homogene Universalwissenschaft*. Die Spannung, die dieser Konzeption innewohnt, zwischen Homogenität und Universalität, sollte ihren weiteren Verlauf bestimmen. Als Ontologie kann sie alles, auch Gott, nur "sub ratione entis" behandeln. Dies wird angesichts der extremen lutherischen Gegnerschaft in Helmstedt und Wittenberg immer betont[55]. Die Erkenntnis Gottes als erster Wirkursache ist nur der Schlußstein der natürlichen Erkenntnis, nicht der Ausgangspunkt[56]. Die Gotteslehre findet ihren Platz deshalb nach C. Martini in einer eigenen Wissenschaft, die aber wegen ihres geringen Ausmaßes auch der Ontologie angeschlossen werden kann[57]. Grundsätzlich ist sie aber nach Benedictus Pereira (1535 – 1610) *scientia particularis*[58]. Die traditionelle Gestalt dieser lutherischen Metaphysik wird durch Jakob Martini (1570 – 1649) und Henning Arnisaeus (1570 – 1636), dessen Traktat *De constitutione et partibus metaphysicae* von 1606 die eigentliche Programmschrift der Helmstedter Metaphysik ist[59], gefunden in der Trennung von *metaphysica generalis* als Lehre vom *ens* und seinen Attributen und *metaphysica specialis* als Kategorienlehre[60]. Diese Einteilung folgt dem klaren

Duitland, in: Mededeelingen van de k. Vlaamsche Akademie voor Wetenschappen, Letteren en Schoone Kunsten van België, Klasse der Letteren, Deel II n. 1, Brüssel 1940; Leinsle: Ding (s. Anm. 6), S. 214 – 221.

53 So G. Calixt in der Leichenrede für C. Martini: zit. E. L. Th. Henke: Georg Calixtus und seine Zeit, Bd. I, Halle 1853, S. 108.

54 C. Martini: De Analysi logica tractatus, Helmstedt 1619; vgl. Leinsle: Ding (s. Anm. 6), S. 209 – 212.

55 C. Martini: Metaphysica Commentatio, Straßburg 1605, S. 8.297; vgl. Wundt: Schulmetaphysik (s. Anm. 1), S. 60 f., 120.

56 C. Martini: Metaphysica (s. Anm. 52), Prolog. (S. 9).

57 Ders.: Met. Comm. (s. Anm. 55), S. 297 f; Vgl. P. Mesnard: Comment Leibniz se trouva placé dans la sillage de Suarez, in: APh 18 (1949) H. 1, S. 20 ff.

58 C. Martini: Metaphysica (s. Anm. 52), Prolog. (S. 31); vgl. E. M. Rompe: Die Trennung von Ontologie und Metaphysik, Diss. Bonn 1968, S. 219 – 232; Wundt: Schulmetaphysik (s. Anm. 1), S. 169 f; Weber: Scholastik (s. Anm. 1), S. 99; Leinsle, Ding (s. Anm. 6), S. 87 – 97.

59 H. Arnisaeus: De constitutione et partibus Metaphysicae tractatus, Frankfurt 1606; vgl. Dreitzel: Aristotelismus (s. Anm. 24), S. 16; Lewalter: Metaphysik (s. Anm. 4), S. 38 – 41; Leinsle: Ding (s. Anm. 6), S. 239 – 254.

60 J. Martini: Theorematum Metaphysicarum exercitationes quatuordecim, Wittenberg 1604, Praef.; ders.: Exercitationum metaphysicarum libri duo, Witten-

wissenschaftstheoretischen Programm der aristotelischen Tradition: Wissenschaft baut sich auf aus Gegenstand, Prinzipien, Beweis der *passiones* aus den Prinzipien und Einteilung der Species[61]. Das Verfahren ist somit, entsprechend der Stellung der Metaphysik als theoretischer Wissenschaft, ein synthetisches[62]. In der Durchführung, vor allem in der Wittenberger Schule J. Martinis (Caspar Bartholinus [1585 - 1629], Johannes Scharf), wird freilich der Beweis oft vernachlässigt. Die Prinzipien werden kaum herangezogen; die Synthesis bleibt eine vage. Das Schema stimmt; aber die Ausführung läßt oft zu wünschen übrig, besonders dann, wenn an die Stelle des Beweises die tabellarische Darstellung tritt oder einfach Definitionen und Worterklärungen geboten werden[63].

Das synthetische Verfahren zeigt zudem eine weitere Schwierigkeit der Metaphysik auf: Die Metaphysik beinhaltet eine *Prinzipienlehre*, die in einer aristotelisch verstandenen Wissenschaft als "habitus conclusionis demonstratae" keinen Platz hat. Zwei Lösungen sind hier möglich:

1. Man verzichtet auf den ausdrücklichen Wissenschaftscharakter der Metaphysik und definiert sie als *sapientia* (intelligentia cum scientia), die den Habitus der Prinzipien einschließt. So gehen im allgemeinen die Helmstedter und Wittenberger Metaphysiker der ersten Zeit vor[64].

2. Man hält an der Wissenschaftlichkeit der Metaphysik fest und verweist die Prinzipien in eine eigene philosophische Disziplin. Diese wird in Wittenberg entstehen, beginnend mit der *Intelligentia* Georg Gutkes (1589 - 1634)[65] und mündend in die *Noologia* Abraham Calovs[66]. Dadurch wird allerdings der Anspruch der Metaphysik problematisch, Erste Philosophie von den ersten Prinzipien aller Dinge zu sein. Sie kann andererseits nur dann wirklich synthetisch verfahren, wenn sie eine andere Disziplin voraussetzt, die die Analyse der Prinzipien leistet.

---

berg 1608, Widmung; vgl. Lewalter: Metaphysik (s. Anm. 4), S. 60 f; Leinsle: Ding (s. Anm. 6), S. 230 f.

61 Am klarsten durchgeführt bei H. Arnisaeus: Epitome Metaphysices, Frankfurt 1606.

62 J. Martini: Praelectiones extemporaneae in Systema Logicum Barth. Keckermanni, Wittenberg 1617, S. 946.

63 C. Bartholinus: Enchiridion Metaphysicum, Frankfurt 1616; J. Scharf: Exemplaris Metaphysica, Wittenberg 1625; vgl. Leinsle: Ding (s. Anm. 6), S. 288 - 292, 346 - 351.

64 Z. B. Martini: Theorem. Met. (s. Anm. 60), I,5,4 (B2ʳ); ders.: Partitiones et Quaestiones Metaphysicae, Wittenberg 1615, I,1 § 1 (S. 1); Bartholinus: Enchiridon (s. Anm. 63), Prooem. (S. 1); Scharf: Methodus (s. Anm. 18), Prooem. (S. 26).

65 G. Gutke: Habitus primorum Principiorum seu Intelligentia, Berlin 1625; vgl. Wundt: Schulmetaphysik (s. Anm. 1), S. 255 - 260; Weber: Scholastik (s. Anm. 1), S. 106 - 188; Leinsle: Ding (s. Anm. 6), S. 394 - 411.

66 Calov: Στοιχείωσις Νοολογική (s. Anm. 41); vgl. Wundt: Schulmetaphysik (s. Anm. 1), S. 258 f; Leinsle: Ding (s. Anm. 6), S. 420 - 422.

Das synthetische Wissenschaftsprogramm der Metaphysik beschränkt die *Analysis* auf die Auffindung ihrer grundlegenden Bestandteile: *subiectum* und Prinzipien. Die Analysis hat hier im Rahmen der lutherischen Metaphysik im wesentlichen eine dreifache Aufgabe:

1. Oft gefordert und selten durchgeführt ist die Analyse der Sätze auf die ersten Prinzipien. Diese scheint in der systematischen Darstellung weniger wichtig zu sein, da es sich nach dem ausdrücklichen Programm C. Martinis in seinem Werk *De Analysi logica* von 1619 immer um die Analyse vorliegender Texte vor allem in Disputation und Kontroverse handelt[67].

2. Für die Analyse der Termini bis zum allgemeinsten 'ens' bietet bereits Melanchthon das immer wieder übernommene Musterbeispiel, dem auch C. Martini folgt: Von 'Petrus' über 'Mensch', 'Lebewesen', 'Körper', 'Substanz' steigt man auf der Leiter der Allgemeinheit bis zum 'ens', wo unser Fragen an ein Ende kommen muß[68]. Diese abstraktive Gewinnung des 'ens' hat jedoch zwei die Metaphysik der Zeit bestimmende Komponenten:

   a) Das *ens* wird primär als Begriff, z. T. wie bei Christoph Scheibler (1589 – 1655) auch primär als *vox* betrachtet[69]. Metaphysik hat zum Gegenstand nicht sosehr die Wirklichkeit als vielmehr die allgemeinsten Begriffe, unter denen die Dinge betrachtet werden.

   b) Der Begriffsinhalt von 'ens' wird rein ontologisch zunehmend unerfindlich und kann schließlich mit Suarez nur negativ durch doppelte Verneinung als *non nihil* bestimmt werden[70]. *Non nihil* ist aber nicht nur das Wirkliche, sondern bereits das Mögliche. Der Einschluß der Possibilien in die Metaphysik erscheint als Konsequenz dieser Konzeption, wenngleich zunächst bei den lutherischen Metaphysikern Bedenken dagegen bestehen[71]. Obwohl Timplers Ausweitung der Metaphysik auf alles Intelligible mit J. Martini einhellig abgelehnt

---

67 C. Martini: De Analysi (s. Anm. 54), I,2 (S. 22 f); vgl. Leinsle, Ding (s. Anm. 6), S. 209 – 212.

68 C. Martini: Met. Comm. (s. Anm. 55), S. 3; ders.: Metaphysica (s. Anm. 52), S. 46; vgl. Melanchthon: De Dialectica libri quattuor, Staßburg 1538, I (S. 9); ders.: Erotemata I (CR 13, S. 528); vgl. Petersen: Geschichte (s. Anm. 1), S. 302.

69 Ch. Scheibler: Opus Metaphysicum, in: ders.: Opera philosophica, Frankfurt 1665, I,2 tit.1 a.1 (S. 37a); ders.: Epitome Metaphysica, Gießen 1618, I d.2 § 2 (S. 48); vgl. Leinsle: Ding (s. Anm. 6), S. 332 – 337.

70 Z. B. Scharf: Methodus (s. Anm. 18), Tab. 27 (S. 62); zu Suarez: Courtine: Projet (s. Anm. 38) passim.

71 Vgl. die Ablehnung der Ontologie Thomas Rhaedus' durch H. Arnisaeus: Vindiciae secundum veritatem pro Aristotele, Frankfurt 1611, p. 3 (S. 133, 20 – 28); dagegen bereits Scheibler: Epitome (s. Anm. 69), I d.2 § 14 (S. 51); Bartholinus: Enchiridion (s. Anm. 63), I,1 (S. 3).

wird, wird das *ens* doch zunehmend im Sinne des *aliquid* der stoisch-calvinistischen Tradition als allgemeinster Begriff aufgefaßt[72].

3. Als dritte Möglichkeit analytischen Verfahrens im Rahmen der Metaphysik erweist sich deshalb die schon bei C. Martini und später im Anschluß an Scotus und Suarez oft herangezogene Analyse des Erkennens und Begreifens[73]. *Ens* wird dabei nach skotistischem Ansatz als Ersterkanntes herausgearbeitet[74]. Was die ontologisch-terminologische Analyse nicht vermag, soll hier erreicht werden: ein Begriff 'ens', der Grundbegriff einer homogenen Universalwissenschaft sein kann. Das Instrumentarium ist aber großenteils nicht genuin aristotelisch, sondern aus der spanischen Tradition, vor allem von Suarez und Fonseca, übernommen: die Unterscheidung von *conceptus formalis* und *conceptus obiectivus* und die damit verbundene Theorie der Abstraktion[75]. Durch den Einbau der Erkenntnisanalyse in die Metaphysik bei den beiden Martini und vor allem bei Scheibler wird die Metaphysik deutlich auf eine Erkenntnistheorie gegründet[76]. Wird nun an der synthetischen Fassung und Homogenität der Metaphysik als Lehre vom *ens* festgehalten, muß die erkenntnistheoretische Fundierung wie bei Calov in eine eigene Disziplin, die *Gnostologia* verwiesen werden. Diese muß der Metaphysik aber vorgeordnet sein, so daß der Anspruch der Metaphysik, Erste Philosophie zu sein, wieder problematisch wird[77].

In der Praxis wird vor allem bei schwächeren Geistern und in kürzeren "Studienbehelfen" (z. B. bei Bartholinus) auf die Erkenntnisanalyse verzichtet und *ens* schlicht als das Ersterkannte vorausgesetzt[78].

Die methodische Konzeption einer Metaphysik aus den Gesetzen der II. Analytik erscheint in ihrem ersten Auftreten bei den deutschen Lutheranern um 1600 also in mehrfacher Hinsicht problematisch. Das Ziel ist eine umfassende philosophische Disziplin, die zugleich die Prinzipien der Einzelwissenschaften sichern kann und Universalwissenschaft im Sinne des aristotelischen Wissenschaftsbegriffes und der ramistischen Homoge-

---

72 J. Martini: Exerc. Met. (s. Anm. 60), I,3 th. 2 (S. 61); ders.: Partitiones Met. (s. Anm. 64), I,1 p.11 (S. 31); Scheibler: Opus Met. (s. Anm. 69), I,2 § 5 (S. 386); Calov: Metaphysica div. (s. Anm. 39), a.1 c.3 (S. 156 - 164).

73 Zur Grundlegung bei Scotus: L. Honnefelder: Ens inquantum ens, Münster 1979; vgl. Leinsle: Ding (s. Anm.6), S. 63 - 71, 125 - 137.

74 Z. B. Martini: Met. Comm. (s. Anm.55), S. 4 - 6; vgl. Lewalter: Metaphysik (s. Anm. 4), S. 50 f; Wundt: Schulmetaphysik (s. Anm. 1), S. 241.

75 Relativ eigenständig bereits Arnisaeus: Epitome (s. Anm. 61), S. 18.

76 Vgl. Leinsle: Ding (s. Anm. 6), S. 462 - 466; Weber: Scholastik (s. Anm. 1), S.105 ff.

77 Calov: Στοιχείωσις γνοστολογική (s. Anm. 41), Protheoria (S. 3 - 5); vgl. Weber: Scholastik (s. Anm. 1), S. 115 f; Leinsle, Ding (s. Anm. 6), S. 417 - 420.

78 Bartholinus: Enchiridion (s. Anm. 63), I,1 (S. 3); Scharf: Methodus (s. Anm. 18), Tab. 27 (S. 62).

nitätsforderung ist. Beides zusammen scheint nicht erreichbar zu sein. Ein Hauptgrund für das Scheitern dieser Konzeption, das im Herabsinken der Metaphysik zur bloßen *philosophia verbalis*[79] und zu einem nach wissenschaftlicher Manier aufgebauten *Lexicon philosophicum* im Rationalismus offenbar wird[80], scheint in der Bestimmung der Methodologie der II. Analytik für die Einzelwissenschaften zu liegen. Sie setzt ihrerseits eine Grunddisziplin voraus, die dieser Wissenschaftlichkeit gerade entbehren muß, soll sie ihre Arbeit, die Sicherung der Prinzipien und Begründung der Wissenschaften, verrichten können[81]. Die Grunddisziplin der Philosophie darf also nie hoffen, den sicheren Gang der Wissenschaft einschlagen zu können[82], wenigstens solange Wissenschaft nach den Gesetzen der II. Analytik des Aristoteles begriffen wird.

---

79 Klar ausgesprochen u. a. bei J. J. Syrbius: Synopsis Philosophiae primae, Jena 1716, Architectonica § 3 (S. 3); vgl. Leinsle: Reformversuche (s. Anm. 49), S. 204 – 206.

80 Als "Lexicon in figuram scientiae redactum" bezeichnet sie J. Thomasius: Historia variae fortunae (s. Anm. 50), § 35 (S. 79); vgl. G. Santinello: Jakob Thomasius e il Medioevo, in: Medioevo 4 (1978), S. 191; Leinsle: Reformversuche (s. Anm. 49), S. 142 f.

81 Die Unmöglichkeit der Anwendung der Gesetze der II. Analytik auf die Metaphysik des Aristoteles legt dar E. Treptow: Der Zusammenhang zwischen der Metaphysik und der zweiten Analytik des Aristoteles, München–Salzburg 1966; vgl. A. Antweiler: Der Begriff der Wissenschaft bei Aristoteles, Bonn 1936, S. 117 ff.

82 I. Kant: KrV, Vorrede z. 2. Auflage (B VII).

HORST DREITZEL

Der Aristotelismus in der politischen Philosophie Deutschlands im 17. Jahrhundert

I

Zunächst möchte ich meiner Verlegenheit Ausdruck geben, in diesem Kreis von Philosophen einiges zur politischen Philosophie in Deutschland im 17. Jahrhundert vorzutragen. Diese Verlegenheit ist doppelt begründet: als Historiker, der nicht zugleich Philosoph ist, fühle ich mich für den philosophischen und den philosophiegeschichtlichen Aspekt dieses Themas nicht kompetent, und als Historiker, der nicht zugleich Politikwissenschaftler ist, auch nicht dem politologischen Aspekt gewachsen. Der Unterschied in der Behandlungsart geistesgeschichtlicher Themen zwischen einem Historiker und einem Forscher, der den systematischen Disziplinen verpflichtet ist, besteht nämlich nach meiner Erfahrung vor allem darin, daß der Historiker versucht ist, die Dimensionen der sachlich–systematischen Problematik von theoretischen und philosophischen Aussagen zu vernachlässigen gegenüber jenen Bezügen, die sie entweder als "Ideen" in den Kontext eines "Zeitgeistes" stellen ("Ideengeschichte"), als "Ideologien" im Hinblick auf ihre Funktionen in den gesellschaftlichen Prozessen analysieren ("Sozialgeschichte") oder als Ausdruck von "Mentalitäten" im Hinblick auf eine historische Anthropologie (Kulturgeschichte) interpretieren. Allerdings fällt es dem Historiker auch schwer, jene geschichtsphilosophische Dimension der Interpretation zu erreichen, in der es um die Frage nach der Entstehung der "Moderne" geht – u. a. deshalb, weil er die "Moderne" innerhalb der vieldimensionalen und differenzierten Gegebenheiten der gegenwärtigen Zeit nicht als homogene Substanz, die aus einer Quelle entstehen könnte, wahrzunehmen vermag. Er sieht vielmehr die Entwicklungen und Wechselwirkungen unterschiedlicher, in veränderter Form oft noch gegenwärtig wirksamer Tendenzen und kann höchstens den Beitrag der einen oder anderen zur Entstehung der neuen, "modernen" Paradigmen zu bestimmen versuchen. Daß Charles B. Schmitt, dem unser Arbeitsgespräch gewidmet ist, in seinen eindringlichen Forschungen über den Einfluß der italienischen Universitäten in der Renaissance auf die Entstehung der modernen Naturwissenschaften ebenfalls zu dieser "pluralistischen" These gelangte, war für mich eine große Ermutigung und Bestätigung. Er schrieb:

Unlike many colleagues I do not feel that a significant historical phenomen such as the scientific revolution – if that term has a real meaning – can be related to a particular historical strand, be it Platonism, Hermetism, empirism, the recovery of Greek mathematics, the rise of hedonistic secularism, or any number of other intellectual, mystical or intuitive movements. Rather I am increasingly convinced, that the rise of modern science – and similarly, humanism – can be linked to various intellectual traditions, which blend together to provide the proper ambiente from which a particular mode of thought could emerge[1].

Diese Feststellung gilt, so meine ich, auch für die Geschichte der politischen Theorien.

In meiner Verlegenheit war ich sehr dankbar für die anregende Liste konkreter Fragen, die uns Charles B. Schmitt noch zur Vorbereitung des Aristoteles-Kolloquiums schickte. Allerdings bleibt auch hier meine Inkompetenz, denn seine Fragen sind, soweit sie den Bereich des politischen Aristotelismus betreffen, m. E. offene Fragen. Ich möchte mich auf drei von ihnen konzentrieren und vermag dabei nur einige Thesen und Überlegungen vorzutragen.

II

Vorweg möchte ich jedoch versuchen, das Thema etwas genauer zu umgrenzen. Aristoteles war in der politischen Philosophie des 17. Jahrhunderts im Reich – und nur von ihr soll hier die Rede sein – in dreierlei Form anwesend: als allgegenwärtiges und universales Argumentationsarsenal, das den Gelehrten durch den gemeinsamen Philosophieunterricht indirekt und direkt erschlossen war und aus dem sie sich alle offen und stillschweigend, bewußt und unbewußt bedienten; als Paradigma einer politischen Wissenschaft und Philosophie, die sich an der Politik des Aristoteles und seiner Methodenlehre bzw. Logik orientierte; und als Zielscheibe der Polemik solcher Autoren, die außerhalb des aristotelischen Paradigmas standen und gegen seine Dominanz rebellierten. Diese Liste muß noch ergänzt werden durch den spezifischen "Aristotelismus" in der Philosophie der katholischen Universitäten und ihres seit Beginn des Jahrhunderts ganz überwiegend von Jesuiten bestimmten Unterrichts, in dem der "Philosoph", vermittelt durch die Systeme der mittelalterlichen und der neuen italienisch-spanischen Scholastik, wahrgenommen wurde. Hier möchte ich mich auf die an zweiter Stelle genannte Rezeptionsform, auf den "politischen Aristotelismus", beschränken.

Auch dieser Begriff ist allerdings umstritten. Die Renaissance des Aristotelismus in der politischen Philosophie und Wissenschaft in der Bun-

---

1 Charles B. Schmitt: Philosophy and Science in Sixteenth-Century Italian Universities. In: The Renaissance. Essays in Interpretation to Eugenio Garin, London – New York 1982, S. 319.

164

desrepublik nach dem Zweiten Weltkrieg, die u. a. mit dem Namen von A. Bergsträsser, J. Ritter, H. Kuhn, D. Oberndörfer, W. Hennis, J. Denzer, M. Riedel und H. Maier verknüpft ist, führte zu einer Auffassung, die – vereinfacht – die historische Entwicklung der politischen Philosophie in folgender Weise darstellte[2]: sie sei vor dem Einbruch der neuzeitlichen, an der "science" orientierten Wissenschaftskonzeption und vor der Zerlegung der "Politik" in unterschiedliche Disziplinen, die teils als technologische Kunstlehren, teils als rationale Disziplinen "more geometrico", teils nach dem Vorbild der empirischen Naturwissenschaften betrieben wurden, als eine umfassende Einheit innerhalb der dreigliedrigen praktischen Philosophie des aristotelischen Wissenssystems verstanden worden, deren grundlegende Merkmale Topik, Teleologie, Praxisbegriff sowie die "Phronesis" ("Klugheit") als spezifisches Erkenntnisorgan waren. Wesentliche Eigenart des Politikbegriffes sei die Beziehung der Ethik auf den Staat gewesen, weil die Glückseligkeit des Menschen in der politischen Gemeinschaft zur Vollkommenheit gelange. Das konservative Verharren der deutschen Politica des 16. und 17. Jahrhunderts in dieser Konzeption, ihre Immunität gegen Machiavelli, gegen Bodins Souveränitäts-Idee und gegen Hobbes wurde hervorgehoben und, vor allem von H. Maier, die spezifische Modernisierung dieser Konzeption in der Lehre von der "Polizei", der umfassend-fürsorgenden Verwaltung, als spezifisch deutscher Beitrag zur modernen Staatslehre herausgearbeitet[3].

Sieht man davon ab, daß dieser Konzeption leicht der Irrtum unterlief, die gegenwärtig akzeptierte Interpretation der aristotelischen Philosophie mit dem historischen Aristotelismus zu verwechseln, z. B. bei der Annahme der engen Verknüpfung von Ethik und Politik, bei der Beschreibung der Methodenlehre und der Vernachlässigung jener Probleme, die durch die Autonomie der Kirche entstanden waren, so ist im gegenwärtigen Zusammenhang vor allem die Tendenz dieser Sichtweise hervorzuheben, die Gesamtheit oder doch die Mehrheit der Konzeptionen und Schulen der politischen Philosophie und Ideen jener Zeit unter dem Begriff "Aristotelismus" bzw. "Spätaristotelismus" zusammenzufassen. Ein Beispiel dafür ist der im übrigen ideenreiche, neuere Forschungen konstruktiv aufnehmende Beitrag von Horst Denzer "Spätaristotelismus, Naturrecht und Reichsreform: Politische Ideen in Deutschland 1600 – 1750" zum

---

2 Vgl. Wilhelm Hennis: Politik und praktische Philosophie. Eine Studie zur Rekonstruktion der politischen Wissenschaft. 1963; Hans Maier: Die Lehre der Politik an den älteren deutschen Universitäten. In: Dieter Oberndörfer (Hrsg.): Wissenschaftliche Politik. Freiburg 1962, S. 334 – 349; Manfred Riedel. Aristoteles und Humanismus. Zur frühneuzeitlichen Rezeption der Aristotelischen Politik. In: ders. Metaphysik und Metapolitik. Frankfurt a. M. 1973, S. 109 – 128.

3 Hans Maier: Die ältere deutsche Staats- und Verwaltungslehre. 2. Auflage. Neuwied und Berlin 1980.

"Handbuch der Politischen Ideen" (1985)[4]. Er folgte darin der neo-aristotelischen Interpretation, in dem er den "Spätaristotelismus" als "dominierende" und "prägende Kraft" jener Epoche in den Mittelpunkt rückte und dann in ihm "verschiedene Nuancierungen" unterschied: eine "historisch-philologische" Richtung an den Universitäten Königsberg und Altdorf, eine "historisch-empirische" in Helmstedt mit Arnisaeus und Conring, eine "ramistisch-monarchomachische" in Herborn mit Althusius und Alstedt, eine Verbindung mit dem Neustoizismus und dem Tacitismus bei Bernegger und Boecler in Straßburg, schließlich eine "Rückentwicklung" zu einer betont christlichen Staatslehre im Sinne der Scholastik in Reinkingks "Biblischer Polizei" und Seckendorffs "Christenstaat"[5]. Im übrigen wird der Zerfall der einheitlichen Politik nun schon in den Aristotelismus selbst, in seine Differenzierung in "scientia" und "prudentia" hineinverlegt. Außerhalb des auf diese Weise bestimmten Aristotelismus wird nur die – in anderem Zusammenhang des Werkes behandelte – Staatsräsonlehre und der Tacitismus gestellt[6]. Als seine Überwinder traten dann die "Theoretiker des Naturrechts", Pufendorf, Christian Thomasius und Leibniz, am Ausgang des 17. Jahrhunderts auf. Im Kontrast zur Naturrechtslehre charakterisierte H. Denzer dann den Spätaristotelismus noch einmal zusammenfassend als scholastische "Philosophia christiana":

> War bei der reformatorischen Staatslehre und im Aristotelismus die Politik als Lehre des menschlichen Zusammenlebens in der Gemeinschaft unmittelbarer Ausfluß der göttlichen Schöpfungsordnung und Gnade und/oder der in der politischen Gemeinschaft erst zu ihrer Vollkommenheit kommenden menschlichen Natur, so leitet sich nun das menschliche Zusammenleben primär aus den natürlichen Rechten und dem Willen der Menschen zum Zusammenleben her ...

– übrigens eine Gegenüberstellung, die bei jedem Aristoteliker Kopfschütteln hervorgerufen hätte, weil sie ein Musterbeispiel scheinbarer Antinomie ist[7].

---

4 Horst Denzer: Spätaristotelismus, Naturrecht und Reichsreform: Politische Ideen in Deutschland 1600 – 1750. In: Pipers Handbuch der politischen Ideen. Hrsg. von Iring Fetscher und Herfried Münkler, Bd. 3. München–Zürich 1985, S. 233 – 274.

5 Denzer: Spätaristotelismus, S. 237 – 238.

6 Herfried Münkler: Staatsraison und politische Klugheitslehre. In: Pipers Handbuch der politischen Ideen, Bd. 3, S. 55 – 66.

7 Denzer: Spätaristotelismus, S. 249. – Typisch Johannes Simon: Theoremata politica de subjecto politices. Rostock 1623, D. 8: "Omnis enim summa potestas a Deo est. Mediate vero confertur vel ordinariis viis (sorte, successione, electione, fundatione, mixta) aut extraordinariis (donatione, testamento, pacta jurisgentium, bello)". – Hermann Conring: De prudentia politica. Helmstedt 1662, c. 6, betonte ausdrücklich, daß der Mensch auch außerhalb von Staaten glücklich leben könne.

Vor jeder Kritik muß festgestellt werden, daß die orientierende Klassifizierung und genetische Gliederung der kaum überschaubaren Literatur der deutschen Politica und ihrer Konzeptionen im Übergang von der Reformation zur Aufklärung ein uneingelöstes Desiderat ist[8]. H. Denzers Vorschlag ist gegenwärtig der modernste, auch in der Berücksichtigung des Forschungsstandes; er ist zugleich übersichtlich mit seiner Abfolge "Spätaristotelismus" – "Theoretiker des Naturrechts" und andererseits komplex und erweiterungsfähig durch die zusätzliche Gliederung in "scientia", allgemein-systematische Lehren, und "prudentia", spezielle und anwendungsbezogene Lehrbestände, zu denen er neben der "Staatenkunde" und der "Kameralistik" auch die Reichspublizistik rechnet. In der Tat besteht ja eine der Schwierigkeiten, einen Überblick zu gewinnen, in dem Umstand, daß die von der Forschung herausgearbeiteten Doktrinen und Komplexe von Doktrinen nach sehr unterschiedlichen Kriterien gruppiert werden: sie sind orientiert an Literaturgattungen (z. B. Fürstenspiegel, Kommentarwerke zu antiken Historikern, Systeme) oder an bestimmten Sachproblemen (Staatsräson, Souveränitätslehre, Verhältnis von Staat und Kirche, Struktur der Reichsverfassung), sie konzentrieren sich auf den konfessionellen Zusammenhang, dem ein bestimmender Einfluß zugemessen wird, auf die zeitgenössischen Disziplinen oder auf die Vorgeschichte späterer Disziplinen (wie der Kameralwissenschaft, der Polizei- und Verwaltungslehre, des allgemeinen Staatsrechts), sie rücken aber zuweilen auch wissenschaftstheoretische Paradigmen bzw. philosophische Schulen (wie Ramismus, Rationalismus, Aristotelismus, Neuplatonismus oder Eklektizismus) in den Mittelpunkt, oft aber auch die Stellung zu den zeitgenössischen politischen Problemen, z. B. zum fürstlichen Absolutismus oder zur ständischen Verfassung. Es war eine Folge der geringen Konzentration politischer Konflikte im Reich, daß es kaum ausgeprägte Kristallisationen der unter verschiedenen Gesichtspunkten festgestellten Merkmale gab. Einige Beispiele dafür: Der Ramismus wurde sowohl von Althusius wie von Lipsius verwendet, die in ihrer Stellung zu den aktuellen politischen Problemen völlig gegensätzlich waren, auch in ihrer Grundkonzeption von "Politik". "Monarchomachen" im Sinne von Verfechtern des Ständesstaates und des Widerstandsrechts waren nicht nur Althusius, der übrigens kaum eine Schule bildete, sondern auch viele Theoretiker, die vom Aristotelismus ausgingen, z. B. Chr. Besold, J. Micraelius, und ein

---

8 Vgl. die vorangehenden Versuche von Michael Stolleis: Reichspublizistik - Politik - Naturrecht im 17. und 18. Jahrhundert. In: Staatsdenker im 17. und 18. Jahrhundert. Hrsg. von Michael Stolleis. Frankfurt a. M. 1977, S. 7 – 28, und Jutta Brückner: Staatswissenschaften, Kameralismus und Naturrecht. Brückner: Staatswissenschaften, Kameralismus und Naturrecht. Ein Beitrag zur Geschichte der politischen Wissenschaften im Deutschland des späten 17. und frühen 18. Jahrhunderts. München 1977.

Naturrechtslehrer wie G. S. Treuer. Calvinisten waren sowohl Althusius wie der Aristoteliker Keckermann, der Hobbes-Anhänger Becmann wie der Tacitist C. Lentulus, Lutheraner nicht nur die Helmstedter Aristoteliker, sondern auch die Straßburger Lipsius-Anhänger und die Verteidiger des institutionellen Gottesgnadentums wie J. H. Horn. Sogar die katholischen Autoren sind weniger einheitlich als man denkt: neben der thomistischen Tradition der Jesuiten mit ihrer Vorliebe für die "respublica mixta" und der höfisch-katholisierenden Lipsius-Rezeption schrieben katholische Autoren sowohl die prägnanteste Formulierung des Gottesgnadentums-Absolutismus im deutschen Bereich wie auch die deutlichste Darstellung des Gemeinwesens als arbeitsteiliger Wirtschaftsgesellschaft mit rein dienenden Funktionen des politischen Regiments, wenn es auch zwei Konvertiten waren: W. von Schröder und J. J. Becher.

Soll nun der Begriff "politischer Aristotelismus" mehr als ein vages geistesgeschichtliches Symbol sein, so sind bei dem Vorschlag H. Denzers zumindest zwei Auffassungen problematisch. Zunächst ist die implizierte Vorstellung eines Spätaristotelismus als gemeinsamer Ausgangspunkt und seiner inneren Differenzierung nicht annehmbar, weil sie seine Stellung sowohl im Entstehungsmoment wie im Verlauf des Jahrhunderts verschleiert. Er war nämlich von Beginn an bestimmt durch Auseinandersetzungen mit konkurrierenden, zumindest unabhängigen Konzeptionen zur Erfassung des Politischen, die vor allem durch die disziplinären Traditionen der Jurisprudenz, der Theologie, der "Humanistik" und der Ethik, aber auch durch die der Fürstenspiegel bestimmt waren. Wenn auch zuzugeben ist, daß abgesehen vom geringen Einfluß des Ramismus und später des Cartesianismus der Aristotelismus als einzige Philosophie an den protestantischen Universitäten gelehrt wurde, so war doch damit nicht selbstverständlich gegeben, daß der politische Aristotelismus das dominierende oder gar das einzige Ideensystem für Staat und Politik bildete. Der Pluralismus war auch hier der Ausgangspunkt; Juristen und Theologen hatten zunächst mehr und Zeitgemäßeres, auch Konkreteres zu sagen als die aristotelischen Philosophen. Ganz allgemein wird die Komplexität der geistigen Welt der Frühen Neuzeit oft unterschätzt. Die Zeitgenossen nahmen sie wahr und fanden verschiedene Formen mit ihr umzugehen: die Polemik, die partielle und umformende Rezeption fremder Lehren, die eingegrenzte Anerkennung verschiedener Konzeptionen und den Synkretismus, die disziplinäre Zuordnung und den Eklektizismus.

Der zweite Einwand bezieht sich auf die weite Fassung des Begriffs "Spätaristotelismus". Für die Philosophiegeschichte jedenfalls sind es wohl drei Aspekte, die bei der Bestimmung von "Schulen" der politischen Philosophie im Mittelpunkt stehen sollten: die Selbsteinschätzung oder zumindest bewußte Orientierung, die grundlegende Auffassung vom "Politischen" und drittens der Zusammenhang dieser Auffassungen mit übergreifenden, begründenden philosophischen oder ideellen Konzeptionen,

z. B. der Erkenntnis– und Wissenschaftslehre, der Metaphysik und der Gotteslehre, der Anthropologie und der Ethik. Die beiden letztgenannten Aspekte können insofern relativ getrennt sein, als nicht jede eigenständige und ausgeprägte Konzeption des Politischen auch mit einer entsprechend elaborierten Theorie der fundierenden Bereiche der Philosophie verknüpft auftritt – die Einbettung der politischen Philosophie in ein philosophisches Gesamtsystem wie bei Hobbes oder Leibniz kann jedenfalls nicht als Regel gelten. Die Verselbständigung der Disziplinen bedeutete ja auch, daß dieser Zusammenhang bewußt gelöst wurde, wobei dann ein Bereich, die wissenschaftstheoretische und methodologische Reflexion, aus der "Philosophie" herausgerissen und in die Disziplin integriert wird, so daß sie sich z. B. in methodologischen Traktaten, Einleitungsschriften und "Enzyklopädien" niederschlägt. Außerdem ist auch für die Frühe Neuzeit davon auszugehen, daß politische Konzeptionen auch außerhalb der philosophischen oder wissenschaftlichen Disziplinierung entstehen und fortleben.

Die Anwendung dieser beiden Gesichtspunkte auf die politische Philosophie des 17. Jahrhunderts führt zu einem engeren Begriff des Spätaristotelismus bzw. des politischen Aristotelismus. Ich möchte dafür plädieren, ihn mit den folgenden vier Kriterien von anderen zeitgenössischen Konzeptionen abzugrenzen[9]:

1. Erstes Kriterium des politischen Aristotelismus ist der systematische Bezug auf die aristotelische Politik und auf die aristotelische Methodenlehre, die auch Elemente der aristotelischen Ontologie einschließt. Entscheidend ist nicht, daß die Schriften des Aristotelismus zitiert und ausgebeutet wurden: wer tat das nicht? Entscheidend ist ein spezifisches Verhältnis zu Aristoteles, das ich als "späthumanistisches" kennzeichnen möchte, insofern es in Parallele steht zu analogen Verhaltensweisen zu anderen Autoren der heidnischen Antike bei anderen Philosophen, z. B. im Stoizismus, im Tacitismus, im Epikuräismus, im Platonismus, in der Erneuerung des Pyrrhonismus. Die entsprechende Bezugnahme auf Philosophen der christlichen Antike (z. B. Augustinus) ebenso wie auf die des Mittelalters (z. B. auf Thomas von Aquin) war für scholastische Schulen

---

9 Dabei stütze ich mich auf meine Untersuchungen: Protestantischer Aristotelismus und absoluter Staat. Die Politica des Henning Arnisaeus. 1970; H. Conring und die politische Wissenschaft seiner Zeit. In: Hermann Conring (1606 – 1681). Beiträge zu Leben und Werk. Hrsg. von Michael Stolleis. Berlin 1983, S. 135 – 172; Aristoteles' Politik im Denken Hermann Conrings. In: Categorie del Reale e Storiografia. Aspetti di Continuità e Trasformazione nell' Europa moderna. Hrsg. von Francesco Fagiani und Gabriella Valera. Mailand 1986, S. 33 – 59; Grundrechtskonzeptionen in der protestantischen Rechts- und Staatslehre im Zeitalter der Glaubenskämpfe. In: Grund- und Freiheitsrechte von der ständischen zur spätbürgerlichen Gesellschaft. Hrsg. von Günther Birtsch. Göttingen 1987, S. 180 – 214.

kennzeichnend. Die Betonung des "humanistischen" Charakters des Aristotelismus ist wichtig, weil er in Deutschland – neben dem überschätzten Neustoizismus – fast das einzige Element der unmittelbaren Verbindung zwischen dem Renaissance–Humanismus und der Aufklärung bildete. Für diese Brückenbildung war die Aktivierung des achristlich–heidnischen Potentials wichtig, die z. B. in der Lehre von der natürlichen Theologie und dem säkularen Verständnis des Staates erfolgte.

Alle diese späthumanistischen Philosophien verbanden die philogogisch–hermeneutisch–historische Erforschung ihres Autors mit der Freilegung seiner methodischen Prinzipien und seiner materialen Kategorien sowie deren freier, d. h. von den speziellen Aussagen des Autors gelösten Anwendung zur Bearbeitung der jeweiligen Sachprobleme, wie sie sich der gegenüber der Antike als geändert oder fortgeschritten wahrgenommenen Gegenwart stellten. Selbstverständlich war dies nicht die einzige Möglichkeit des Verhaltens zur antiken Philosophie in jener Epoche: eine andere bestand im Eklektizismus, der absichtlichen Freiheit von den "Sekten" und der Auswahl aus ihren Sachlösungen. In ihrer ersten Form, im Ramismus, verschob sich das methodische Element auf die Darbietungs- und Verknüpfungsordnung, die zugleich als Beweismethode galt: "Definivi, divisi, excepi: Politica nos in artem redigimus; et nihil omisi, quod faceat ad formam faciemque perfectae artis", schrieb Lipsius in der Vorrede zu seinem Fürstenspiegel[10]. Die, im Gegensatz zum Ramismus, erfolgreiche, wohl vor allem von F. Bacon beeinflußte Variante des Eklektizismus am Ausgang des 17. Jahrhunderts (J. Chr. Sturm, F. Buddeus, Chr. Thomasius, A. Rüdiger) entwickelte dagegen eine eigenständige, psychologisierende Erkenntnis- und Methodenlehre, die die Autonomie der disziplinären Erkenntnisleistungen zur Geltung brachte und damit eine Tendenz des Aristotelismus vertiefte.Eine dritte Haltung zeigte die im Katholiszismus wieder auferstandene Scholastik mit ihrem Bestreben, im Anschluß an die klassischen Philosophentheologen des Hohen Mittelalters durch logische und metaphysische Verbindungen und Unterscheidungen die widersprüchlichen Aussagen der theologischen, philosophischen und kanonistischen Traditionsbestände zu harmonisieren. Schließlich muß auch jene Haltung genannt werden, die die Brücken zur Tradition bewußt abbrach und auf die Vernunft allein vertraute – der Schritt zur Aufklärung, wie ihn Bacon, Descartes und Hobbes vollzogen. Sie gründeten allerdings wieder eigene "Schulen". Der Cartesianismus bereitete sich im westdeutschen Calvinismus, vor allem an der Universität Duisburg und an den Akademien in Herborn und Bremen seit der Jahrhundertmitte aus – ihre Politica ist allerdings noch nicht erforscht. Sollte man die Eigenart der deutschen Entwicklung kennzeichnen, so liegt sie in der Tat in der lang dauernden Do-

---

10 Justus Lipsius: Politicorum sive civilis doctrinae libri sex. Leiden 1589, Praefatio.

minanz der späthumanistischen Politica in den beiden Varianten des Aristotelismus sowie des Tacitismus und des Neustoizismus im Lehrbetrieb der Universitäten und der Gymnasien im protestantischen Teil des Reiches.

2. Ein zweites Kriterium ist die methodische Verselbständigung und Autonomie der Politica gegenüber Theologie, Jurisprudenz, Ethik und Ökonomik mit dem gleichzeitigen Anspruch, als "ars architectonica" diese Disziplinen und die zugehörigen Institutionen und Verhaltensweisen unter Anerkennung ihrer fundamentalen Autonomie in das Gemeinwesen einzugliedern und in seinem Interesse zu kontrollieren: "Nec Theologus nec Jurisconsultus unquam ad proprium finem studii politici accedit et juxta eundem finem manet perpetua differentia inter Politici, Theologici et Jurisconsultus, nec unquam illorum officia debent miscere"[11]. Adressat war der "Politicus", ein Fachmann der Regierung aus dem Adel oder dem gelehrten Amtsbürgertum, der selbstverständlich vom Höfling ebenso wie vom Juristen unterschieden wurde. Die "Politica" wurde definiert als "scientia constituendi et gubernandi rempublicam"; sie galt als "scientia suo ordine", die theoretisch–universale Erkenntnisinteressen und –möglichkeiten und praktisch–partikulare, auf die Praxis gerichtete einschloß, ohne sie scharf voneinander zu trennen. Es ist einsichtig, daß diese Konzeption von Beginn an mit dem Anspruch der Theologen und engagierten Christen sowie der Juristen in Konflikt lag. "Jurisconsultus id est politicus" war die Formel der späthumanistischen Jurisprudenz, die durch die Entwicklung des positivem Staatsrechts und des Naturrechts, das auch das politische Recht einschloß, ihre Position ausbaute.

3. Das Bedürfnis nach einer "ethischen" Politik im Sinne des Strebens nach "Einheit der praktischen Vernunft" war allgemein und prägte sich seit der Reformation und der katholischen Reform in allen Ländern vor allem im Wettbewerb um die Verchristlichung des Lebens und der Gesellschaft, in den politischen Ideen in der Politica christiana aus. Für den Aristotelismus war demgegenüber die Unterscheidung zwischen dem "guten Menschen" und dem "guten Bürger" charakteristisch; nur dem letzterem galt die Politica. Ebenso wurde die "religio relevata" tendenziell ausgegliedert. Der Zusammenhang zwischen Ethik, Recht und Politik war locker, trotz häufiger Verbindung der Professuren für Ethik und Politik traten nur wenige der politischen Philosophen als Moralphilosophen hervor.

---

11 Friedrich Tilemann: Systema studii politici seu primae politicae prudentiae principia. Stettin 1605, S. 73. Die am meisten ausgearbeitete Fassung dieser Lehre bei Hermann Conring: De civili prudentia liber unus. Helmstedt 1662. Auch in: Opera omnia. Hrsg. von Wilhelm Goebel. Braunschweig 1730, Bd. 3, S. 280 - 421, vor allem Kapitel 1 - 6. Dieses bedeutendste Buch des politischen Aristotelismus in Deutschland sollte endlich durch eine kommentierte Edition und Übersetzung allgemein zugänglich gemacht werden.

Vorbild war vielmehr die Rolle und das Selbstverständnis des Arztes und der Medizin. Allerdings muß gesagt werden, daß der Zusammenhang noch kaum erforscht ist; doch ist zu vermuten, daß gerade in diesem Bereich eine Schwäche des Aristotelismus gesehen wurde.

Der Aristotelismus lehnte das Naturrecht nicht ab, reduzierte es aber auf einen knappen Kanon allgemeiner, durch die Vernunft sicher einsichtiger Prinzipien der Ethik, die keine unmittelbaren Konsequenzen haben für Struktur und Organisation des Gemeinwesens. Im Sinne dieser Konzeption galt Aristoteles als Philosoph des Naturrechts, wenn auch getadelt wurde, daß er es nicht ausführlich darstellte. Conring sah den Grund dafür darin, daß er die Voraussetzungen, die Unsterblichkeit der vernünftigen Seele und Gott als Schöpfer und Richter der Seelen, nicht kannte – Aristoteles ahnte nur die Existenz des Naturrechts[12]. Im übrigen war für den Aristotelismus der Zusammenfall der Kategorien "utilitas" und "justum" charakteristisch, bzw. die Interpretation des "justum" als Teil der "utilitas", die jeweils als eine allgemein-kollektive gesehen wurde. Die Unterordnung des Rechts unter den Nutzen führte zu einer Positivierung des Rechts: es war nicht wie in der juristischen Tradition ein selbständiges, auf dem Naturrecht aufgebautes Normensystem, das letztlich die Führung in Ethik und im Gemeinwesen zu seiner Verwirklichung forderte, sondern ein von der politischen "utilitas" abhängiges, positives Regelsystem, die Juristen galten nur als Kenner und Anwender dieser Regeln[13]. Ihr Anspruch auf Gesetzgebung und politische Führung galt deshalb ebenso als Anmaßung wie ihre Berufung auf das römische Recht, das Conring als typisches Gesetzeswerk einer despotischen Monarchie analysierte. Sein großer Streit mit dem Straßburger Juristen Tabor muß unter diesem weiteren Gesichtspunkt gesehen werden, nicht nur als Streit um die Quellen des positiven Rechts.

4. Der Begriff des "Politischen" wurde im Gegensatz zur Lehre von Althusius und zur Staatsräson-Philosophie, die von der eklektischen Philosophie am Übergang zum 18. Jahrhundert fortgeführt wurde ("Die Politic ... ist nichts anderes, als eine Wissenschaft, die uns zeigt, wie man in allen

---

12 Conring: Opera, 6, S. 573: "In morali Aristotelis philosophia multa desidero: omnem enim juris naturalis prudentiam isthuc censeo pertinere, nec ordo modusque tractandi satis placet: vis etiam argumentorum Aristotelicorum videbetur debilior, idque quoniam nec providentiam divinam, nec animae immortalitatem aut vitae aliam, quam quae in hoc mundo hominibus obtingit, felicitatem agnovit".

13 Vgl. Conring: De civili prudentia, c. 3 – Opera 3, S. 824: "Res subjectae sunt loca, tempora in causa, ut alia reipublicae forma huic genti conducat, quae alio populo foret maxime inutilis. Alia quippe respublica bona et conveniens est barbaris, alia septemtionalibus ingeniis, alia sub meridionali plaga habitantibus, alia ferocioribus, alia mansuetis populis, alia ad potentiam aspirantibus, alia ad divitias, alia ad vitae tranquillitatem ...".

Ständen glücklich leben könne, sonderlich aber, wie ein Staat glücklich zu regieren sey, als in welchem alle Stände gleichsam eingeschlossen sind")[14], ausschließlich auf Gründung und Regierung des "Staates" als eines sozialen Verbandes unvergleichbarer Struktur und Zielsetzung bezogen. Er wurde insofern für "natürlich" gehalten, als er wie Sprache und Sozialität als fundamentale Verwirklichungsweise menschlichen Lebens galt – die Natürlichkeit bedeutete jedoch dabei weder, daß er ohne Handeln und Willkür der Menschen entstehe, noch, daß es nicht ältere und gegenwärtige Lebensformen gäbe, in denen er noch nicht ausdifferenziert ist. Die Staatsdefinition umschloß die Begriffe "civitas", die tendenziell autarke und arbeitsteilige, in verschiedene "genera vivendi" differenzierte Gesellschaft mehrerer Familien und ihrer lokalen und funktionalen Verbände "bene et beate vivendi causa" sowie die "respublica" als zugehöriger "ordo imperantium et parentium". Zur Herrschaftsordnung gehörte die summa potestas, die von Systemfremden unabhängige und innerhalb ihrer funktionalen Grenzen potentiell allzuständige Entscheidungs- und Durchsetzungsgewalt. In dieser Weise wurde die Souveränitätslehre Bodins rezipiert. Im Gegensatz zu einer weit verbreiteten Auffassung war für den Aristotelismus die Unterscheidung von "civitas" und "respublica" charakteristisch, wobei für den zusammenfassenden Begriff bald das eine, bald das andere Wort vorgezogen wurde. Ihr Verhältnis wurde einerseits als das von Materie und Form, andererseits aber auch als das von Vorgängigem und Zielsetzendem gegenüber dem Nachfolgenden und Instrumentalen bestimmt. Die Abhängigkeit des "Staates" als Herrschaftsordnung und Regierung von der Mentalität und der wirtschaftlich–sozialen Struktur der Gesellschaft wurde vor allem im Hinblick auf die Staatsformen und in der "Notitia rerum publicarum" im Hinblick auf die "Interessen" der Herrschenden (scopus, causa finalis) analysiert. Die Legitimation des politischen Systems wurde in seiner empirisch feststellbaren Funktionalität gesehen und damit der sowohl ontologisch wie historisch und soziologisch begründeter Relativismus in Bezug auf die Staats- und Verfassungsformen begründet, die z. B. auch eine Erweiterung der aristotelischen Typen um das "systema civitatum" ermöglichte. Letztes Kriterium der Unterscheidung von Despotie und Tyrannis war die Akzeptanz des Herrschaftssystems. Im Gegensatz zur späteren naturrechtlichen Staatslehre und auch

---

14 Nicolaus Hieronymus Gundling: Ausführlicher und mit illustren Exempeln aus der Historia und Staaten Notiz erläuterter Discours über weyl. Herrn D. Joh. Franc. Buddei Philosophiae practicae pars III. Die Politic. Frankfurt–Leipzig 1733 (Vorlesungsnachschrift), S. 3. – Johannes Althusius: Politica methodice digesta. 3. Aufl. Herborn 1614, c. 1 n. 1: "Politica est ars homines ad vitam socialem inter se constituendam, colendam et conservandam consociandi"; ebenso Christoph Becmann: Meditationes politicae, c. 1 n. 2. Polemik dagegen: Nicolaus Hertius: Elementa prudentiae civilis. 3. Aufl. Frankfurt 1712, S. 7.

zu Althusius galt als Kriterium der Funktionalität nicht eine – tatsächlich vollzogene oder stillschweigend als "Natur der Sache" anerkannte – Rechtsstruktur des politischen Systems, sondern seine in der Verwirklichung der Ziele der "civitas" im allgemeinen und besonderen sowie in der Akzeptanz des Regiments sichtbare Leistung. Das Problem des "idealen Staates" wurde von den Aristotelikern häufig diskutiert, wobei ihre Abneigung gegen den "platonischen" Utopismus drastisch zum Ausdruck kam: es gebe nur "beste Staaten" in Relation zu den Gegebenheiten der "civitas"[15]. Dagegen besaßen sie formale Kriterien, vor allem den Maßstab, inwieweit die Regierung im Interesse der Gesamtheit oder der Mehrheit ausgeübt werde – Machtausübung zugunsten der Herrschenden galt allerdings nur dann als illegitim, wenn dabei nicht ein Minimum der Interessen der civitas beachtet wird, wenn Gesellschaft und Staat dadurch vernichtet werden. Despotie galt also als legitime Staatsform, Tyrannis dagegen nicht, der Widerstand gegen sie als Notwehr erlaubt. Hinsichtlich der "civitas" war formales Kriterium, "quod felicitatem suam in vera beatitudine collocat, in operibus nempe virtutis, instructis omnium rerum sufficientia"[16]. Hier waren die relativen Abweichungen z. B. die Dominanz des Reichtumsstrebens oder des Strebens nach Macht, nach Luxus oder "voluptas".

Abschließend noch der Hinweis, daß der Aristotelismus die Auffassung ablehnte, der Staat im Sinne von Herrschaftsordnung sei eine Folge der Erbsünde. Vielmehr wurde von der Erbsünde nur abgeleitet, daß Befehl und Gehorsam mit Strafen durchgesetzt, nicht freiwillig akzeptiert werden. Ein Autoritätssystem sei aber in jeder kontingenten Ordnung erforderlich, auch die Engel, so heißt es, brauchen ein "regimen", das ihre Hierarchie in diesem Sinne lenkt[17]. Mit diesen vier Elementen bildete der politische Aristotelismus ein Paradigma, das in einem relativ lockeren Verhältnis zum Gesamtzusammenhang der übrigen aristotelischen Philosophie stand, eine relativ selbständige Einzelwissenschaft. Damit wurde eine Tendenz realisiert, die schon im Werk des Aristoteles selbst angelegt war. Die Metaphysik wurde nur gelegentlich bemüht, z. B. bei der Zerlegung der "majestas" in ihre "partes potentiales" unter Beibehaltung der substantiel-

---

15 Vgl. Hermann Conring: Exercitatio politica de optima republica. Helmstedt 1625; auch in: Opera, 3, S. 823 – 839.

16 Conring: Opera, 4, S. 220.

17 Heinrich Julius Scheuerl: Dissertationum politicarum decas. Leipzig 1628. Diss. 1 n. 62 beruft sich für das Engelargument auf den Genesis-Kommentar von Benedikt Pereyra; als Repräsentant der Auffassung "Propter malitiam hominum, cui corrigendae princeps reipublicae praeest, et leges sunt introductae", wird stereotyp Antonius Mirandulanus angeführt, vgl. ebd. u. M. H. Velstenius: Centuria quaestionum politicarum. Gießen 1620, D. 1 qu. 1; Henning Arnisaeus: De republica seu relectionis politicae libri duo. Frankfurt a. M. 1615, 1. 2 s. 3 n. 1.

len Einheit im Zusammenhang der Verteidigung der Gewaltenteilung, auch bei der Anwendung der quatuor causae–Analyse. In dieser Eigenart liegt auch seine Differenz gegenüber dem scholastischen Aristotelismus, der gerade im Gegenteil bemüht war, die im aristotelischen Korpus angelegte Tendenz zur Autonomie der Disziplin in der hierarchischen Ordnung des rationalen und theonomen Seins zu überwinden. Enger war der Zusammenhang mit der Logik und Methodenlehre. Aber auch hier scheint mir die Eigenart des politischen Aristotelismus darin zu liegen, daß er bemüht war, eine regionale Methodologie und Logik zu entwickeln – das Vorbild war dabei durchgehend die Medizin, nicht die Metaphysik und auch nicht die Naturphilosophie. Diese Eigenständigkeit war sein wesentliches Argument gegen Einheitsphilosophien wie den Cartesianismus und die Lehre von Hobbes. Im übrigen darf man sich nicht täuschen lassen von dem Bestreben der Aristoteliker, neue Sachverhalte und Perspektiven in ihre scientia zu integrieren: dies geschah mit der Lehre von der souveränen Staatsgewalt im Anschluß an Bodin, mit der Lehre von den "leges fundamentales" im Anschluß an die französischen Monarchomachen, mit der Lehre von der ratio status und den arcana imperii, mit der Lehre von der Macht ("potentia") und der "majestas" (der personalen Autorität und dem Charisma des Fürsten) im Anschluß an Lipsius und mit merkantilistischen Doktrinen. Die Integration der fremden Themen erfolgte stets unter spezifischen Umdeutungen. Fast immer wurde die Rezeption auch verbunden mit dem Hinweis, daß der Kern dieser Lehre schon in der Politik des Aristoteles zu finden sei.

Dies gilt auch von der Naturrechtslehre. Das Jus naturae et gentium war nämlich, bevor es zum Fundament politischer Philosophie wurde, ein partikulares Sach- und Problemfeld, das innerhalb unterschiedlicher Systeme der politischen Philosophie ganz unterschiedlich verortet und entfaltet wurde. Für Althusius z. B. war das, was später Jus publicum universale genannt wurde, eine aus den Sachverhalten des politisch–sozialen Lebens abgeleitete spezielle Ordnung von Normen: nicht das naturrechtliche Staatsrecht begründete die Politica, sondern die Staats- und Soziallehre begründete das allgemeine Staatsrecht: "Politicus de facto et capitibus majestatis agit. De jure, quod ex his oritur, jurisconsultus disserit"[18]. Meine These ist, daß die dem Aristotelismus entsprechende Form der Entfaltung des Naturrechts Hugo Grotius durchführte. Zumindest grundlegende Ideen wie das Fundament in der recta ratio und der ontologisierten Vernunft, die Verbindung der Prinzipien der Selbsterhaltung und der Sozialität, die Begrenzung der Naturrechtsregeln auf wenige formale Prinzipien wie "pacta sunt servanda" und die empirische Methode zur Ermittlung der materialen Gehalte einschließlich des ausgeprägten Relativismus – sie alle sprechen neben der Rezeptionsgeschichte für diese These. Auch die Aussagen der

---

18 Althusius: Politica. 1614, Praefatio, S. 3.

Aristoteliker über die allgemeinen Strukturen der "Gemeinwesen" galten als empirisch-induktiv gewonnen, abgesehen von den wenigen, weitgehend "formalen" anthropologischen Fundamentalkategorien.

Aber es gab konkurrierende Konzeptionen, die auch von den Aristotelikern als solche wahrgenommen und angegriffen wurden. Abgesehen davon erscheint es aber auch heute kaum möglich, unter den genannten Kriterien Althusius' "Politica", Seckendorffs und Reinkingks "Christenstaat" und auch Berneggers Lipsius-Adaption und seine Kommentarwerke zu römischen Historikern zur Politica des Spätaristotelismus zu rechnen. Althusius z. B. verstand unter Politik im Gegensatz zum Aristotelismus jedes Sozialverhalten, und ebenso unaristotelisch war der ramistisch-synthetische Aufbau seiner Sozialphilosophie mit ihrem gleitenden Stufenbau von Vergesellschaftungen immer größerer Komplexität sowie die genossenschaftliche "universitas" als normatives Modell für alle Gemeinschaften und politischen Gemeinwesen. Im übrigen ging im Reich die Polemik gegen die "Monarchomachen" vor allem von den Aristotelikern Arnisaeus und Conring aus. Für den von Bernegger vertretenen Tacitismus scheint mir dagegen kennzeichnend, daß das Politische verstanden wurde als personale Herrschaft, zu der einerseits das Regiment über Untertanen, andererseits und vor allem seine Erhaltung, Durchsetzung und Erweiterung gegen Machtkonkurrenten gehörte, außerdem die eigentümliche – heute in der Pädagogik wiederum aktuelle – Erkenntnislehre, daß die verhaltenssteuernde "prudentia", die zugehörige Erkenntnisweise, nur aus den "res gestae", aus konkreten Situationen, wie sie die eigene Erfahrung oder die Historiographie darbietet, lernen könne[19]. Analog war das Verhältnis zum Neustoizismus, der Schule von Lipsius. Sieht man einmal von den Unvereinbarkeiten der stoischen und der aristotelischen Ethik sowie der ramistischen und aristotelischen Methodenlehre ab, so war ausschlaggebend die Reduktion des Staatsbegriffes auf das "imperium", den Status des absoluten Monarchen, demgegenüber das Volk und die Untertanen nurmehr Objekte bildeten, und die Reduktion der Staatszwecke auf die Erhaltung dieser Herrschaft als Voraussetzung von Schutz und Frieden sowie auf die

---

19 Vgl. Johann Heinrich Boecler: Dissertatio de politicis Lipsianis. 1642; in: Dissertationes Academicae, 3, Straßburg 1712, S. 356: "Distinguenda sunt ante omnia, quae ad civitatis rerumque civilium historiam et cognitionem pertinent ab iis, quae ad civitatis guberationem civilisque actus prudentiam spectant. Ibi quaedam peritia et cognitio rei politicae: huic consilium et prudentia, vere sic dicta, locum habet"; es sei ein Fehler anzunehmen, der Politicus könne aus den Systemen der Aristoteliker etwas für die Staatsklugheit lernen. Ders., Historia principum schola (in: ebd., Bd. 1), S. 1105 - 1156: "Tota de rebuspublicis philosophia non potest exacta nisi per observationem exemplorum in singulis tractari … Veram itaque et solidam prudentiae institutionem felicius et liberalius historia profitetur" (S. 1129 u. 1114). Dagegen Conring: De civili prudentia, c. 7; Hertius: Elementa, S. 30 f.

Rechtsprechung. Da Lipsius nur einen Fürstenspiegel schrieb, keine Politica, war es den Aristotelikern allerdings möglich, einerseits Elemente seiner Herrschaftstechnologie, wie die Lehren von der majestas und von der potentia, herauszulösen und zu übernehmen, andererseits seine Lehre insgesamt als Politica für absolute Monarchien zu adaptieren, wobei aber Conring den Vorbehalt machte, "nec finis unicus politici est status conservatio, sed felicitas civilis societatis, qua revera absolvitur exercitatione virtutis cum rerum sufficientia conjuncta"[20]. Für viele Zeitgenossen lag die Differenz der beiden Ansätze vor allem darin, daß die Aristoteliker die Strukturen des Staates im allgemeinen und besonderen untersuchten, also vornehmlich eine theoretische Wissenschaft ausübten, während der Neustoizismus sich ganz auf die Handlungslehre mit den Elementen der virtus, der prudentia und der media konzentrierten. Dem Selbstverständnis der Aristoteliker entsprach diese Differenzierung nicht, weil sie stets zugleich mit den Strukturen, die als teleologische verstanden waren, die zugehörigen Verhaltensweisen, also die Klugheitslehre, erörterten[21].

Konkurrent war aber vor allem die "Philosophia christiana" mit ihren vielen Spielarten[22]. Zunächst möchte ich den Irrtum abwehren, als sei sie grundsätzlich jenseitsorientiert, autoritätsgläubig, quietistisch–konservativ, antiemanzipatorisch und zeitfremd gewesen. Sie gewann z. B. gerade durch die Abkehr von der humanistischen und scholastisch–akademischen Tradition Realismus und Gegenwartsnähe, und sie besaß durch die Forderung nach Verchristlichung ein starkes kritisches und reformatorisches Moment. Die Eigenart der "Philosophia christiana" im protestantischen Reich war ja nicht die Konzentration auf die Theologie im Sinne von

---

20 Conring: Opera, 3, S. 52.
21 Boecler: De politicis Lipsianis. c. 1: "Neminem accuratius naturae, rationes, disciplinae fontes, quatenus huc pertingunt, reclusisse Aristotele; nec Lipsio alium esse potiorem, qui in veram actionis humanae palaestram agendumque penetralia, historiarum ambitus conclusa, rite perduceret". Hertius: Elementa, S. 75, diskutiert ausführlich das schon zeitgenössische Mißverständnis, daß das, was der Natur entspreche, beim Menschen "ipsiusmet naturae instituto" entstehe; Daniel Clasen: Politicae compendium succinctum. Helmstedt 1675, S. 98: "Non statim illud, quod natura intendit inter homines, cum genere humano fuisse ortum … Fieri namque potest, ut natura aliquid intendat, quod tamen non statim ab hominibus animadvertur, sed temporis progressu demum invalescat et paulatim accedente experientia magis perficiatur".
22 Der Begriff ist bei den Zeitgenossen und in der Historiographie des 18. Jahrhunderts üblich, vgl. Gerard Johannes Vossius: De philosophorum sectis liber. Den Haag 1658, c. 9: "Proprie philosophia christiana dicitur, partim quae hypotheses ex Sacra Scriptura mutuatur, partim vero, quae theses seu conclusiones non paucas ibi extare novit … Obvenit inde nova philosophia cum theologia mixtura, quae ex principiis revelationis deducit conclusiones, quarum cognitio dependet a lumine naturae".

Heilslehre, sondern die Annahme, daß die Bibel und das Evangelium auch
für die Erkenntnis und die Gestaltung dieser Welt die grundlegenden
Prinzipien enthalten und auch das Gemeinwesen im Sinne dieser Prinzipien gestaltet werden müsse. Sie kristallisiert sich deshalb immer wieder in
utopischen Gesellschaftsentwürfen, praxisnahen Regimentslehren und in
einer radikalen Zeitkritik. Die Politica christiana war grundsätzlich ge-
schieden vom Aristotelismus, der von der These ausging, daß die Politica
autonom sei gegenüber der christichen Religion, die ausdrücklich auf die
gleichsam abgekapselte Offenbarung beschränkt wurde – die Aristoteliker
waren dezidierte Apologeten der natürlichen Religion und überzeugt, daß
die natürliche Religion für das Wohlergehen des Gemeinwesens notwendig und ausreichend sei – nicht allerdings für das individuelle Heil[23]. Sie
kannten dementsprechend für die Philosophia biblica keine Sonderstel-
lung, ja sie leugneten, daß es dergleichen überhaupt gebe. Die Politica
christiana trat materiell mit sehr verschiedenen Konzeptionen auf. Einflußreich war im protestantischen Deutschland die Dreiständelehre. Sek-
kendorff im "Christenstaat" (1686) und Reinkingk in der "Biblischen Polizei" (1658) interpretierten den "Staat" als Gesamtheit der drei einander
zugeordneten, aber jeweils relativ autonomen Stände (Hausstand, Lehr-
stand, Regierstand), deren Bestand in der biblischen Weisung ebenso ver-
ankert sei wie die Grundprinzipien ihrer Pflichten und Kompetenzen.
Hinzu trat die Naturrechtslehre des status integralis, die z. B. von Mat-
thäus Stephani, Benedikt Winkler, David Mevius und Valentin Alberti in
umfangreichen Systemen entwickelt wurde. Im letzten Drittel des 17. Jahrhunderts entfalteten außerdem Naturrechtsphilosophen wohl unter dem
Einfluß des englischen Platonismus eine Ethik, Recht und Politik verbin-
dende Konzeption, die das Prinzip der Liebe in den Mittelpunkt stellte;
ihr folgte auch Leibniz[24]. Es gab aber auch eine neuplatonisch–böhmische
Politica bei J. A. von Werdenhagen, und es gab schließlich einen Verfech-

---

23 Typisch Christoph Besold: Principium et finis politicae doctrine. Straßburg
   1625, D. 1 c 5: "Nostra respublica, quoad substantiam, non differt a republica
   ethnicorum". Vgl. Daniel Clasen: De religione politica. Helmstedt 1675; Hermann Conring: De majestatis civilis autoritate et officio circa sacra. Helmstedt
   1645; auch in: Opera 4, S. 615 – 643, n. 93: "Quae porro addidit religio christiana primaevae illi naturali religione, illa licet ad societatem civilem haud pe-
   rinde faciant, quoniam tamen ad aeternam salutem obtinendam prorsus sunt
   omni homini necessaris". Die Einstellung der Aristoteliker zum Verhältnis
   Staat/Kirche und zur Toleranz bedarf der Untersuchung. Conring z. B. hielt
   die Einschränkungen der Toleranz durch den Westfälischen Frieden für einen
   Verstoß gegen die "libertas conscentiae".

24 Vgl. dazu Hans–Peter Schneider: Justitia universalis. Quellenstudien zur Geschichte des "christlichen Naturrechts" bei Gottfried Wilhelm Leibniz. Frankfurt 1967; auch: Charles B. Schmitt: Perennial Philosophy: from Agostino
   Steuco to Leibniz. In: Journal of the History of Ideas, 27 (1966), S. 530 f.

ter des biblisch begründeten divine right-Absolutismus, Wilhelm von Schröder. Die katholische Variante der Politica christiana war vor allem die scholastische Philosophie der Jesuiten, die die monarchisch organisierte Kirche als Heilsanstalt und societas perfecta dem politischen Gemeinwesen überordneten und zuweilen ein institutionelles Gottesgnadentum[25] mit absolutistischen Tendenzen vertraten – wie übrigens auch eine Reihe protestantischer Theoretiker (C. Ziegler, J. H. Horn, G. T. Meier und Chr. Heidmann) –, überwiegend aber im Sinne der thomistischen Tradition die respublica mixta verteidigten. Für die scholastische Politica galt "respublica est in ecclesia, non ecclesia in republica" – letzteres war die protestantische Version – und damit bestand in besonderer Weise die Tendenz zur Instrumentalisierung des Staates und der Politik für die Zwecke der Heilsanstalt.

III

Nach dieser zu lang geratenen Abgrenzung des politischen Aristotelismus innerhalb der politischen Konzeptionen des 17. Jahrhunderts möchte ich kurz auf drei Probleme aus dem Fragenkatalog von Charles B. Schmitt eingehen.

Zur Frage nach den nationalen und regionalen Varianten des Aristotelismus

In den neueren Darstellungen zur Geschichte der politischen Theorien taucht der Aristotelismus, wenn überhaupt, als Eigentümlichkeit des deutschen Protestantismus, genauer gesagt der lutherischen Territorien des Reiches und ihrer Universitäten auf, als Zwillingsbruder der spätscholastischen Philosophie an den katholischen Universitäten. In seinen Schriften selbst spiegelt sich dagegen eine aristotelische Internationale, die vom italienischen Humanismus ausging und sich im 16. Jahrhundert in Spanien, Frankreich, den Niederlanden und England ausbreitete. Sie griff in der zweiten Hälfte des 16. Jahrhunderts auch auf das Reich über und war in dieser Zeit nicht an die konfessionellen Grenzen gebunden, wie der für viele Späthumanisten, z. B. auch für Lipsius und Besold, repräsentative Lebenslauf des in den Niederlanden geborenen Juristen und "Politik"-Kommentators Hubert Giffen (1534 – 1604) zeigt: nach einer Lehrtätigkeit an den protestantischen Universitäten in Straßburg und Altdorf konvertierte er und wurde 1590 – 1599 Professor in Ingolstadt, dann kaiserlicher Hofrat in Prag. Ein anderer Kommentator der "Politik", Peter Gilken (1558 – 1616), lehrte seit 1599 als Professor der Jurisprudenz an der fürstbischöflichen Universität in Würzburg. Als frühe systematische Bearbeitung stand in dieser Zeit die "Sphaera civitatis" des Oxford-Professors

---

25 Vgl. u. Anm. 33.

John Case (gestorben 1600)[26], die 1586 in Frankfurt gedruckt wurde, in hohem Ansehen, ebenso die Paraphrase des Leidener Philologen Daniel Heinsius von 1621. Seit dem zweiten Drittel des 17. Jahrhunderts reduzierte sich der Kreis allerdings mehr und mehr auf die lutherischen Universitäten und einzelne reformierte Hohe Schulen (Bremen, Danzig) in Deutschland, und ein genuiner Aristotelismus wurde darüber hinaus nur noch in den Niederlanden und Italien wahrgenommen. Der Conring-Schüler Johannes Garmer übersetzte z. B. den Traktat "Della ragione di Stato" (1627) des Italieners Ludovico Settala ins Latein, um ihn in Deutschland zu verbreiten; sein Lehrer nannte ihn das beste zeitgenössische italienische Werk zur Politica, Jacob Thomasius hielt darüber in Leipzig Vorlesungen. Aus der Vorrede ergibt sich, daß die Schrift aus einer Vorlesung zum fünften Buch der aristotelischen Politik entstand. Settalia forderte dort als guter Aristoteliker die systematische Behandlung des Themas und kritisierte die Kommentarliteratur zu Tacitus und Livius, womit er u. a. auf Lipsius und Machiavelli zielte. Wie auch bei den deutschen Philosophen üblich, betonte er die Unterschiede zwischen dem römischen Imperium und den zeitgenössischen Monarchien; deshalb seien die Exempla-Methode und die Kommentar-Methode fragwürdig. Das Beispiel weist außerdem darauf hin, daß auch der politische Aristotelismus sich in Italien schon früh der Volkssprache bediente. In Deutschland erfolgte dieser Schritt meines Wissens erst mit den Werken von Christian Weise (1790) und F. W. von Winterfeld (1700 –1702)[27] – sehr spät im Vergleich zu den volkssprachlichen Adaptionen der Politica von Jean Bodin und Justus Lipsius sowie den zahlreichen Darstellungen der Politica christiana und der Reichspublizistik. Aber wie die Mehrzahl der italienischen Spätaristoteliker schrieb auch Settala vor 1650. Eine vergleichende Analyse des politischen Aristotelismus in den verschiedenen Ländern Europas fehlt, ebenso übrigens eine Darstellung der Entwicklung an den protestantischen Universitäten des Reiches, die die jeweilige Eigenart aufzeigt[28]. Auf-

---

26 Vgl. Charles B. Schmitt: John Case and Aristotelism in Renaissance England. 1983.

27 Christian Weise: Politische Fragen. Dresden 1690; Friedrich Wilhelm von Winterfeld: Teutsche und Ceremonial-Politica. Frankfurt-Leipzig 1700 - 1702. – Die erste deutsche Übersetzung der aristotelischen Politik veröffentlichte erst Johann Georg Schlosser 1798, kurz darauf, 1802, eine weitere Christian Garve; vgl. Manfred Riedel: Aristoteles-Tradition und Französische Revolution. Zur ersten deutschen Übersetzung der "Politik" durch J. G. Schlosser. In: ders.: Metaphysik und Metapolitik. Studien zu Aristoteles und zur politischen Sprache der neuzeitlichen Philosophie. 1975, S. 129 - 170.

28 Eine unvollständige Liste der Hochschulliteratur bis 1650 in: Protestantischer Aristotelismus, S. 413 - 414; Horst Denzer: Moralphilosophie und Naturrecht bei Samuel Pufendorf. München 1972, S. 300 - 307, gibt eine Liste der Lehr-

fällig ist jedenfalls die Massenhaftigkeit der Literatur, die im Reich um 1600, noch vor der ersten Fassung der Politica des Althusius (1603), einsetzte. Kein Regen hat jemals so viel Pilze schießen lassen wie heutzutage Traktate der Politica erscheinen, schrieb der Helmstedter Philosoph H. J. Scheuerl 1628[29]. Die z. T. sehr umfangreichen Werke wurden von Beginn an von "Aristotelici methodici" geschrieben, die Keckermann wie folgt charakterisierte: Sie legen, bevor sie die aristotelische Philosophie behandeln, zunächst einige Grundsätze fest, vor allem die richtigen und angemessenen Methoden der Disziplinen, sie behandeln dann den Text des Aristoteles entsprechend dieser Methode und passen seine Aussagen an die Gegebenheiten unseres Jahrhunderts an[30]. Die Werke haben alle individuelle Züge, z. B. im Systemaufbau und in der Präferenz bestimmter Verfassungsformen[31]. Der Dreißigjährige Krieg brach die Entwicklung nicht ab, die ihm folgenden Jahrzehnte waren z. B. die Hauptschaffenszeit Conrings. Altdorf, Jena, vor allem Straßburg und Helmstedt traten als Zentren hervor. Noch im letzten Drittel des Jahrhunderts, das in der politischen Philosophie durch Pufendorfs Werke geprägt wurde, erschienen die großen Kompendien von Clasen (1671), Boecler (1675), Knichen (1682), J. J.

---

stühle der Politik und ihrer Inhaber an den deutschen Universitäten (ergänzungsbedürftig).

29 Scheuerl: Dissertationum decas, S. 40: "Neque umquam tot fungos producat una pluvia, quot nunc libros una dies ... Unde tot prodeunt systemata, tantam et doctrine facultatem et prudentiae civilis ubertatem promittentia, ut vel a vesticipium aetate ea capi posse videatur"; Johann Heinrich Boecler: De studio politico bene instituendo dissertatio epistolica posthuma. In: ders.: Bibliographia historicopolitico–philologica curiosa, Germanopolis 1687; o. S.: "Hoc et superiori seculo magno conatu et certamine compendia politica coepta sunt scribi, iisque orbis ad nauseam impletus, ut delectu hic valde opus sit".

30 Bartholomaeus Keckermann: Opera. Genf 1614. 1, S. 60.

31 Für die Aristokratie als beste Staatsform trat ein Theophilus Golius: Epitome doctrinae politica ex octo libris politocorum Aristotelis collecta. Straßburg 1601, S. 157, 176, 183 f.; für die Demokratie: Johann Simon: Theoremata politica. Rostock 1623, S. 35: "Est enim extra contraversiam; cum meliorem imperium melius sit, in multitudine autem multi sunt meliores, qui melius judicare et in agendo progredi possint; ob eam rem a multis existimatum esse, praestare multitudinem quam paucos"; für die konstitutionell–repräsentative Monarchie: Christoph Besold: De consilio politico axiomata aliquammulta. 2. Aufl. Tübingen 1622, c. 29 n. 2: "Aequum enim est, ut subditorum consensu suspiciantur, quae sine eorum corporali ministerio pecuniarioque subsidio perfici non possunt"; für die aristotelische "Politia" (Gleichgewicht der Armen und Reichen in einer Demokratie) Johann Michael Dilherr: Synopsis politicae aristotelicae. Nürnberg 1644, S. 60 ff.; für die absolute Monarchie: Jacob Martini: Politica in genuinam Aristotelis methodum redacta. Leipzig 1630, S. 416 ff. Allgemein war die Anerkennung der Despotie, der "monarchia mixta" sowie des "systema civitatum" als legitime Staatsformen.

Müller (1691) und das von N. Hertius (1. Aufl. 1689, 3. Aufl. 1712), das
Christian Thomasius für die beste Politica seiner Zeit hielt. Eine Eigenart
dieser deutschen Entwicklung war, daß der politische Aristotelismus die
Politica als Universitätsdisziplin fest etablierte und damit eine Tradition
schuf, die über alle Wandlungen des Paradigmas hinaus erst im letzten
Drittel des 19. Jahrhunderts endgültig abbrach. Dazu gehörte auch die
Staatenkunde als "Politica particularis", die sich als außerordentlich erfolgreiche Universitätsdisziplin, von Helmstedt und Jena ausgehend, ent-
faltete. Es ist eine merkwürdige Selbstvergessenheit im Spiel, wenn heute
jene Professoren, die für und durch diese institutionalisierte Wissenschaft
leben, in der Geschichtsschreibung politischer Ideen deren Genesis, den
Prozeß der Ausbildung des disziplinären Selbstbewußtseins und der Institutionalisierung politischen Wissens gegenüber den Konflikten um materiale Inhalte völlig verdrängen. Ihre eigene soziale Stellung hat ja doch auch
weit mehr Ähnlichkeit mit der von Conring oder Boecler als mit der von
Hobbes, Spinoza oder Locke.

Meine These ist, daß der politische Aristotelismus geradezu notwendig
war als einzigartig elaboriertes Paradigma der Universitäten und Akademien für die Ausbildung des "Politicus". Es war gebunden an die soziale
Rolle dieses nicht vor allem juristisch oder kameralistisch tätigen Fach-
mannes für Regierung und Verwaltung im frühneuzeitlichen, aber noch
nicht absolutistischen Fürstenstaat, an die Fortdauer des lateinisch–späthumanistischen Bildungsideals und außerdem an eine politische Situation,
die nicht zu einfachen Polarisierungen und aus diesen Polarisierungen zu
gegensätzlichen Doktrinen führte.

Zur Frage nach der konfessionellen Prägung des Aristotelismus

Eine wesentliche Voraussetzung für die Verbreitung auch des politischen
Aristotelismus war das durch Melanchthon festgelegte Lehrprogramm der
lutherischen Universitäten, das sie in der Philosophie an die Autorität des
Aristoteles band. Noch der obengenannte Hertius berichtet, daß sein System aus Vorlesungen zur aristotelischen Politik entstand, zu denen er
nach der Universitätssatzung und seinem Lehrauftrag verpflichtet gewesen
sei. Dort, wo die "Ratio studiorum" der Jesuiten die Lehre der Philosophie
bestimmte, konnte er sich nicht weiterentwickeln, auch wenn es, wie in Ingolstadt, Würzburg und Köln, späthumanistische Ansätze gab. Den reformierten Akademien und Universitäten scheint dagegen eine derartige Fest-
legung in der Lehre der Philosophie zu fehlen. Falsch ist es jedoch, die
monarchomachische Doktrin generell als Lehre der Reformierten zu be-
trachten, ebenso falsch auch, wie es Gerhard Oestreichs Forschungen na-
helegen, die Verbindung zwischen Neustoizismus und Calvinismus für we-

sensnotwendig zu halten[32]. Schon vor seiner Anerkennung im Westfälischen Frieden entwickelte der reformierte Theologe und Philosoph Kekkermann eine Variante des Aristotelismus, die die absolute Monarchie gewissermaßen als Modellstaat in den Mittelpunkt stellte. Reformierte Hochschulen konnten also den Aristotelismus aufnehmen, wie Clemens Timpler in Marburg und B. Keckermann in Danzig zeigen, später aber Lehren entwickeln, die stärker an Lipsius orientiert waren, wie Cyriacus Lentulus in Marburg, oder sogar an Hobbes, wie J. Chr. Becmann in Frankfurt a. d. Oder. Die reformierten Hochschulen waren westeuropäischen Tendenzen offener, zeigten eine größere Vielfalt und Diskontinuität. Die 1652 neugegründete Universität Heidelberg ging nach dem Willen ihres reformierten Landesherrn Karl Theodor von der Pfalz durch das Prinzip der Interkonfessionalität und der Gründung eines Naturrechtslehrstuhls für Pufendorf 1661 besonders weit in diese Richtung. Allerdings folgte schon 1665 ein entsprechender Lehrstuhl an der lutherischen Neugründung Kiel. Offenlassen muß ich die komplizierte Frage, ob und in welcher Weise die verschiedenen Strömungen der lutherischen Theologie, die jeweils die Universitäten prägten, auf die konkrete Gestalt der Politica einwirkten. Zwar ist der Zusammenhang zwischen der humanistischen Theologie des Calixtus und Conrings Politica bekannt, und die strenge lutherische Orthodoxie hatte offenbar eine Tendenz, den Aristotelismus zu scholastischen Lösungen, zum institutionellen Gottesgnadentum[33], zu drängen. Doch waren derartige Konzeptionen, wie der Philosoph und Theologe J. Th. Meier in Helmstedt zeigt, nicht auf die von der Orthodoxie beherrschten Hochschulen beschränkt. Eine besondere Entwicklung ist an der Universität Straßburg zu beobachten, wo sich mit der

---

32 Sie sind zum größten Teil zusammengefaßt in: Gerhard Oestreich: Geist und Gestalt des frühmodernen Staates. Ausgewählte Aufsätze. Berlin 1969; ungedruckt blieb: Ders.: Antiker Geist und moderner Staat bei Justus Lipsius (1546 – 1606). Der Neustoizismus als politische Bewegung (Habil. Schrift (masch.)) FU Berlin 1954.

33 Als "institutionelles Gottesgandentum" bezeichne ich jene Theorie, die den "causae secundae" die Auswahl des Trägers der Staatsgewalt, Gottes Wirken unmittelbar aber diese selbst zuschrieb. Diese auch von katholischen Philosophen, z. B. Franz Suarez, vertretene Lehre lehnte die monarchomachische Folgerung aus der Lehre vom Herrschaftsvertrag "universitas populi est major principe" ab, sie wurde aber immer verbunden mit der Anerkennung der "monarchia limitata". Sie war die für das 17. Jahrhundert charakteristische Form der "konstitutionellen Monarchie des monarchischen Prinzips", war also auch gegen die Gewaltenteilung und "res publica mixta" der Aristoteliker gerichtet. Der wichtigste Vertreter dieser Lehre im protestantischen Deutschland war Johann Friedrich Horn: Politicorum pars architectonica 2. Aufl. Frankfurt a. M. 1672; er ging von der beschränkten Monarchie als Normalform aus und verteidigte sie gegen Hobbes.

Jahrhundertwende eine strenge lutherische Orthodoxie durchsetzte. Die von J. H. Boecler (1611 - 1672) repräsentierte Verbindung aristotelischer, neustoischer, tacitäischer und naturrechtlicher Anregungen war wohl einerseits durch die humanistisch–philologische Tradition von J. Sturm, andererseits durch die Grenzlage der Universität begründet. Boecler war der erfolgreichste Lehrer der Politica in dieser Zeit neben Conring. Im Gegensatz zu dessen konsequentem Aristotelismus bereitete er jedoch, auch durch seinen christlichen Humanismus und seine Wissenschaftslehre, das neue "eklektische" Paradigma der praktischen Philosophie vor.

Diese Feststellungen zur äußeren Geschichte können natürlich die Frage nicht unterdrücken, ob es nicht doch eine Präposition der lutherischen Konfession und Theologie für den Aristotelismus gab. Im Luthertum dominierten im 17. Jahrhundert die Lehre von der "christlichen Polizei" einerseits, der Aristotelismus andererseits. Diese entsprach als Philosophia christiana der Tradition der Lutheraner, jener der von Melanchthon begründeten Haltung. Gemeinsam war diesen Lehren, daß der Mensch der Welt, seiner sozialen Umwelt und sich selbst weder als Instrument der Wirksamkeit Gottes wie in der calvinistischen Prädestinationslehre noch als Teil der Kirche als societas perfecta gegenüberstand, um sich in seinem Kern in ihr zu behaupten und sie zu gestalten, sondern daß er in ihr nach den ihr von Gott eingeschaffenen Ordnungen wirken sollte und diese Immanenz nur in seinem Glauben, in seinem Vertrauen auf Gott transzendierte. Meine These ist, daß der Aristotelismus dieser Haltung insofern entgegenkam, als er die relative Normativität der vorgefundenen politisch–sozialen Strukturen voraussetzte, ihre methodische Aufhellung und Erhaltung zum Kern der politischen Reflektion machte. Im Calvinismus, so könnte dementsprechend vermutet werden, standen dem Aristotelismus der Arminianismus nahe und andere Richtungen, die eine strenge Fassung der Prädestinationslehre und der Föderaltheologie ablehnten.

Wann und warum endete der politische Aristotelismus?

Der Ausgang des Aristotelismus bedeutete den Übergang zur Aufklärung, der im protestantischen Deutschland mindestens so sehr einen Bruch mit dem Späthumanismus wie mit der Vorherrschaft der theologischen Orthodoxie und der Politica christiana bedeutete. Trotz vieler Forschungen über die deutsche Aufklärung ist jedoch gerade dieser Übergangsprozeß, der sich im letzten Drittel des 17. und im ersten Jahrzehnt des 18. Jahrhunderts vollzog, zwar in seinem Ergebnis bekannt, in seinem Verlauf und seinen inneren Gründen aber noch kaum erhellt. Zum Teil hängt dies auch damit zusammen, daß die Entwicklung innerhalb des Aristotelismus im 17. Jahrhundert unbekannt blieb. Die Zeitgenossen nahmen den Übergang als den Sieg der "philosophia eclectica" über die "philosophia sectaria" im allgemeinen, über das "imperium" bzw. die "monarchia Aristotelis" im besonderen wahr[34]. Die mittelalterlichen Scholastiker, so heißt es, setzten Aristoteles als "dictator philosophicus perpetuus"[35] ein, die Reformation, vor allem Melanchthon, habe seine Herrschaft zwar eingeschränkt, aber nicht gebrochen, und die nachfolgenden Theologen und Philosophen seien seiner Autorität wieder vollständig, d. h. bis zur Übernahme seiner Metaphysik und Naturphilosophie auch für die theologischen Studien, erlegen. Zu Beginn des 18. Jahrhunderts jedoch war es so sehr Mode geworden, Aristoteles zu kritisieren, daß viele Philosophen feststellten, seine Werke seien in Wahrheit völlig unbekannt geworden. Die in den Satzungen der neuen Universität Halle 1694 festgelegte "libertas philosophandi" bedeutete konkret vor allem den Bruch mit der seit Melanchthon herrschenden Regel, daß die philosophische Lehre von Aristoteles, von der Interpretation seiner Werke auszugehen habe.

Der Untergang des politischen Aristotelismus war ein Teil des Gesamtschicksals der aristotelischen Philosophie, die Art und Weise des Untergangs aber und auch des Fortlebens ergab sich aus dem neuen Paradigma der Universitätsphilosophie. Als solches nämlich verstanden sich die Lehren von J. Chr. Sturm, J. F. Buddeus, J. A. Schmid, F. A. Aepinius, Chr. Thomasius, N. H. Gundling, A. Rüdiger, A. F. Müller, A. Hoffmann und J. J. Lehmann, mit denen im Umkreis der Universitäten Halle, Jena und Leipzig der Durchbruch vollzogen wurde – sogar Chr. Wolff, der ihn schon voraussetzen konnte, bekannte sich noch zur "eklektischen" Philosophie, obwohl er einen anderen Weg zur Erneuerung der philosophischen Lehre einschlug. Bei aller Unterschiedlichkeit der einzelnen Positionen waren jenen Philosophen bestimmte Grundkonzeptionen gemeinsam. Symbolisch war dafür die Rezeption von F. Bacon. Mit ihm teilten sie eine anthropologisch–christlich fundierte Erkenntnislehre, die grundsätzlich von der Begrenztheit des menschlichen Erkenntnisvermögens ausging und die Verschiedenheit der Methoden und Möglichkeiten in den unterschiedlichen Erkenntnisrichtungen konstatierte; sie teilten mit ihm weiterhin den Vorrang der Praxis, die Instrumentalisierung des Erkennens für das Leben, die Ablehnung des Systemdenkens und die Bindung großer Teile der Erkenntnis an die Wahrnehmung, den Empirismus und den Induktionismus. Sie wollten damit eine dem Christentum angemessene Philosophie vertreten – es war eine Variante des christlichen Humanismus[36]. Aus die-

---

34 Am besten orientiert immer noch die selbst ganz in der eklektischen Philosophie verwurzelte Darstellung von Jacob Brucker: Historia critica philosophiae. Leipzig 1743 – 1767; vgl. auch Burckhard Gotthelf Struve: Bibliotheca philosophica. Hrsg. und erg. durch L. M. Kahle. Göttingen 1740, S. 122 – 136.

35 Adam Tribbechovius: De doctoribus scholasticis et corrupta per eos divinarum humanarumque scientia (1665); 2. Aufl. Jena 1719, n. 19.

36 Gegenüber den weiterentwickelten Positionen in der Schule von Christian Thomasius treten diese Grundsätze in einfacher Form auf bei Johann Chri-

ser Grundkonzeption folgerten sie, daß eine Einheitsphilosophie und eine einheitliche Erkenntnismethode ebenso eine Chimäre sei wie die Vorstellung, die Grundlagen der Philosophie könnten von einem Philosophen gelegt worden sein oder gelegt werden. Die "Gelehrsamkeit" entstehe vielmehr in einem arbeitsteiligen Prozeß, stückweise, unvollständig und im Fortschreiten, sie bestehe in verschiedenen autonomen Disziplinen, die im wesentlichen nur im Menschen und in seinem Lebensvollzug verknüpft sind. Charakteristisch für die eklektische Philosophie war deshalb die Betonung der Akademien als Forschungsstätten, der Museen und der Bibliotheken, das Streben nach kritischer "Polyhistorie" der Ergebnisse und der Lehren bisheriger Philosophie sowie nach kritischer Geschichtsschreibung der Wissenschaften, wie sie z. B. in den Werken von D. G. Morhof[37] und J. Brucker für die Gesamtheit, daneben aber z. B. in den zahlreichen Schriften über die "Historiae juris naturalis" oder auch "De fatis studii politici"[38] vollzogen wurde. Häufig waren übrigens auch spezielle historisch-

---

stoph Sturm: Philosophia eclectica. Altdorf 1686. Ex. 1: "De philosophia sectaria et eclectica"; c. 1 n. 4 das christliche Argument: die Scholastik und die sektiererische Philosophie bedeute einen Abfall vom ursprünglichen Christentum, das in der Praxis der Liebe bestanden habe: "Nempe olim magis in pretio arbor vitae, hodie arbor scientiae, quo solo hominem prohibuit rerum conditor". Von großen Einfluß war Johann Gerhard Voss: De philosophiae et philosophorum sectis. Den Haag 1658; 4. Aufl. Jena 1705, c. 21: "De secta electiva"; n. 4 das Programm des "Selbstdenkens": "Quare opportet in ea re maxime, in qua vitae ratio versatur, sibi quemque confidere, suoque judicio ac propriis sensibus niti ad investigandam et perpendandam veritatem, quam credentem alienis erroribus decipi tamquam ipsum rationis expertem. Dedit omnibus deus pro virili portione sapientiam ut et inaudita investigare posse et audita perpendere". Durchgehend ist die Analogie zum Streit der Konfessionen und zum Gebot der christlichen Toleranz.

37 Daniel Georg Morhof: Polyhistor literarius, philosophicus et practicus. 1. Aufl. Lübeck 1688, 4. Aufl. 1747, kann nicht, wie der Titel oft mißverstanden wird, als Monument barocker Wissenssammlerei verstanden werden, sondern war ein bedeutendes Werk der eklektischen Philosophie; vgl. Bd. 2, 1. 1 c. 15: "Plerique enim, occasione affectatae tyrannidis peripateticae, rebellionem in hoc regno tentarunt philosophi, ut solent in republica res novas moliri, qui fastidioso premuntur imperio"; besonders ausführlich und positiv wird F. Bacon behandelt, ebd. S. 124 – 155. Die eklektischen Prinzipien, ebd. c. 19: "In nullius sectae placita absolute jurandum esse nec illa omnia ejuranda: quandoquidem ita comparatae sunt res humanae, ut non omnia omnes videant, ideoque quasi succenturiandae sunt sentiis sententiae atque, ubi una deficit, reponendum ex altera".

38 Christian Godofredus Hoffmann: Dissertatio politica de fatis studii politici praesertim in Academiis. Leipzig 1715. – Typisch war die kritische Verwendung der Geschichtserkenntnis gegen Descartes und die Cartesianer mit dem Nachweis, wieviel von seinen Thesen und Erkenntnissen er der älteren Philosophie verdanke: Sturm: Philosophia eclectica, Ex. 1 c. 4 n. 4.

kritische Untersuchungen zu einzelnen Zweigen der aristotelischen Philosophie, z. B. G. S. Treuer "De naevis librorum politicorum Aristotelis" (1715). In den gleichen Zusammenhang gehört die Entwicklung einer speziellen Ethik für Philosophen und Gelehrte, die der kooperativen Struktur der Wissenschaft ebenso wie dem partiellen Wahrheitsanspruch der einzelnen Gelehrten gerecht zu werden suchte[39]. Die neue Konzeption wurde als Befreiung aufgefaßt vom Aristotelismus und von der Scholastik, von der Philosophia christiana ebenso wie von dem cartesianischen Rationalismus und anderen neueren "Sekten". Die Philosophie verlor die Struktur eines Kampfes um die absolute Monarchie, sie wurde zu einer Republik: "Keine Philosophie ist dem richtigen Denken (recta ratio) und der Conditio humana angemessener als die eklektische"[40].

Welche speziellen Gründe für den Ausgang des Aristotelismus spiegeln sich nun in der Geschichtsschreibung der eklektischen Philosophie[41]? Neben traditionellen Argumenten wie der "obscuritas", der Anmaßung der Allwissenheit, der mangelhaften Überlieferung und der Verwandlung der Philosophen in Interpreten und Philologen stand die Kritik an den "praejudicia autoritatis, sectae et antiquitatis". Vor allem wurde natürlich die völlige Unbrauchbarkeit seiner Naturphilosophie dargestellt und sein mangelhaftes Verständnis der Mathematik hervorgehoben. Wichtiger aber beinahe erscheint der Einfluß des Pietismus: niemand habe der aristotelischen Philosophie mehr Abbruch getan als J. J. Spener und J. Coccejus, weil sie die metaphysisch–scholastische Interpretation der Offenbarung durch die historisch–hermeneutische in der Theologie verdrängten[42]. Im übrigen spielte auch sonst die "Unchristlichkeit" seiner Metaphysik, vor allem die Kritik an seiner Gottes- und Seelenlehre eine wichtige Rolle; andererseits wurde die Absurdität der scholastischen Harmonisierungsversuche betont. Oft wird die Polemik Luthers gegen Aristoteles zitiert – hier liegt auch die Wurzel für den Anspruch von Chr. Thomasius, dessen Reformation endlich zu Ende zu führen. Besonders schwerwiegend war darüber hinaus die Kritik an der aristotelischen Ethik, die sogar als besonders schwaches Teil seiner Philosophie galt. Hier wie in vielen anderen Argumenten wurden die Ergebnisse der historisch–philologischen Aristoteles–Forschung der vorangehenden Epoche aufgenommen und gesteigert, man arbeitete die Gegensätze und Absurditäten scharf heraus, weil man nicht mehr zu einer Harmonisierung strebte. Kritisiert wird das – durch die Mängel der natürlichen Theologie – begründete Fehlen einer Naturrechtslehre, die Unterordnung der gesamten Ethik unter die Politik sowie die

---

39 Sturm: Philosophia eclectica, S. 22 ff.; Morhof: Polyhistor, (1747), Bd. 1, 1. 1 c. 14: "De conversatione erudita" fordert "homiletices eruditae".
40 Sturm, ebd.
41 Vgl. die Kataloge bei Brucker: Historia, 1, S. 800 ff. u. 4, S. 339 ff.
42 Brucker, ebd. S. 260 ff.

Sterilität der Tugendlehre. Durchgehend wird in der Ethik Platon gegen[43] Aristoteles ausgespielt. Christian Thomasius erfand die von Brucker aufgenommene Interpretation, die Ethik des Aristoteles enthalte ausschließlich Klugheitslehren für den Adel am Hof Alexander des Großen[44].

Vorallem die Ausarbeitung der Naturrechtslehre wurde deshalb als Überwindung der aristotelischen und als Begründung einer neuen Ethik verstanden, weil sie begrenzte, aber absolut gewisse und verbindliche Normen zu geben vermag. Der zweite Teil dieser Reformation bestand in der Ausarbeitung der allgemeinen und besonderen Lehre von der "Klugheit zu leben" (prudentia vivendi universalis), der jetzt die Bezeichnungen "Politik" gegeben wurde. Sie verband "Privat–Politik" und "Staats–Politik" und galt als Entdeckung der neuen Philosophie. Dort war das justum, hier das utile der Leitfaden; der dritte Bereich der Ethik, das honestum, wurde mit der natürlichen Theologie verknüpft. Die beiden erstgenannten Glieder gaben Normen für alle Formen des sozialen Verhaltens, von den einfachen Gesellschaften bis zum Staat. Eine zusätzliche Kritik an der praktischen Philosophie galt der aristotelischen Ökonomie, der Lehre vom Haus. Im Zusammenhang der eklektischen Philosophie wurde der außerhalb des Aristotelismus schon seit der Antike verbreitete "moderne" Begriff von Ökonomie als "Wirtschaft" (ars acquirendi et conservandi rerum) aufgegriffen und zur Grundlage einer selbständigen, der Klugheitslehre zugeordneten Disziplin gemacht.

Die Konzeption der eklektischen Philosophie hatte zur Folge, daß sich die Schicksale der einzelnen Teile der aristotelischen Philosophie sehr unterschiedlich entwickelten. Die Rhetorik und Poetik, ebenso die Logik blieben weiterhin im Ansehen, ja stiegen sogar im Einfluß. Im übrigen gab es auch die Tendenz, den historischen Aristotelismus gegen die scholasti-

---

43 and Renaissance Aristotelianism", in R. Schmitz et G. Keil (eds): *Humanismus und Medizin*, Weinheim 1984, p. 117 – 138; "Aristotle among the Physicians", in A. Wear et al. (eds): *The Medical Renaissance of the Sixteenth Century*, Cambridge 1985, p. 1 – 15, 271 – 279.

44 Ebd. 1, S. 835: "totam philosophiam moralem ita formavit, ut et Alexander M. et qui ejus animi erant, sub Aristotele duce ad gloriam et dignitates grassabantur". – Besonders heftige Angriffe kamen von S. Pufendorf und Chr. Thomasius, aber auch von geringeren Autoren, z. B. Julius Bernhard von Rohr: Einleitung zur Klugheit zu leben. 2. Aufl. Leipzig 1719, S. 407: "Dahero wäre es wohl getan, wenn die Regenten die Aristotelische Philosophie ganz und gar verböten ... Es ist ja eine Schande, wenn Christen von Heyden die Welt–Weißheit erlernen sollen. Zudem so ist auch seine Philosophie durch und durch von lauter Irrtümern erfüllt". Gegen die "Politik": Heinrich Amthor: Einleitung zur Staats- und Sittenkunst. Kiel 1706, S. 11; Johann Tobias Wagner: Entwurf einer Staatsbibliothek nebst der gantzen politischen Klugheit. Frankfurt–Leipzig 1725, S. 190: "Es sind darinnen nicht einmal die nöthigsten Stücke dieser Lehre enthalten ...".

sche und "sektiererische" Interpretation als Vorbild der eklektischen Philosophie zu verstehen[45]. In der Tat setzte die Lehre von den disziplinären Erkenntnisquellen Tendenzen des Aristotelismus fort, wie sie z. B. auch Conring gegen die Ansprüche des mathematischen oder physikalischen Rationalismus in seinen Überlegungen zur medizinischen und politischen Methodenlehre vertreten hatte. Besonders in der ausgedehnten Diskussion über die Wissenschaftlichkeit in der Erkenntnis des Wahrscheinlichen und über die Methoden wahrscheinlicher Erkenntnis wurde Aristoteles' Dialektik oft angeführt. Gegen die von E. Weigel übernommene Auffassung Pufendorfs, der Aristotelismus kenne in der praktischen Philosophie nur "wahrscheinliche Erkenntnis" im defizienten Sinne, hatten schon N. Hertius und dann Chr. Thomasius auf Conrings Modell der Politica als empirisch–theoretische "scientia suo ordine" verwiesen[46]. Außerdem war man sich gerade in der Politica von Beginn an der Ergänzungsbedürftigkeit der aristotelischen Doktrinen bewußt gewesen und der Notwendigkeit, sie im Sinne der Anpassung an eine veränderte politische Welt zu modernisieren[47]. Conring und zuletzt noch Hertius hatten ganze Mängellisten aufgestellt:

> Valde in parte rectoria manca et brevis est doctrina Aristotelis: nihil enim de religione; nihil de universitatibus et collegiis; nihil de importandis et exportandis et singulatim de annona; nihil de aerario; nihil de belli, pacis et foederum ratione; nihil de legationibus; pauca de nummo, de munimentis civitatum, de consultationibus, de legibus, de judiciis similibusque attulit.[48]

Die innere Entwicklung der aristotelischen Systeme der Politica hatte schon früh zu einer Teilung in einen pars architectonica und einen pars

---

45 Z. B. Sturm: Philosophia eclectica, Ex. 1 c. 4 n. 2 f.; Johannes Franciscus Buddeus: Elementa philosophiae instrumentalis seu institutionum philosophiae eclecticae pars. 7. Aufl. Halle 1719, S. 96.

46 Brucker: Historia, 4, S. 751; die Kritik von Nicolaus Hertius bei Samuel Pufendorf: De jure naturae et gentium. Hrsg. von G. Mascovius. Frankfurt–Leipzig 1759, 1. 1 c. 1 n. 4, Anmmerkung 2.

47 Früh verwendete Gebhard Theodor Meier: Aristotelis politicorum analysis ac expositio. Helmstedt 1668, Praefatio, die neue Argumentation: "Libere est philosophandi. Philosophia enim non est Stoica aut Platonica aut Epicurea aut Aristotelica, sed quascumque ab his sectis recta dicta sunt ... Eclecticam hanc philosophiam seu, ut accuratius loquamur, philosophandi rationem amplexi sunt Cicero et plurimi patres ... Ab aevo autem Aristotelis quantum mutatur tempora?".

48 Hertius: Elementa, S. 269. – Conring: Opera 3, S. 480; ebd. 6, S. 559: "Est boni philosophi, addere Aristotelis inventas, quae desiderantur, potius quam illa non intellecta convellere. Etsi enim pleraque eorum, quae hodie nobis sunt explorata, illum arbitror non ignorasse, nonnulla tamen eaque haud levis momenti, posterum industriae scio deberi, et plura adhuc aliis explicanda superare".

administrativa geführt, dazu in die Verselbständigung der empirisch–analytischen Politica particularis oder Staatenkunde. Ein weiterer Schritt war dann gewesen, z. B. von J. H. Boecler, J. J. Müller und N. Hertius vollzogen, neben die pars architectonica – und neben die doctrina morum – außerdem noch die Naturrechtslehre als Pflichtenlehre zu stellen[49]. Die Vereinfachung der folgenden Epoche bestand dann darin, die pars architectonica als jus publicum universale der Naturrechtslehre einzufügen, die pars administrativa dagegen unter Weiterführung der "ratio status"– und der Ständelehre in die umfassende Klugheitslehre, nun "Politik" genannt, einzubeziehen: "Die Politik ist nichts anderes als eine Kunst, wodurch man lernet nicht allein klüglich zu regieren, sondern auch in anderen Stücken weislich und ordentlich zu leben."[50] Die Begründung der Gliederung ist, daß die jeweiligen Handlungen auf verschiedene Ziele gerichtet sind, auf das Gerechte und auf das Nützliche. Die Einheit der aristotelischen Politik war aufgelöst, ihre Methode partikularisiert, das Recht der "Nützlichkeit" entgegengesetzt und partiell übergeordnet. Der civis bonus, so begründete Buddeus diesen Wandel, muß ein vir bonus sein, die Einheit der praktischen Vernunft also durch Überordnung des Naturrechts garantiert werden: ein Sieg der juristischen Philosophie und der Stoa über den Aristotelismus. Die Phronesis sollte nur mehr als Hilfsinstrument bei der Normverwirklichung und für das zweckmäßige fungieren. Für die Verfassungslehre war charakteristisch, daß die Despotie aus dem Kreis der legitimen Staatsformen verschwand. Andererseits stellte Hertius fest, daß Conring noch mit Recht davon sprechen konnte, daß die monarchia mixta, die bevorzugte Staatsform der meisten Aristoteliker, die Normalverfassung der europäischen Reiche sei – heute sei es jedoch die absolute Monarchie. Die respublica mixta galt seit Pufendorf als irreguläre, d. h. der Natur der Sache "Staat" nicht angemessene Verfassung, als Verworrenheit der Aristoteliker[51]. In diesem Rahmen entstanden neue Lehrbücher; besonders häufig wurden F. Buddeus' "Elementa philosophiae practicae" (1. Aufl. 1702, 8. Aufl. 1720) verwendet.

Natürlich kamen weitere Prozesse hinzu. Besonders einflußreich war das von den Aristotelikern selbst schon entwickelte Bewußtsein der historischen Distanz zur Antike, das nun zum Bruch mit der "Graecania philosophia" führte – sie erfasse nicht die zeitgenössischen Probleme. Der spät-

---

49 Die ältere Auffassung: Clasen: Politicum compendium, S. 329: "Falsum est, quod justitia et bonitas moralis sit legis civilis essentia, quod lex civilis ex utilitate reipublicae sit definienda"; die neue: Hertius: Elementa, S. 9: Es gibt zwei Ziele des Staates – "ut sociati viverent et propterea injurias nec facerent nec paterentur; ut vitam viverent beatam, secundum virtutes et cum sufficientia rerum".
50 N. H. Gundling: Einleitung zur wahren Staatsklugheit. Frankfurt-Leipzig 1751, S. 3.
51 Hertius: Elementa, p. 1 s. 11 n. 8.

humanistische Bildungskanon mit seinen lateinischen und evtl. griechischen Sprachkenntnissen und den rhetorisch–dialektischen Übungen in Dissertationes und Exercitationes verlor an Wert gegenüber der höfisch-französischen und der juristischen, dann der administrativ-deutschen Bildung für die künftigen Politici[52]. In Halle wurde Deutsch als Lehrsprache eingeführt, gerade auch für die politischen Studien. Jetzt wurden Seckendorffs "Fürstenstaat" (1653) und sogar Melchior von Osses "Politisches Testament" (1556) aus der Reformationszeit als Vorlesungsbücher herangezogen.

Trotzdem muß festgestellt werden, daß in der ersten Phase der deutschen Aufklärung die Politik des Aristoteles als grundlegendes Werk in hohem Ansehen blieb. Gundling sagte in seinen Vorlesungen:

> Ich getraue mich ohne Scheu zu sagen, daß, da man in anderen philosophischen Wissenschaften heut zu Tage von dem Aristotele sehr abgegangen und auf weit bessere Wege geraten, dennoch in der Politik alle das Hauptwerk aus dem Aristotele abgeborgt werde, ohngeachtet die Prahlerey solches viele verschweigen machet.[53]

Vor allem wurde die methodisch gewonnene empirische Basis und das durch Teilhabe am Staatsleben geschärfte Urteil hervorgehoben. Auch die Kontinuität des politischen Aristotelismus riß nicht ab, wie besonders das Fortwirken der Schriften Conrings zeigt. Einer seiner Helmstedter Nachfolger auf dem Lehrstuhl der Politik gab 1730 dessen "Opera omnia" in sieben Bänden heraus. Vom gesamten Aristotelismus lobte Brucker allein die Leistungen der politischen Philosophen:

> Kein Teil der Philosophie ist von den Peripatetikern mehr verbessert, vermehrt und ergänzt worden als derjenige, der über die politische Wissenschaft handelt ... Eine beinahe unendliche Zahl von politischen Schriften entstand, die nahezu alle Regierungstätigkeiten auf verschiedene Weise erklärten.[54]

Sieht man von der Logik und der Rhetorik ab, so blieb wohl nur in der Politica die Kontinuität mit dem Aristotelismus des 17. Jahrhunderts erhalten.

---

52 Vgl. dazu die Vorrede von Justus Christoph Böhmer zu seiner Ausgabe von Conring: Propolitica sive brevis introductio in civilem philosophiam. Helmstedt 1719; Wagner: Entwurf einer Staatsbibliothek, S. 13 ff.

53 Gundling: Discours 1733, Vorrede von J. A. Frankenstein: S. 4; S. 464: "Seine Politic ist auch überhaupt in wenigem zu verbessern, nur, daß wir jetzt nicht so um den Brey herumgehen, sondern setzen gleich fundamenta und deducieren daraus"; Struve: Bibliotheca philosophica, S. 147: "Scita utilissima condidit in Politica Aristotelis"; Andreas Rüdiger: Klugheit zu leben und zu herrschen. Leipzig–Coethen 1733, S. 28. – Auch die in Anmerkung 43 genannten Aristoteslesgegner lobten den "unvergleichlichen Conring".

54 Brucker: Historia, 4, S. 777.

Seine Transformationen in die neuen Konzeptionen, z. B. in die Naturrechtslehre von Pufendorf, der das Prinzip der Socialitas als Grundlage
der Ethik so radikal durchführte, daß sogar Conring widersprach, in die
Rechtsphilosophie und Politik von Christian Wolff, der z. B. den Verfas-
sungsrelativismus und die Rekonstruktion der immanenten Teleologie des
sozialen Lebens restaurierte, und in der "Polizeiwissenschaft", bedarf einer eigenen Untersuchung. Festzustellen bleibt, daß sich schon in der
Mitte des Jahrhunderts zeigte, daß das "Allgemeine Staatsrecht" nicht
vollständig den pars architectonica der politischen Wissenschaft ersetzen
konnte: 1759 veröffentlichte Justi sein Werk über "Natur und Wesen der
Staaten", 1761 Achenwall seine "Theorie der allgemeinen Politik". Für
beide war allerdings nicht mehr Aristoteles, sondern Montesquieu der Ori-
entierungspunkt.

THOMAS LEINKAUF

Athanasius Kircher und Aristoteles.
Ein Beispiel für das Fortleben aristotelischen Denkens in fremden Kontexten

I

Eines der Hauptprobleme der historischen Abteilung der Philosophie ist die vernünftige Ponderierung verschiedener in ihr möglicher und konkurrierender Sichtweisen auf die zu verhandelnde Sache. Letzteres scheint nur erreichbar, insofern sie ihren charakterisierenden Index 'historisch' nicht zu einem einschränkenden, sie insbesondere von der sogenannten 'systematischen' Philosophie abtrennenden Moment verkommen läßt. So wenig wie Systematisches ohne Bewußtsein der historischen Kodifikation von Begriffen und ihren Inhalten wirklich einen die Sache bewegenden Impuls erhält, so wenig ist Historisches ohne die gliedernde und ordnende Kraft grundlegender systematischer Reflexionen in den Bereich produktiven Verstehens einzuholen. Im Feld der Geschichte der Philosophie selbst ist unter den Voraussetzungen reflektierter Hermeneutik (die die Sichtweisen ent–deckt und zugleich, als notwendig mitzudenkende, nicht verdecken will) vorsichtiges Prozedieren nicht nur bei der Erschließung neuer Bereiche, sondern gerade auch beim Blick auf schon Aufgearbeitetes angebracht. Immer mehr wird deutlich, daß ein überzeugendes, von der Zunft im Bewußtsein gehaltenes Maß in der Bestimmung des Verhältnisses zwischen übergreifender Betrachtung historischer Bereiche und der ziselierenden monographischen Rekonstruktion kaum zu einem wirklichen Moment der Eigenbewegung philosophiehistorischer Untersuchungen geworden ist.

Ein Indiz dafür, daß die Defizite, die daraus folgen, durchaus konstatiert werden, ist der Versuch einer Revision der philosophischen Landkarte in einigen neuralgischen Bereichen. Davon wiederum ein Beispiel ist das Bemühen um ein neues Verständnis des intellektuellen Geschehens im Europa des 16. und 17. Jahrhunderts, die Überprüfung, kurz gesagt, dessen, was es mit Begriffen und Klassifikationen wie 'Renaissanceplatonismus', 'Renaissancearistotelismus' oder etwa 'Humanismus' letztlich der Sache nach auf sich hat. Hier vollzieht sich eine Korrektur übergreifender Einteilungen, die meist auf (historisch gesehen) notwendigen Vorurteilen und eingeschränkten Gesichtspunkten basierten. Und zwar durch die mühevolle Arbeit der Analyse von Universitäts– und Fakultätsgeschichte, von Editionsgeschichte, philosophischen Kleinmeistern und Randfiguren[1].

In diesem Korrekturunternehmen wird die Philosophie allerdings zugleich in einem bedenklichen Maße selbst rein historisch. Das, was sie den übergreifenden Entwürfen philosophischer Geschichtsbewältigung – häufig mit Recht – als 'überfliegend' und 'spekulativ' ankreidete, worin sich aber nur das genuine Kapital des den Fakten gegenüber in einer produktiven, verarbeitenden Distanz stehenden philosophischen Denkens selbst zu stark machte, droht sie im Gegenzug ganz zu verlieren. Gegen die Tendenz eines Aufgehens in den Fakten und Ereignissen sollte vielmehr die Notwendigkeit und spezifische Eigentümlichkeit der philosophischen Interpretation und vor allem auch der Mut zu aus der Sache entwickelten übergreifenden Darstellungen lebendig gehalten werden[2]. In diesem Sinne und als Ausdruck der Spannung zwischen den skizzierten Alternativen soll die folgende These verstanden werden.

II

Mit der Präzisierung unserer Kenntnisse um den Einfluß des Lullismus auf wichtige Autoren des 15. bis 17. Jahrhunderts[3] oder etwa mit der Klärung der Genese und der Wirkung des Œuvres von P. Ramus[4] werden einige Phänomene der damaligen philosophischen Diskussion auf andere Weise als bisher verstehbar. Dies betrifft insbesondere auch eine be-

---

1 Vgl. insbesondere die Arbeiten von Ch. B. Schmitt: Studies in Renaissance Philosophy and Science, London 1981; The Aristotelian Tradition and Renaissance Universities, London 1984 (jeweils Aufsatzsammlungen); den Kongressbericht: Platon et Aristote à la Renaissance. XVI Colloque international de Tours, Paris 1976; W. Sparn: Die Wiederkehr der Metaphysik, Stuttgart 1976; W. Schmidt-Biggemann: Topica Universalis. Eine Modellgeschichte humanistischer und barocker Wissenschaft, Hamburg 1983; N. Bruyère: Méthode et dialectique dans l'œuvre de la Ramée. Renaissance et Age classique, Paris 1984; zur Editionsgeschichte z. B. L. Minio Paluello: Attività filosofico-editoriale aristotelica dell'Umanesimo, in: Latin Aristotle, Amsterdam 1972, S. 483 ff; Ch. H. Lohr: Renaissance Latin Aristotle Commentaries, in: Studies in the Renaissance 21 (1974) Teil A – C und Renaissance Quarterly 28 (1975) ff.

2 Dies beispielhaft hinsichtlich der Filiationen des Neuplatonismus bei W. Beierwaltes: Identität und Differenz, Frankfurt 1980; Platonismus und Idealismus, Frankfurt 1972; Denken des Einen, Frankfurt 1985. Für die mittelalterliche Philosphie, mit allerdings problematischen Verkürzungen, neuerdings K. Flasch: Das philosophische Denken im Mittelalter, Stuttgart 1986. Für Humanismus und Barock W. Schmidt-Biggemann: Topica universalis (s. Anm. 1).

3 P. Rossi: Clavis universalis. Arti della memoria e logica combinatoria da Lullo a Leibniz (1960), Bologna 1983, dort S. 11 - 12 die einschlägige neuere Literatur. W. Schmidt-Biggemann: Topica universalis (s. Anm. 1) S. 155 ff.

4 N. Bruyère: Méthode et dialectique (s. Anm. 1).

stimmte Filiation und Präsenz des Aristotelismus im 16. und 17. Jahrhundert sowie die Stellungnahmen einzelner Philosophen zu Platon und Aristoteles. Es verfestigt sich zunehmend der Eindruck – den man schon für etwa Cusanus und Ficinus nachgezeichnet hat[5] – , daß es keine 'reinen' Formen des Platonismus respektive Aristotelismus zu dieser Zeit gegeben hat, und zwar weder bei den einzelnen Autoren noch bei den bisher für eine solche Charakterisierung einschlägigen Universitäten[6]. Vielmehr ist ein Zugleich des Verschiedenen anzusetzen, das nicht nur aus einem philosophisch motivierten, sich ans neuplatonische Vorbild anlehnenden konziliatorischen Interesse der Vereinigung diametraler Optionen[7], sondern vor allem aus der abgewogenen Zuordnung innerhalb eines philosophischen Entwurfes zu bestimmten Systemstellen zu verstehen ist.

Ist der übergreifende Index für den Zeitraum zwischen Frührenaissance und Hochbarock das christliche Denken mit seinen intrinsischen Bedingungen (die in der Kontroverstheologie zum Anlaß und Gegenstand heftiger Auseinandersetzungen werden), so zeigt sich innerhalb dieser Klammer, daß christliche Platoniker Aristoteles und umgekehrt christliche Aristoteliker Platon beziehungsweise die von der ihnen vorausgehenden Tradition formulierten Derivate und Erweitungen von deren Theorien integrieren. Unter christlich–theologischem Vorzeichen, aber mit wesentlich philosophischen Mitteln wurden dabei von platonisch denkenden Autoren Strategien im Umgang mit Aristoteles entwickelt, die für christliche Denker im 17. Jahrhundert zur Voraussetzung und zum Erbe geworden sind (wie für den Jesuiten Athanasius Kircher): Bei Problemen, für die genuin aristotelisches Denken keine überzeugenden Konzepte entwickelt hatte oder entwickeln konnte, griff man auf über den Neuplatonismus und die patristischen Autoritäten vermittelte Argumente zurück. E. v. Ivànka hat einmal paradigmatisch den platonischen Kernbestand spekulativer Theo-

---

5 P. O. Kristeller: Florentine Platonism and its Relations with Humanism and Scholasticism, in: Church history 8 (1939), S. 201 ff. Die trotz der Favorisierung des Platon manifeste Indifferenz von mittelalterlich–peripatetischer Denk- und Argumentationsstruktur und platonischen Lehrstücken bei Ficinus zeigt immer noch am besten ders.: Die Philosophie des Marsilio Ficino (1943), Frankfurt 1972. Zu Cusanus vgl. R. Haubst: Das Bildnis des Einen und Dreieinen Gottes in der Welt nach Nikokaus von Kues, Trier 1952. Vgl. auch unten Anm. 14. M. de Gandillac: Nikolaus von Kues zwischen Platon und Hegel, in: Nikolaus von Kues in der Geschichte des Erkenntnisproblems, hrsg. v. R. Haubst, Mainz 1975, S. 26 – 28.

6 Ch. B. Schmitt, Philosophy and Science in Sixteenth–Century Italian Universities, in: The Aristotelian Tradition and Renaissance Universities (s. Anm. 1), XV, S. 300 f., 304/5 (Aristoteles), 306 f (Platon).

7 Vgl. E. Garin: Storia della filosofia italiana, Torino 1966, II, S. 603 ff; P. O. Kristeller, Humanismus und Renaissance, München o. J. (UTB 914) I 43.

logumena herausgestellt[8], und es sind dies die Ansätze und Argumente, die sich bis zu den – in der Lektüre der Väter bewanderten – Autoren der uns interessierenden Zeit durchhalten. Der μέθεξις-Gedanke bildet die Grundlage der philosophischen Legitimation des ens creatum et finitum unter schöpfungstheologischen Vorzeichen; die συγγένεια τοῦ θεοῦ für die imago-Diskussion; das ἰδεῖν τὸ ἀγαθόν lebt in der visio beatifica weiter, das ἐξαίφνης im intuitus-Begriff, die πτῶσις τῆς ψυχῆς wirkt im Horizont des peccatum originale und schließlich die ἀνάμνησις-Lehre strukturell in der spekulativen Durchdringung der Fides. Lassen wir hier kurz zwei Quellen aus der zweiten Hälfte des 16. Jahrhunderts sprechen: In der Praefatio seiner lateinischen Übersetzung von G. Plethons *De Platonicae et Aristotelicae philosophiae differentia* von 1574 unterstreicht Georg Chariander das Sinnvolle seines Unterfangens mit folgenden Worten:

> genus philosophiae Platonicum viro Christiano imprimis esse persequendum, quod nimirum inter alia ad pietatem maxime nos deducit, ad eamque quam ex sacris scripturis hausimus veritatem quam proxime accedit. Annon enim Christianae religioni consentanea est illa Platonicorum de ideis disputatio? quae maxime huc pertinet, ut ostendat Deum esse huius mundi conditorem, certique ordinis, qui in ipso conspicitur authorem? Omitto iam illud, quod multi fere eadem, quae de filio Dei & verbo & constructione universi a Christianis dicuntur, etiam Platonicos dicere arbitrantur[9].

Es folgt eine Auflistung der produktiv integrierbaren Platonica, die im wesentlichen mit den Ausführungen Plethons übereinstimmen: Die Rückführung des einzelnen, aber in sich einheitlichen Seienden auf eine prinzipielle Einheit (unitas), die Lehre von der Unsterblichkeit der Seele, von der Gegenwart (praesentia) Gottes und von der der Natur (Schöpfung) zugrunde liegenden voluntas Dei (ebd.).

Kurz zuvor, im Jahre 1571, summiert der Herausgeber der pseudo–aristotelischen *Theologia Aristotelis*, Jacobus Carpentarius, in der Widmung an den Leser: Mit der christlichen Religion stimmten in einigen Punkten überein,

> quae in magistri (sc. Platonis) doctrinae de Deo caelestibusque intelligentiis, de primo intellectu agente, de Mundi animo, de ideis, de animorum nostrorum immortalitate ac de Universi procreatione & administratione per varios Dialogos & Epistolas sparsa sunt atque tantummodo adumbrata (..)[10].

---

8 Plato Christianus, Einsiedeln 1964. Vgl. zur Integrationsbereitschaft etwa Augustinus ep. 118.

9 Georgius Chariander: Georgii Gemisti Plethonis De Platonicae atque Aristotelicae philosophiae differentia (..) ex graeca lingua in latinam conversus (..), Basileae (Perna) 1574, fol. B 1 r.

10 J. Carpentarius: Libri Quatuordecim qui Aristotelis esse dicuntur, De secretiore parte divinae sapientiae secundum Aegyptios. Qui si illius sunt, eiusdem Meta-

Auf allerdings weit manifestere Weise sei dies antizipiert und diskutiert in den für Platon selbst verpflichtenden und von Aristoteles nur qua Hörer überlieferten Texten der Dokumente ägyptischer Weisheit. Konnten vor der textkritischen humanistischen Durchforstung des aristotelischen Œuvres auf Kriterien der Echtheit hin[11] noch die später als pseudo–aristotelisch ausgewiesenen, neuplatonisch–stoisch inspirierten Werke wie die *Theologia Aristotelis*, *De causis* oder *De mundo*[12], zusammen mit platonisierenden Kommentierungen des Aristoteles eine Integration in spekulative Kontexte stützen, so reduzierte sich nach deren Decouvrierung die Option auf einen Aristoteles, der für bestimmte Lehrstücke der christlichen Theologie und Kosmologie allerdings seit alters problematisch war. Dieser wird dann dort stark gemacht, wo er für die spekulative Diskussion am unschädlichsten zu sein scheint: im Methodischen, in den Arten der Logisierung und Strukturierung der ratio. Die Reduktion der Hausmacht des Aristoteles auf die ratio, auf deren terminologische und szientifische Ordnung sowie auf die Domäne der Schule und des Lehrbetriebes, scheint zumindest bei platonischen Autoren nicht ungewöhnlich zu sein[13].

III

Einige Beispiele, die das Gesagte paradigmatisch bestätigen sollen und deren Auswahl sich im Blick auf Athanasius Kircher versteht: Im 14. Kapitel seiner Schrift *De mente* ordnet Cusanus das Vermögen der Vernunft und Intelligenz (intellectus) – bei ihm d i e Instanz der spekulativen Gewärtigung z. B. der coincidentia oppositorum und des non aliud – Platon, das des Verstandes (ratio) dagegen dem Aristoteles zu, wobei der Index 'ratio' bzw. rational zum einen das ganze Feld wissenschaftlicher, sich vom Stagiriten herleitender Argumentationsmethode meint ('motu rationis comprehendere res non in se, sed ut forma est in variabili materia', H V 109, 18 – 19), zum anderen die notwendige Basis oder Stufe des Aufstieges zum Intellekt selbst[14]. Diese Motive der Zweitrangigkeit und des, gegen-

---

physica vere continent, cum Platonicis magna ex parte convenientia (..), Parisiis (du Puys) 1571, Ad lectorem (fol. a iii).

11 Vgl. z. B. F. Patricius: Discussiones Peripateticae, Basileae 1581. Dazu siehe F. Purnell: Francesco Patrizi and the critics of Hermes Trismegistus, in: The Journal of Medieval and Renaissance Studies 6 (1976), S. 155 ff.

12 Hierzu G. Faggin: Art. 'Pseudo–Aristotele' in: Enciclopedia filosofica, Firenze ²1967, I, S. 468 – 469.

13 Siehe Anm. 14.

14 Hierzu vgl. K. Flasch: Die Metaphysik des Einen bei Nikolaus von Kues, Leiden 1973, S. 262, 276 f, 283. Zur Auswertung der aristotelischen Metaphysik vor einem platonischen Hintergrund z. B. Docta ignorantia I 17, De beryllo c. 23 – 24, De venatione sapientiae c. 8, De non aliud c. 10; ders.: Das philoso-

über einem die ganze Sache intendierenden Ascensus, zu–Überwindenden tauchen dann im selben Traditionsstrang leitmotovisch immer wieder auf. C. Bovillus kennt sie (vgl. *In artem oppositorum introductio* 1501 fol. aii r), F. Stapulensis in seinem *Opus metaphysicum* von 1515 unterscheidet:

> Est revera Aristotelica littera (ut plurimum) similis ichnographiae, metaphysicus intellectus vero similis architecto aedificium erigenti, cuius summitas caelis altior, per quod enim videt opificem, cuius esse est omnia, posse omnipotentia, nosse summa sapientia, velle autem bonum (fol. 1 v)[15].

Der neben Lullus einflußreichste Organisator des Wissenshorizontes, P. Ramus, sieht in Aristoteles den Abtrünnigen von der in seinem Lehrer Platon repräsentierten alten adamitischen Weisheit[16]. Wie N. Bruyère gezeigt hat[17], nimmt Ramus seine harte und eindeutige Stellungnahme zu Aristoteles auch in seinen konzilianteren späteren Schriften nicht zurück, vielmehr bleibt der Rekurs auf Platon konstitutiv.

Schließlich sei noch F. Patricius erwähnt, der in seinen einläßlichen philologischen Studien zu Aristoteles nicht nur um Echtheitsfragen oder Chronologisches sich Gedanken macht, sondern diese zugleich zum Anlaß einer destructio Aristotelis nimmt, bei der alles philosophisch Sinnvolle bei Aristoteles als 'eigentlich' platonisch nachgewiesen und das eigentümlich Aristotelische als Abstieg in Sophismen und Widersprüche gedacht wird[18]. Noch in der *Panpsychia* aus der *Nova de universis philosophia* (Ferrara 1591) heißt es c.III (54 r):

> dum Platoni amicus esset, ex eius ore excepit ... hostis vero postquam ei est factus, & a Platone, & a se ipso etiam discessit.

An diesem Aristoteles 'exotericus' läßt Patricius kein gutes Haar, in ihm greift er auch gezielt die sich auf das überkommene Lehrgut kommentierend stützenden Peripatetiker an. Der 'mystische' (mysticus) Aristoteles dagegen ist nichts als das Sprachrohr einer Tradition und eines Wissens,

---

phische Denken im Mittelalter (s. Anm. 2), S. 541: Aristoteles könne bei Cusanus als "charakteristischer Ausdruck des Verstandes" gelten.

15 G. Bredouelle: Lefèvre d'Etaples, Genf 1976, S. 35.

16 Animadversiones Aristotelicae 1543, S. 42, 46 – 49, 51, 62: Platonem Aristoteles viginti annos audieras: libros eius legeras, et non modo malitiosissimae dissimulas per quem profeceris, sed ingratissimae negas.

17 Bruyère: Méthode et dialectique dans l'œuvre de La Ramée (s. Anm. 1), S. 74, 105 – 108, 293 f. Vgl. Scholae metaphysicae 1566, Praef. 8 (1569, 3): Quatuordecim metaphysicos libros, quatuordecim logicarum tautologicarum cumulos esse statuo. Scholae physicae 1569, Praef.: sophismata.

18 Patricius: Discussiones peripateticae (s. Anm. 11), S. 213 f (zum wirkungsgeschichtlich folgenreichen Buch XII der Metaphysik des Aristoteles), S. 239, 244 f, 324 ff; M. Mucillo: La vita e le opere di Aristotele nelle 'Discussiones Peripateticae' di Francesco Patrizi da Cherso, in: Rinascimento 21 (1981).

für das er selbst intellektuell nichts eigenes beigetragen hat (*Panpsychia* c.II, 53 r).

Wenn – im Blick auf theologische Notwendigkeiten – von solchen jetzt nur beispielhaft genannten Autoren die ganze 'Philosophie' selbst dann (als Synonym für antik-paganes Denken) in ein analoges Verhältnis zur 'Theologie' (dem genuin christlichen Denken) gestellt wird, wie dies in unserem Beispiel mit Aristoteles im Verhältnis zu Platon geschieht, so kann dabei gleichsam als Faustregel gelten, daß Platon, ein Μωυσῆς ἀττικίζων geblieben[19], den Gipfel des paganen Denkens darstellt, den Punkt, an dem es die größte Nähe zu den christlichen Problemstellungen erreicht hat, und daß sein Denken als die vermittelnde Mitte fungiert zwischen empirisch-rationaler Wissenschaft und dem auf das göttliche Arkanum ausgerichteten Denken sub specie fidei.

IV

Um nun verstehen zu können, wie Athanasius Kircher (1602 – 1680)[20] mit Aristoteles bzw. mit dem scholastisch geprägten Aristotelismus umgeht, ist die Tatsache von einiger Bedeutung, daß die angeführten Autoren für die Kontur des Kircherschen Denkens allesamt die einschlägigen Gewährsmänner sind[21]. Es gibt gute Gründe dafür, warum man bei Kircher einer ausgeprägten Aneignung platonischen Denkens begegnet. Nicht nur die einzelnen von ihm präferierten Autoren, die in ihrer Auswahl das Beste des Platonismus in dieser Zeit repräsentieren, konnten ihm dieses Denken vermitteln, sondern es waren vor allem auch die großen Strömungen

---

19 Vgl. Numenius fr. 10 (Leemans).

20 Kirchers Schriften werden wie folgt zitiert:
Mg = Magnes sive de arte Magnetica, Köln 1643
AML = Ars magna Lucis et Umbrae, Rom 1646
MUS = Musurgia universalis sive ars magna consoni et dissoni, Rom 1650
OA I, II/1 - 2, III = Oedipus Aegyptiacus, Rom 1652–1653
IE = Iter extaticum, Rom 1656 (Würzburg 1660 zit.)
MS I, II = Mundus subterraneus, Amsterdam 1665
AMS = Ars magna sciendi sive combinatoria, Amsterdam 1669

21 Hinzuzufügen ist noch der byzantinische Neuplatoniker Michael Psellos, den Kircher intensiv rezipiert hat (vgl. Mg 735, OA II/1, 131 ff, III 94, 101, 241, 259, 510, 521) und für den C. Zervos: Une philosophe néoplatonicien du XI siècle. Michel Psellos, Paris 1920 (New York 1974), S. 142 ff, 186 ff eine entsprechende Zuordnung von Platon und Aristoteles nachweist. Eine Vermittlung an Kircher ist sehr gut über F. Patricius denkbar, der im Anhang zu seiner Nova de universis philosophia (Ferrara 1591) z. B. die Μαγικὰ λόγια τῶν ἀπὸ Σωροάστρων μάγων, die Ἔκθεσις κεφαλαιώδης καὶ σύντομος τῶν παρὰ Χαλδαίοις δογμάτων u. a. gibt. Daneben (vgl. Zervos 36/7) aber auch durch I. Opsopoeis: Oracula Magica Zoroastris, Paris 1599 (lat. Übers.).

selbst, die auf Lullus zurückgehende Grundstruktur des kombinatorisch-enzyklopädischen Denkens, der spätestens mit Ficinus einflußreiche Gedanke der 'prisca sapientia' bzw. 'theologia', das Konzept der 'ars memoriae' des Ramus sowie die Pansophie, die wesentlich (neu-)platonische Grundannahmen als Fundament haben[22]. Kircher ist aber – neben z. B. S. Izquierdo, J. Caramuel, A. Comenius, J. H. Alsted – als Repräsentant eines diese Aspekte integrierenden, für die intellektuelle Signatur des Barock typischen Denkens zu sehen. Die schon angedeutete Rolle des Aristoteles in diesen für seinen Ansatz zumindest fremden Kontexten konnte nicht mehr die der uneingeschränkten (sofern dies überhaupt einmal Realität war) Autorität der scholastischen Summen und Kommentare sein. Welcher Art war sie aber dann?

Zuerst muß festgehalten werden, daß der im Jahre 1602 geborene Kircher seine Ausbildung im Duktus der damaligen jesuitischen Schulphilosophie erhielt (Fulda, Paderborn, Köln, Koblenz, Eichsfeld/Heiligenstadt, Mainz waren die Stationen)[23]. Hier waren die Schwerpunkte klar aristotelischer Provenienz: im Philosophiekurs Aristoteles selbst in Logik, Physik und Metaphysik, im Theologiekurs dann die Summa des Aquinaten[24]. Es ist anzunehmen, daß Kirchers 'Vertrautheit' mit dem Stagiriten im wesentlichen aus der Zeit seiner jesuitischen Schulung herrührt und in einem zweiten Schritt erst aus der späteren Lektüre z. B. der Kommentartradition. Dafür spricht ganz die Art und Weise, wie Aristoteles überhaupt im Werk Kirchers erscheint. Vermutlich kann man am Beispiel Kirchers einmal studieren, wie zunehmende Ablösung vom klassischen Kommentar (der selbst bis zum Verschwinden des originalen Textes sich wandelte)

---

22 Zu Lullus vgl. E. W. Platzeck: Die Lullsche Kombinatorik, in: Franziskanische Studien 34 (1952), S. 36 – 60, 347 – 407, insbes. 45 ff; F. A. Yates: Ramon Lull and Johannes Scotus Erigena, in: Journal of the Warburg and Courtauld Institutes 23 (1960); W. Schmidt–Biggemann: Topica universalis (s. Anm. 1), S. 256 ff. Zur 'prisca theologia' vgl. D. P. Walker: The Prisca Theologia in France, in: Journal of the Warburg and Courtauld Institute 17 (1954); Ch. B. Schmitt: Prisca theologia e philosophia perennis: due temi del Rinascimento italiano e la loro fortuna (1970), in: Studies in Renaissance Philosophy (s. Anm. 1); Ficinus, Theol. Plat. XII 1, XVII 1. Op. (Basileae 1576), S. 871, 1836. Zu Ramus vgl. Bruyère: Méthode et dialectique (s. Anm. 1). Zur Pansophie vgl. P. Rossi: Clavis universalis (s. Anm. 3), S. 199 ff.

23 Zur Vita vgl. K. Brischer SJ: P. Athanasius Kircher. Ein Lebensbild, Würzburg 1877; H. Hurter SJ: Nomenclator litterarius theologiae catholicae Tom. IV (1664 – 1763) (1910), New York 1962, S. 140 n. 62; H. Kangro: Art.: 'Kircher' in: Dictionnary of scientific biography X (1974), S. 374 – 378; F. Krafft: Art.: 'Kircher' in: Allgemeine Deutsche Biographie XI, S. 641 – 644.

24 Kircher steht hier in einer Reihe mit bedeutenden Aristoteles-Kritikern, die im Horizont aristotelisierender Schulphilosophie ausgebildet wurden: Galilei im Collegium Romanum, Kopernikus und Harvey im Paduaner Aristotelismus, Descartes im von den Conimbricenses beeinflußten La Flèche.

und die Umformung zum positiven, apodiktischen Lehrgehalt unter bestimmten Voraussetzungen den Umgang mit einem Autor prägen können[25]. Soweit ich bisher sehen kann, läßt sich die 'Gegenwart' des Aristoteles im Œuvre Kirchers folgendermaßen charakterisieren:

1) in der Form kontext-unabhängiger, disponibler Lehrsätze, deren formelhafte Autorität zur Bekräftigung eigener Ausführungen verwendet wird. Es scheint dies gleichsam das letzte Kondensat allgemein akzeptierter und 'gültiger' aristotelischer und peripatetischer Theoreme zu sein. Häufig genügt dabei die Formel selbst, in den meisten Fällen jedoch werden ein 'teste Philosopho' oder die Stereotypen 'Aristoteles dicit' bzw. 'secundum Aristotelem 'hinzugefügt.

Einige Beispiele:

> nam ut recte philosophus: numeri sese habent, ut rerum species (AMS 155; MS II 144, 267, 385)[26].
> sol & homo generant hominem (IE 162, dort unter die dem Aristoteles bekannten 'mysteria naturae' gerechnet; AML 8)[27].
> opus naturae, opus intelligentiae (AML 45, 47; IE 427; MS I 103, 183)[28].
> cum itaque motus, Philosopho teste, sit vita cunctis existentibus per naturam (MS II 285; zum Zusammenhang von 'Bewegungsprinzip', 'Leben' und 'Ordnung' etc. vgl. AMS 130, 230; IE 427; MS II 166/7, 314/5; Mg 274/5)[29].

2) als unumgänglicher Autor im Horizont historischer Autoritäten zur Logik und zu physikalischen Problemen. Im Gegensatz dazu ist auffällig,

---

25 Ch. B. Schmitt hat gezeigt (Aristotle and the Renaissance, Cambridge–London 1983), wie unterschiedlich im peripatetischen Lager die Rezeption des 'Philosophen 'im 16. Jahrhundert gewesen ist, z. B. im Vergleich Zabarellas – für den die ratio höchstes Kriterium darstellt – mit Cremonini – für der den Buchstabe des Aristoteles das Ende seiner Überlegungen bildet (11). Die Kompendien-Literatur (z. B. B. Pereira: De communibus omnium rerum naturalium principiis et affectionibus, 1576. J. Boucherau: Flores illustriores Aristotelis ex eius philosophia collecti, Paris 1560, dt. 1585 durch Hausenreuther) war bis ins 17. Jahrhundert hinein einflußreich (S. 52 f).

26 Wahrscheinlich Met. Z 2, 1028 b 24 – 25: ἔνιοι δὲ τὰ μὲν εἴδη καὶ τοὺς ἀριθμοὺς τὴν αὐτὴν ἔχειν φάσι φύσιν mit an. A 2, 404 b 24 – 25: οἱ μὲν γὰρ ἀριθμοὶ τὰ εἴδη αὐτά. An letzterer Stelle ist Platon (so Hett, Loeb Ed. 24/5), an der ersten wohl Xenokrates (fr. 34 H.) angesprochen (H. J. Krämer: Der Ursprung der Geistmetaphysik, Amsterdam 1964, S. 32 ff).

27 Vgl. Phys. B 2, 194 b 13: ἄνθρωπος γὰρ ἄνθρωπον γεννᾷ καὶ ἥλιος. Ross (Physics 511) verweist auf Met. 1071 a 20 und gen corr. 336 a 31, b 6 u. 17. Vgl. K. Oehler: Ein Mensch zeugt einen Menschen, in: Einsichten. G. Krüger zum 60. Geburtstag, hrsg. v. K. Oehler/R. Schaeffler, Frankfurt 1962, S. 230 ff.

28 Vielleicht Phys. B 6, 198 a 1 – 14; an. post. B 11, 94 b 35 f.

29 Vermutlich Phys. Θ 1, 250 b 13 – 15: ἀλλ᾽ ἀεὶ ἦν (sc. κίνησις) καὶ ἀεὶ ἔσται καὶ τουτ᾽ ἀθάνατον καὶ ἄπαυστον ὑπάρχει τοῖς οὖσιν, οἷον ζωή τις οὖσα τοῖς φύσει, συνεστῶσι πᾶσιν. Aber auch cael. A 9, 279 a 18 ff. 28 – 30, 279 b 1 f. B 2, 286 a 8 ff.

daß Aristoteles aus den Genealogien modo 'prisca sapientia' – die ja für Kircher den eigentlich verpflichtenden Hintergrund seiner universalen Ausführungen darstellen – völlig herausfällt.

3) als Gegenstand kritischer Stellungnahmen.

Unter diesen Voraussetzungen – keine systematische Auseinandersetzung, keine differenzierte Kommentierung, sondern Reduktion auf ein Reservoir versatzstückhaft verfügbarer Sentenzen und Atomisierung in gerade noch überzeugende Spezialargumentationen – kann wohl nicht mehr guten Gewissens von 'Aristotelismus' gesprochen werden; ebenso evident ist aber auch, daß man vom 'Aristotelismus' hier nicht völlig absehen kann.

Im folgenden sollen einige partielle Erklärungsversuche eine Annäherung an dieses Phänomen, das vermutlich keinen Ausnahmefall in der Zeit um die Mitte des 17. Jahrhunderts darstellt, vorbereiten. Hierzu gehe ich von zwei Stellen bei Kircher aus, die von entgegengesetzten Punkten aus eine kritische Attitüde gegenüber Aristoteles an den Tag legen:

1) In der *Ars magna sciendi* (1669) äußert sich Kircher im Kontext von Überlegungen zur 'vera Christiana philosophia' – also in sachlichem Zusammenhang mit den oben angeführten Ausführungen der christlichen Platoniker – folgendermaßen zu Aristoteles:

> (..) ut proinde mirum non sit, Aristotelem in tot anfractus, in tot scopulos impegisse, tot difficultatum fluctibus iactatum fuisse: ubi enim lumen rationis tantum secutus est, ita vera Dei cognitione destitutus pervenire non potuit ad illud summum, et UN-OMNIA (vgl. Patricius, 'Panpsychia' c.I 50 r), quod tam anxie quaesivit; atque adeo certum sit, ibi Christianam incipere philosophiam, ubi philosophorum veterum anchoram suprema figebat cognitio" (AMS 324/5).

Wenn man einmal ansetzt, daß 'philosophia christiana' hier für Kircher die ganz bestimmte Form eines Platonismus unter christlichem Vorzeichen mit lullistisch-ramistischer Methodik angenommen hat, so muß auch das traditionelle Kriterium des 'lumen rationis' zur Absetzung seine Schärfe als 'Scheidewasser' gegenüber Platonikern verlieren (ein Phänomen, das selbst schon eine Tradition hat und mit der durch Cusanus und vor allem durch Ficinus inaugurierten Platon-Rezeption nicht unproblematischer wurde). Interessant und nicht zu unterschätzen ist an unserer Stelle, daß eben Aristoteles als 'Stellvertreter' und als der notwendig Scheiternde angeführt wird, nicht aber einer von den Platonikern. Diese hatten Zugang zur 'suprema cognitio' und waren folglich in die komplexe Genealogie der Tradierung 'wahren Wissens' einzugliedern (man findet hier Plotin, Porphyrios, Iamblichos, Proklos, die Hermetica, die Logia der Orphica und Chaldaica). Die strukturgebenden Philosopheme, mit denen eben noch Kircher versucht, den Bereich des Arrheton christlicher Theologie zu fassen, sind die Philosophie des Einen (in unserem Textstück durch das UN-OMNIA gegeben; vgl. auch AMS 228 ff, 276, 323), die Zahlenmetaphysik

(AMS 153 f; MUS A 186/7: numerus absolute harmonicus: exprimat ideam divinam in creatione rerum pulchre. OA II/2, 2 ff)[30], die ontologisch verstandene Lichtmetaphorik (AML 771, 917 f: 'metaphysica lucis'; vgl. insbes. die Ausführungen ebd. in der Praef. 1 - 2; AMS 50/1, 268) und die schon vorhin angeführten, seit langem durch christliche Autoren kodifizierten Lehrstücke aus dem Kernbestand des Platonismus (markanteste Anknüpfungspunkte für Kircher sind hierfür Augustinus und Ps. Dionysius Areopagita). Kircher schreibt den heidnischen Autoren keine genuin christliche 'illuminatio' zu, sie bleiben in dieser Hinsicht auf die 'linea inferior' gebannt, wie sie der einflußreiche Lullist J. H. Alsted einmal beschreibt[31]. Aber sie tradieren in seinen Augen eben doch das Arkanum. Eine Textanalyse zeigt leicht, daß in allen emphatisch auf die als ungebrochen tradiert apostrophierte 'prisca sapientia' Bezug nehmenden Texten Kirchers Aristoteles und die Vertreter des 'lumen rationis' keine Rolle spielen (allenfalls die 'theologia Aristotelis' kann da eine Ausnahme machen, aber sie wird dann, wie bei Patricius, als letztlich ägyptisch–hermetischer Provenienz veranschlagt, vgl. OA I Praef.; OA II/2, 504: "Quae omnia pulchre in Theologia Aristotelis iuxta mentem Aegyptiorum demonstrantur, & ex Platonis mente sunt"). Die 'prisca sapientia' bleibt zwar von der 'recta fides' sorgfältig getrennt (OA I 170, II/1, 3/4), andererseits wird sie aber als einzig legitime vorchristliche Tradition und als optimale Manifestation einer auf ihre natürliche Anlage ('lumen naturale') und auf sich selbst gestellten Vernunft herausgestellt.

2) Unter ganz anderen Vorzeichen bewegt sich der zweite Text, den ich kurz diskutieren will. In der *Ars magna lucis* (1647) heißt es:

ita humano ingenio comparatum est, ut nisi sensuum ministerium fultum, sociam sibi adsciscat rerum experientiam, facile erroribus maximis absur-

---

30 Vgl. U. Schalau: A. Kircher als Musikschriftsteller, Marburg (Diss.) 1969, S. 138 ff. Der deutliche aber unausgesprochene Bezug z. B. auf Cusanus, De coniecturis I 2n. 7; H III 11, 3 - 5 (= AMS 153: Rationalis fabricae naturale quoddam pullulans principium numerus est, mentis enim expertia, uti bruta, non numerant, sed & hic ipse nihil aliud est quam ratio explicata) intendiert die prisca sapientia (Pythagoras ab Aegyptis edoctus, Trismegistus, Plato etc.). Zur Strategie von Kirchers Bezugnahmen auf platonisch–hermetische Autoritäten vergleiche meinen Aufsatz: Amor in Supremi opificis mente residens: Athanasius Kirchers Auseinandersetzung mit der Schrift 'De Amore' des Marsilius Ficinus, in: Zeitschrift für philosophische Forschung 42 (1988).

31 Menippus disp. 25: Veri christianismi solidaeque philosophiae libertas, Straßburg 1618, 61: iucundus est contemplari, quam vera et solida philosophia cum vero et solido Christianismo parallela semper, sed inferiori linea currat, et veluti lucem umbra perpetuo insequatur, nec ulli hominum nisi Christiano melius conveniat. Vgl. schon Origenes: Philokalia XIII 1 (mit Bezug auf Platon: Politeia 533 D); dazu J. M. Rist: Eros and Psyche. Studies in Plato, Plotinus und Origen, Toronto 1964, S. 199 f.

dissimisque opinionibus obnoxium sit. Ita prorsu in multis contigisse videtur, etiam primae classis Philosophis, Aristoteli, Democrito, Anaxagorae, aliisque post hoc Christianis, Lactantio, Origeni, aliisque (...) (568).

Neben die Beerbung und Umgestaltung der spekulativen Tradition tritt bei Kircher von Anfang an die intensive Auseinandersetzung mit dem Teil der Naturphilosophie des 16. und 17. Jahrhunderts, der auf eine extreme Aufwertung der 'experientia' und des 'experimentum' setzt[32]. Die Stellen, an denen Kircher ein Loblied der am konkreten Befund sich orientierenden experimentierenden Vernunft vorträgt, bilden einen spannungsreichen Gegensatz zu seinen transempirischen Spekulationen und Annahmen. Einen Gegensatz, wie ihn z. B. auch Ch. B. Schmitt allgemein für das 17. Jahrhundert konstatierte (vgl. Experience und experiment: a comparison of Zabarella's view with Galilei's in *De motu*[33]). Hier ist er in einer Person zusammengezogen. Nur die Unterstellung einer substantiellen Einheit des Weltganzen – als Spiegelbild der überseienden Einheit Gottes[34] – läßt den Tonos zwischen 'Erfahrung' und 'Spekulation' nicht zusammenbrechen: "proprio experimento κατὰ τῆν αὐτοψίαν", wie es im *Mundus subterraneus* (1665, Praef.) heißt, und "affluxus superni luminis" in die von aller irdischen Kontamination gereinigte 'mens pura' realisieren vielmehr, je für sich und auf verschiedenen Ebenen, dieselbe Sache.

Nach Kircher hat es die 'Verstandesphilosophie', paradigmatisch in Aristoteles vorgestellt, nicht geschafft, die göttlich gegründete Einheit in der Weise als Wahrheit von Intellekt und Welt zu denken, daß die Substanz der Einzeldinge sich als mit den Kriterien der Partizipationslehre plausibel zu machende Theophanie erschließt und die verschiedenen erfahrbaren Formen von sinnvoller Ordnung selbst als etwas Substantielles verstehbar

---

32 Ch. B. Schmitt versteht die "increasing experimental evidence" als Schwächungsindikator hinsichtlich des Aristotelismus, vgl. Towards a Reassessment of Renaissance Aristotelianism, in: Studies (s. Anm. 1), VI, S. 179.

33 Vgl. Schmitt: Studies in Renaissance Philosophy (s. Anm. 1), XVI, S. 80 ff; P. Rossi, Clavis universalis (s. Anm. 3), S. 241 hat schon vor einiger Zeit richtig erkannt, daß die Verbindung von Enzyklopädie- und Kombinatorik-Konzeption mit dem Erfahrungsbegriff einen anderen Erfahrungs- bzw. Experimentierbegriff als den in der aristotelischen Tradition entwickelten impliziere. Wichtige Termini werden jetzt z. B. 'enumeratio', 'varietas' etc.

34 Vgl. Mg 38: Propterea cum corporeum hunc mundum agitaret animo (sc. Deus), formam ei destinavit sibi ipsi quam simillimam. MUS B 373: Cum Deus harmonicum rerum Archetypon sit, rerumque singularum species in hoc universitatis libri metrico ordine veluti carmina quaedam describere voluerit, hoc cum primis sategisse videtur, id est fontanae ideae conformi ordine disposito, dicta carmina concinnissimae musicae, auribus mortalium exhiberet. AML 920 f wird der mundus creatus (universum) mit Cusanus als das Absolute (absolutum) 'contracte recipiens' und mit Ps. Dionysius als 'apparitio' bzw. 'theophania' gedacht. Dazu auch OA III 150 – 152.

werden. Bei Kircher wird das Wesen der Dinge primär in den Formen ihres Zusammen–Bestehens, ihrer Ordnung gesehen, diese als die tragende
Struktur und der Hintergrund individualer Ereignisse. Ist das Ganze, als
Erde, Universum, menschlicher Mikrokosmos, je eine wirkliche und nicht
nur vorgestellte Entfaltung der absoluten göttlichen Einheit selbst nach
den in primordialen Ideen bewahrten Strukturprinzipien (rationes), so
kann, bei bewußt gehaltenem wesentlichem Unterschied von Prinzip (Einheit) und Prinzipiiertem (über Formen der Vielheit vermittelte Einheit),
der potentiell unendliche Horizont des Endlichen, Partiellen und Einzelnen geradezu zu einem Hauptinhalt theoretischer Bemühungen werden.
Und es ist deutlich, daß bei den Vertretern des enzyklopädischen und
kombinatorischen Denkens eine Aufwertung von Begriffen wie 'varietas',
'systema', 'penetralia abdita naturae', 'concordia discors' oder 'catena rerum' zu beobachten ist[35]. Wahrscheinlich ist diese Aufwertung sachlich ermöglicht durch die intensive Auseinandersetzung mit dem platonisch–neuplatonischen Denken und nur eine stärkere Betonung eines Gedankens,
der in diesem Denken seine Entstehungsgrundlage hatte: daß das Einzelne
seine Dignität aus der Tatsache zieht, 'Spur' des Einen (des Prinzips und
Grundes von Welt) zu sein[36], wie auch der nicht mechanisch gedachte Zusammenhang der einzelnen Dinge ein Abbild des absolut–dialektischen
Ineinander–und–Durch–einander–Bestehens des Intelligiblen in der noetischen Einheit des Nus ist[37].

In der christlichen Adaptierung und Umformung solcher Gedanken
durch die Patristik und den mittelalterlichen Platonismus liegen die Wurzeln des sachlichen, philosphisch verstehbaren Gehaltes des universalkom-
binatorischen Weltbegriffs[38]. In diesem Kontext wird einsichtig, daß es innerhalb eines solchen Ansatzes nur konsequent ist, ein Denken zum höch-
sten und fruchtbarsten Modus von Intellektualität zu erheben, das sich a
priori offen hält für solche universalen Inhalte und das den Sinn dieser
Form von Wissenschaft vernünftig und spekulativ rechtfertigen kann. Alle
anderen Modi intellektueller Tätigkeit sind dann notwendig nur Aspekte

---

35 Einige Beispiele: 'varietas' AML 15, MS I 108, 295, II 145; 'concordia discors'
    Mg 68, 469 ff, 549; AML 91; MUS Praef. XIX f, 200 f, 384 ff; 'catena rerum'
    Mg 63, 549, 559, 790; AML 533; MUS A 211, 217; OA I 134 f, II 80 – 81, 124,
    349 u. ö.

36 Vgl. Plotin III 8, 11, 19: ἴχνος τοῦ ἀγαθοῦ. VI 7, 17, 39. 33, 30. V 1, 7, 1 ff. Der
    Begriff ist zentral für den plotinischen und allgemein den neuplatonischen
    Bild–Begriff im Horizont eines hypostatischen Seinsgefüges, vgl. jetzt W.
    Beierwaltes: Denken des Einen (s. Anm. 2), S. 73 ff. 396 f, zur christlichen Re-
    zeption (vestigium) bei Bonaventura bes. S. 402, Anm. 44.

37 Plotin VI 7, 14. IV 8, 3, 7 ff. V 4, 1, 21 f. V 5, 1, 3 – 4. 4, 4 – 6. Porphyrios bei Ne-
    mesios περὶ φύσεως ἀνθρώπου 135,3 Matth. zum νοητὸς τόπος.

38 Vgl. P. Hadot: Porphyre et Victorinus, Paris 1968; S. Gersh: From Iamblichus
    to Eriugena, Leiden 1978; E. v. Ivànka: Plato Christianus (s. Anm. 8).

innerhalb dieses Ganzen, insofern sie eben gerade dieses Ganze selbst nicht thematisieren. Das Ganze aber einzuholen ist Sache der Vernunft, die der einzige 'Ort' ist, an dem die angezielte universale 'ars artium' bzw. 'scientia scientiarum' manifest werden kann. Für Kircher und die anderen Enzyklopädiker und Pansophiker steht dabei diese Vernunft in einer primordialen und konstituiven Beziehung zur Welt qua ihrem genuinen Gegenstand, die man als ein Entsprechungs- und Symmetrieverhältnis beschreiben könnte. Dieses Verhältnis selbst ist gleichsam die 'clavis universalis'[39].

Sich unter diesen Prämissen organisierende Vernunft beansprucht dann mit ihren Mitteln – lullistische Kombinatorik und ramistische Topik –, die Welt der Dinge grundsätzlich und ohne Defizit in sich und für sich restituieren zu können. Sie dringt damit so weit vor, daß nur noch der nicht eigenmächtig verfügbare 'influxus divinus' fehlt, um in jedem einzelnen Naturphänomen, als dessen Arkanum, die göttliche Substanz zu erkennen[40]. In den 'arcana' und 'secreta naturae' zeigt sich Göttliches so, daß ein gelungener Zugriff auf das Einzelne zugleich auch ein Zugriff auf das Ganze und dessen Prinzip wäre. Wird solches zum eigentlichen Ziel von Philosophie, dann verlieren aristotelische Kriterien der philosophischen Erkenntnis ihre uneingeschränkte Gültigkeit und werden reduziert auf bestimmte Kompetenzbereiche. Das an den Gegensatz und die Differenz von Subjekt und Prädikat gebundene Instrumentarium rationaler Beschreibung und Bestimmung (Substanz–Akzidenz, Materie–Form, Dyna-

---

39 Vgl. z. B. die Hinweise Rossis (Clavis universalis [s. Anm. 3], S. 74): "Alla base dell'enciclopedia che si articola in sedici alberi (vgl. Lulls Arbre de scientia, 1295), sta l'idea dell'unità del sapere che coincide con l'unità del cosmo". Ebd. 278/9. Zu Comenius 209/10: "Le strutture del discorso e quelle del mondo reale si corrispondono pienamente; le stesse identiche 'rationes' sono presente in Dio, nella natura, nell'arte. Le 'rationes rerum' sono in ogni caso le stesse: in Dio sono 'ut in Archetypo', in natura 'ut in Ectypo', nell'arte 'ut in Antitypo'" (vgl. Pansophiae prodromus 1644).

40 Das 'Heranrücken' der Substanz des Einzelnen an die göttliche Einheit und die Betonung des Sachverhaltes, daß, obschon diese im Einheitsbegriff festgemachte Substanz als sie selbst – d. h. in dem, was an ihr strikte Einheit ist – nichts anderes als die göttliche Einheit ist, die Modi ihres Manifest-Werdens zugleich aber nichts anderes als Modi der Differenz zum göttlichen Einen selbst sind, geht zurück auf neuplatonische Philosopheme. Vgl. z. B. Plotin VI 9, 7. VI 4, 2, 20 ff. 4, 11: ἔστι γὰρ καὶ παρεῖναι χωρὶς ὄν. Dazu J. M. Rist: Eros and Psyche (s. Anm. 31), S. 81 f; W. Beierwaltes: Plotin. Über Ewigkeit und Zeit, Frankfurt 1967, Einleitungskapitel. Unter christlichen Voraussetzungen wurde der Gedanke z. B. von Eriugena als Unterscheidung von 'quia' und 'quid' thematisiert, vgl. De divisione naturae I 443 B – D (Sheldon–Wiliams I 38, 30 – 40, 7). In der Sache ist die Nähe von Kirchers Gedanken zu Eriugena oft auffallend groß. Zum 'influxus divinus' bei Kircher vgl. MUS B 388, 390 f. OA I 138; II/2 350; IE 104/5.

mis–Energeia), so sinnvoll und von Kircher z. B. auch anerkannt und verwendet es für andere Hinsichten wissenschaftlichen Begreifens auch sein mag, versagt vor der nur spekulativ näherbaren und schließlich intuitiv erfaßbaren Seinsweise des zu Denkenden selbst[41]. Nur der einfache und in sich selbst ungeteilte Gedanke kann die einfache Sache selbst erfassen. Die Depotenzierung aristotelisch–peripatetischen Anspruches allein gültiger und rational verantwortbarer Seinserfassung hat Tradition, wie oben kurz angerissen wurde, und es ist festzustellen, daß Kircher die sachlichen Motivationen hierbei teilt. Man würde fehl darin gehen, in Kircher etwa einen spekulativen Kopf im Sinne produktiven Weitertreibens der von ihm bevorzugten platonischen Tradition zu sehen. Seine Stärken lagen auf einer anderen Ebene, aber eben auf eine Weise, die eine bewußte Rezeption und Integration spekulativen Denkens ermöglichte und die andererseits, worum es hier geht, die teilweise nur noch in petrifizierter Form vorliegende wesentlich 'gewichtigere' und breitere Schicht des Aristotelismus für sich aufsprengen konnte. Resultat dieser 'Sprengung' ist eine versatzstückhafte Verwendung der für ihn noch akzeptablen Restbestände aristotelischen Denkens und vor allem seiner Begrifflichkeit. Wo es also nicht um das Prinzip oder die Substanz selbst, sondern um ihre konkrete Präsenz geht, ist jetzt allenfalls der Ort des Aristoteles.

V

Zur impliziten wie expliziten Auseinandersetzung mit aristotelischen Lehrstücken will ich zum Abschluß drei Beispiele anführen:
1) Zur Kosmologie: Die aristotelische Trennung der Grundelemente einerseits untereinander (verschiedene Bewegungseigenschaften und – korrespondierend – verschiedene natürliche Orte) sowie andererseits vom Äther und die damit zusammenhängende 'Zweiteilung' des finiten Kosmos in die sublunare Welt der Elementargegensätze und die supralunare Welt der göttlichen Beweger wird für Kircher – wie schon für Patricius und Bruno etwa – obsolet[42]. In *De caelo* wird der εἰς καὶ ἀΐδιος κόσμος (283 b) we-

---

41 Obwohl Aristoteles natürlich in Begriffen wie νόησις oder θιγεῖν bzw. θιγγάνειν gegenüber διάνοια oder in Reflexionen wie in Met. E 4, 1037 b 17 ff, Z 17, 1041 a 6 ff, Θ 10 die Zusammenhänge gesehen und formuliert hat. Stein des Anstoßes waren dabei die sich als ἅπλα und als ἀσύνθετα darstellenden Gegenstände des Denkens. Vgl. dazu K. Oehler: Noetisches und dianoetisches Denken bei Platon und Aristoteles, Frankfurt 1962, S. 171 f. Allgemein zur platonischen Kritik an Aristoteles K. Flasch: Die Metaphysik des Einen (s. Anm. 14).

42 Zu den Voraussetzungen im 15. und 16. Jahrhundert vgl. F. Fellmann: Scholastik und kosmologische Reform, Münster 1971; A. C. Crombie: Von Augustinus bis Galilei (1959), München 1977; H. Blumenberg: Die Genesis der kopernikanischen Welt, Frankfurt 1975. Zu Aristoteles siehe cael. 286 a 31 ff, 312 a 26. meteor. 339 a 11 – 33, 341 b 1 ff, 355 a 33 ff. Vgl. H. v. Arnim: Die Ent-

sentlich unterschieden von dem Bereich des Werdens und Vergehens durch die Masse des göttlichen πρῶτον σῶμα, dem der ἀνώτατος τόπος zugeteilt wird, und durch die endlichen, sich in einander vernichtenden Grundelemente (270 b 20 ff). Dazu Kircher im *Iter extaticum* (1660, Praelusio auctoris, 50/1):

> Si vero corpora coelestia a sublunaribus differentes naturas a Deo consecuta fuissent, illae haud dubie in inferiora elementa, a quibus essentialiter different, agere non potuissent, neque ullo modo per sympathicas antipathicasque operationes ad invicem comparatas ullum influxibus suis effectum proportionatum, neque in inferioribus, neque in circumsitis corporibus praestare potuissent; atque adeo omnis unio, concordia, & harmonia Mundi periisset, quae in eo consistit potissimum, quod unum Mundi corpus alterum naturali appetitu fovere, & connaturalibus facultatibus movere ac promovere, & promotum conservare inclinet; quod minime fieret, si coelestis materia aut quinta quaedam essentia, aut essentialiter differre a sublunaribus cogitaretur.

Im Anschluß hieran wird, mit Berufung auf die 'sancti Patres' (insbesondere die Tradition der Genesis–Kommentatoren Augustinus, Ambrosius, Basilius) die homogene Endlichkeit und Korruptibilität der geschaffenen Welt behauptet. Mit dieser Tradition wird die Erde selbst als "prototypon reliquorum (sc. globorum)" gedacht (IE 369), somit die innere Grund- und Elementarstruktur derselben als für das gesamte All konstitutiv angesetzt. Die aristotelischen Stoicheia und Poioteta werden spekulativ transformiert zu Universalprinzipien (z. B. calidum radicale, humidum radicale, ebd. 367/8), die im primordialen göttlichen Schöpfungsgeschehen neben der absolut unbestimmten Materie die irreduziblen, aus einer "ineffabilis elementorum diviso" entstandenen Organisationsformen bilden (ebd. 575 ff). Diese Materie gilt Kircher als absolutes Grundsubstrat, das in seiner primordialen Unbestimmtheit zugleich virtuell die unendliche Bestimmtheit selbst ist, die aus ihm durch die göttliche Wirkkraft in die Verschiedenheit des manifesten Seins expliziert wird[43]. Die damit zusammenhängende Binnendifferenzierung ermöglicht ein Verstehen von Verschiedenheit und – bei Aristoteles in den Augen Kirchers unüberbrückbarer – Differenz einerseits als Prädominanz bestimmter Implikationen und 'virtutes' und andererseits als Ableitungsphänomene in einer kontinuierlichen Partizipationsreihe (IE 151 f).

---

wicklung der aristotelischen Gotteslehre (1931), in: Metaphysik und Theologie des Aristoteles, hrsg. v. F. P. Hager, Darmstadt 1979, S. 11 ff.

43 IE 577: Frustra enim creasset materiam, si in ea non virtualiter extitisset, unde reliqua educta fuissent. 583: omnia .. primo infundisse. 584: semina enim in materia erant confusa & indistincta, opifex vero verbi mens & ratio, virtute & efficacia, Fiat lux, semina rerum distinxit, & separavit. In diesen Kontext gehört die ausgeprägte Lehre von den rationes seminales oder der panspermia im Werk des Jesuiten.

Nequaquam ergo, quemadmodum nonulli Philosophi nulla experientia fulti sentiunt, materiae horum globorum specie & essentia a terrena (..) differunt; neque quinta quaedam essentia dici potest (ebd. 152).

Gegenüber dem Erklärungsmodell eines komplexen absoluten Ineinanders von Qualitäten und Vermögen, die sich in ihrer anfänglichen Idealität gleichsam wie Kreispunkte auf einer Peripherie gegenseitig durch den Bezug auf dasselbe Eine (Zentrum) und ihre je eigene unsubstituierbare Individualeinheit bestimmen, mußten die einlinigen Erklärungsschemata des Aristoteles bzw. seiner Exegeten als verkürzend und überholt erscheinen, obwohl man sich häufig ihrer terminologischen Kodifikationen bediente.

Auch die unter Bedingungen wesentlich theologisch motivierter Geozentrizität prekäre These von der "immensitas firmamenti" (IE 345/6) rückt Kircher eher in die Nähe von G. Bruno als in die strikte Kosmologie der finiten Sphären:

> non recte de divina potentia sentiunt, qui mundi fabricam tam arctis clausis, tam astrictis terminis definiunt (..) sed hoc praeterquam absonum sit, ineffabili quoque divinae virtutis & potentiae Dei magnitudinem repugnat (ebd. 346/7)[44].

Die als 'ohne Zahl' und von intelligenten "gubernatrices" gelenkt vorgestellten Weltkörper kreisen innerhalb ihres eigenen Bereiches um Zentralgestirne, mit diesen aber "iuxta immutabiles divini Archetypi rationes" (ebd. 355) um das absolute kosmische und heilsgeschichtliche Zentrum Erde. Kircher teilt das von den Jesuiten ohnehin gerne goutierte 'Tychonische System', das bestimmte Phänomene genauso gut zu erklären beanspruchte (und mit den damaligen Mitteln auch konnte) wie Kopernikus und Kepler, zudem aber den Vorteil der besseren Integrierbarkeit seitens der christlichen Kirche und der bestimmten physikalisch kosmologischen Aristotelismen verpflichteten Schulphilosophie besaß.

Ein weiterer Differenzpunkt zu Aristoteles betrifft dessen These von der 'Festigkeit' des Himmels (Firmament) (so Kircher IE 41), diese soll aufgelöst werden in die Konzeption eines gleichsam 'trinitarischen' Himmelsbereiches, der in seiner Struktur als "unum & trinum" Abbild der göttlichen Trinität ist (42 f): "unum quoad liquiditatem continuatam, trinum quoad regionum differentiam" (sc. aereum, sidereum, empyreum coelum; hier sind eindeutig Einflüsse der Konzeption des Patricius zu erkennen, die ich an anderer Stelle analysieren werde). Dieser 'Abschluß' des Universums ist zugleich, da er "extra omnes naturalis constitutionis longe remo-

---

44 Aristoteles cael. 272 a 21 ff, b 12 – 17, 274 a 25 ff (mehrere Himmel), 275 b 3 ff, 277 a 4 ff, 10 – 11: τούτου δ᾽ ὄντος ἀνάγκη καὶ τὸν οὐρανὸν ἕνα μόνον εἶναι καὶ μὴ πλείους. Zu Bruno vgl. Blumenberg: Aspekte der Epochenschwelle: Cusaner und Nolaner, Frankfurt 1976; W. Beierwaltes: Einleitung in: Von der Ursache, dem Prinzip und dem Einen, hrsg. v. P. R. Blum, Hamburg 1977, S. IX – L.

tum" (ebd. 42) ist, das intelligible Urbild ("sola fide attingitur") der explicatio principii, dessen Kernbestand in der irdischen Materie als Potential der restitutio in integrum fungiert[45].

2) Zum Lichtbegriff: Die von Aristoteles gegenüber Platons ontologisch relevanter Verwendung auf Naturphänomene zurückgeschraubte Diskussion von 'Licht' und dessen terminologischen Horizont (φῶς, διαφανές, χρῶμα, ὁρᾶν etc., vgl. an. B 7, 418 a 26 ff; sens. 446 b 27 ff) erfährt bei Kircher ebenfalls eine ungünstige Aufnahme, und zwar wieder die beiden Aspekte 'experientia–divina scientia' betreffend. Aus AMS 203 f und 268 f kann z. B. gezeigt werden, daß 'Licht' zugleich Index von Intelligibilität und von Seinshaltigkeit ist, wirklich Seiendes ist wesentlich lichthaft und intelligibel[46]. Gott als 'pater luminum' (die in der Tradition viel diskutierte Stelle aus Jac. 3, 21) ist 'lux infinita', 'in se reflexiva', 'increata', 'intellectualis omnia attingens', 'sol supramundanus'; zugleich aber auch – den aus sich heraus 'expansiven' Charakter des Lichtes aufnehmend – 'virtus infinita' (im Sinne eines begründenden, seinschaffenden 'Vermögen zu'[47]), deren Sein-konstituierende Tätigkeit als 'Explikation' (promanare, radiare, implere) von 'Licht' zu denken ist. Die noetische Implikation dieses Licht-Begriffes zeigt sich darin, daß es von Kircher als schlechthinniger Anfang jedes Erkenntnisaktes gedacht wird: "lux, lumen, calor, ubi primigeniae lucis semina, ita ante omnia reliqua primo cognoscantur" (AMS 203; dies fiel im aristotelisch–scholastischen Denken dem 'esse ipsum' bzw. dem 'ens inquantum ens' zu). Solche grundlegende Dimension eines 'lux intelligibilis' fehlte bei Aristoteles (vgl. auch Mg 147/8; AML 49, 129 f). Andererseits haben wir hier wieder das platonische Muster einer einheitlichen Grundform, die sich in ihre verschiedenen, sie partizipierenden Ableitungen dirimiert (lumen naturale, lumen rationale, sol supramundanus etc.). Als Hintergrund kann hier z. B. an den *Liber de Sole* des Ficinus gedacht werden (Opera, Basileae 1561, I 965 ff; aber vgl. auch Theologia Platonica XIII 4; Marcel II 239), insbesondere aber an die *Panaugia*

---

45 Kircher beruft sich hier auf Augustinus gen. litt. III 6 – 7, 9 – 10. Ambrosius in Hexaem. und Basilius Hom. in hexaem. 1. Die genaue Untersuchung des Verhältnisses der Kircherschen Genesis-Kommentierung zu der der patristischen Tradition soll an anderer Stelle erfolgen.

46 Vgl. W. Beierwaltes: Lux intelligibilis, München (Diss.) 1957; weitere Hinweise in T. Leinkauf: Kunst und Reflexion, München 1987, S. 99 f, 120 f.

47 Hierzu ist zu vergleichen die christliche Rezeptionsgeschichte von Plotin III 8, 10, 1: δύναμις πάντων (vgl. auch V 4, 2, 38); Porphyrios in Parm. I 25 – 26 (Hadot, Porphyre et Victorinus, Paris 1968 II 66): ἄπειρος δύναμις, die z. B. über Marius Victorinus adv. Ar. I 49 – 50: potentia potentiarum oder Ps. Dionysius Areopagita DN 708 AB, 893 D (poietisch-überfließender Aspekt der δύναμις) ihren Anfang nahm. S. Gersh: From Iamblichus to Eriugena (s. Anm. 38), S. 33 - 37; W. Beierwaltes: Proklos. Grundzüge seiner Metaphysik, Frankfurt ²1979, S. 97, 131, 356 Anm. 82.

des Patricius (Nova de universis philosophia', Ferrara 1591 fol. 1 ff). Die Lektüre der *Panaugia* dürfte auch zum großen Teil für die Tatsache verantwortlich sein, daß Kircher auch im Bereich der Phänomenanalyse, der Domäne von "experientia–experimentum" also, von Aristoteles deutlich abweicht (vgl. AML 29 f, 43 ff): Er setzt gegenüber Aristoteles' Bestimmung des Lichtes als "accidens" (wohl aus an. 418 b 31 – 32: ἡ γὰρ αὐτὴ φύσις ὁτὲ μὲν σκότος ὁτὲ δὲ φῶς ἐστίν) eine Auffassung des Lichtes als reiner Substanz an (AML 49: "visibile quoddam numen, Deique simulacrum"). Es wird so 'mensura & numerus & forma seminum rerum'. Auch die entschieden antiaristotelische Korrektur der Bestimmung des 'Dunkels' bzw. 'Schattens' als στέρησις τοῦ φωτός (an. 418 b 18/9) wird von dem Platoniker Patricius übernommen (AML 53 – 55: "propria et positiva entitas" des Dunklen = *Panaugia*, De opaco 13 r und ebd. Emittierung der tenebrae von opaken Körpern = *Panaugia* ebd. 12 v)[48]. Hier wird also der aristotelische Erklärungsanspruch durch eine im Sinne Kirchers Erfahrungs–gestützte (und bei Patricius vorgebildete) Interpretation zurückgewiesen. Zugleich ist aber wiederum festzustellen, daß der von Aristoteles abgesteckte terminologische Rahmen in diesen fremden Kontexten ungebrochen Verwendung findet.

3) Zur Seelenlehre: Wenn Platon in seinem wohl am intensivsten rezipierten und kommentierten Werk, dem Timaios (noch Patricius liest auf dem für ihn als Platoniker eingerichteten Lehrstuhl in Rom 1592 f hauptsächlich über den Timaios, vgl. Kristeller, Eight philosophers a.a.O. (A. 51) 113), vom κυριώτατον εἶδος ψυχῆς sagt (90 A), daß seine eigentümliche Aufgabe die Erhebung πρὸς τὴν ἐν οὐρανῷ συγγένειαν sei, um dadurch die 'himmlische Natur' des Menschen zu entfalten und daß dies insbesondere dadurch zu bewerkstelligen sei, daß "das Wahrnehmende dem Wahrgenommenen ähnlich gemacht werde gemäß seiner ursprünglichen Natur" (90 D), da ja die συγγένεια von Göttlichem und Menschlichem über die sinnenfälligen und die intelligiblen Naturstrukturen (τὰς τοῦ παντὸς ἁρμονίας τε καὶ περιφοράς) vermittelt sei, so hat man in einem Satz wohl auch das Programm der Kircherschen wissenschaftlichen Ambitionen. Daneben ist aber auch die zentrale Stellung der menschlichen Seele bei Kircher ein später Ableger der Allseele des Timaios. Das θεῖον ἐν ἡμῖν (90 C) - wobei die neuplatonische Umformung in das ἕν ἐν ἡμῖν bzw. unum in nobis mit zu berücksichtigen ist - ist ursprünglich mit dem Kos-

---

48 Zu der m. W. bisher noch nirgends erkannten Wirkung des Patricius auf Kircher (die Bemerkungen von D. Pastine: La nascità dell'idolatria. L'Oriente religioso di Athanasius Kircher, Firenze 1978 bewegen sich im Bereich oberflächlicher Vermutungen) werde ich mich an anderer Stelle ausführlich äußern. Es ist überhaupt zu vermuten, daß der Einfluß von Patricius 'Nova de universis philosophia auf Autoren des 17. Jahrhunderts, die eine 'physica nova' anstrebten und zugleich antimechanistisch dachten, nicht gering zu veranschlagen ist.

mos qua θεὸς αἰσθητός (92 C) verwandt und zwar dadurch, daß der sinnliche Kosmos selbst in einem intelligiblen Prinzip, der Weltseele, gründet (Tim. 35 A ff). Der Neuplatonismus verstärkt die Implikation des Timaios noch (Verbindung mit stoischem Sympathie-Begriff, Hypostasierung): Es kann dann gesagt werden, daß die Dinge eigentlich in der Seele subsistieren, dort wesentlich sie selbst sind und nicht umgekehrt. Wie überhaupt das Untergeordnete oder Prinzipiierte die Wurzeln seiner Einheit und Konsistenz in dem ihm Übergeordneten und Prinzipiierenden hat[49]. Dieser Gedanke steckt letztlich auch hinter den sogenannten *Panpsychie*-Entwürfen des 16. Jahrhunderts, Ficinus dürfte der wichtigste Vermittler gewesen sein[50]. Einerseits zeigt die über den Platonismus sich definierende Strömung eine Stufung im Bezug von Weltseele zu Individualseele bzw. integriert Bestimmungen einer christlich nicht mehr vertretbaren Weltseele in die Definition der angelischen oder menschlichen Seele (dies konnte Kircher bei Patricius' *Panpsychia*, vielleicht bei Cardanus' *De aeternitatis arcanis* finden), andererseits gerät bei bestimmten, von Aristoteles herkommenden Autoren die aristotelische Fassung des Seelenbegriffes in Konflikt mit den neuen, im wesentlichen naturphilosophischen Prämissen (z. B. Telesio). Reibt sich Patricius an der nur partiellen Beseeltheit des aristotelischen Kosmos und setzt die genuin neuplatonische Ubiquität der Seele als ontologischen Grund des natura-qualitas-corpus-Bereiches dagegen[51], so stoßen sich Autoren wir Telesio an der wichtigen 'forma corporis'-Definition. Analog zum Problem partieller Beseeltheit des Kosmos wird hier die partielle Beseeltheit des Körpers kritisiert, wobei weniger auf *De anima* (etwa III 9 - 10) als auf *De iuventute* (476 b 13 f, 474 a 28, 480 a 24) und explizit auf *De motione animalium* (702 b 18 - 19; vgl. W. Theiler, Aristoteles. Über die Seele, Darmstadt 1979, 75 f) rekurriert wird (vgl. *De rerum natura* V 6 (ed. L. De Franco, Firenze 1976, 242) V 7 (358 ff)). Bei Aristoteles ist der Körper Träger der Seele und die Seele an einem bestimmten Ort, dem Herz, lokalisiert. Telesio setzt dagegen eine einheitliche, aber in

---

49 Dazu W. Beierwaltes: Plotin. Über Ewigkeit und Zeit (s. Anm. 40), S. 77. Plotin IV 4, 32, 33: ἕκαστον τῷ ὅλῳ σῴζεται. IV 7, 9, 6: καὶ τῇδε τῷ παντὶ διὰ ψυχῆς σωζομένῳ καὶ κεκοσμημένῳ (von der Weltseele); 9, 25 f. Zum Subsistieren der Dinge in der Seele vgl. Porphyrios: *Aphormai* c. 31 (21, 14 - 16 Lamberz).

50 Z. B. Theol. Plat. III 2 (Marcel I 142); IV 1 (I 161). De Amore III 2 - 3. Zur Auseinandersetzung Kirchers mit Ficinus werde ich mich in Kürze in einer Untersuchung über die Bedeutung des Amor-Begriffes und seine Voraussetzungen im Werk des Jesuiten äußern (vgl. Anm. 30). Vgl. E. Cassirer: Individuum und Kosmos, Darmstadt 5. Aufl. 1977, S. 157: Der platonisch motivierte Panpsychismus ist "ursprüngliche Wesensgemeinschaft alles Seienden", die metaphysische Basis der sich im 17. Jahrhundert entwickelnden universalen Analogie- und Pansophielehren.

51 Panpsychia fol. 49 r ff. 55 v.

ein 'principale' und untergeordnete 'Teile' differenzierte Seele (vgl. bes. 364). Einheitsbegriffe und Relikte der ontologisch-hierarchischen Hypostasenlehre erlauben eine Abhebung der Seele als eigenständigen Seinsbereich und 'in re' vom körperlichen Substrat[52] unter Beibehaltung bestimmter Resultate der aristotelischen Psychologie. Z. B. wird die 'forma corporis'-Definition nicht toto coelo obsolet, sondern modifiziert; die Unterteilung in verschiedene funktionale Seelenbereiche (θρεπτική, αἰσθητική, ὀρεκτική) wird in die Einheit der Seele in der Weise zurückgebunden, daß das höhere Vermögen Ursprung und Substanz des niederen ist und nicht umgekehrt. Kircher greift diese im Kern antiaristotelische Strömung auf:

> Etiamsi enim in homine sint diversae operationes vegetandi, sentiendi, audiendi, videndi & c., ita tamen amice sibi subordinatae sint, ut una & eadem anima rationalis sit causa omnium; alias enim sequeretur, tot esse distinctas animas, quot in homine operationes concipi possunt, quod perabsurdum foret (AMS 96, vgl. Telesio, rer. nat. V 6 (242 f); V 27 (364)).

Die genuin aristotelische Bestimmung als 'actus primus corporis organici physici' wird beibehalten und als Prinzip (vgl. Aristoteles an. 413 b 12: ἀρχή) aller Einzelvermögen gesehen (96). Dies alles ist wiederum durchaus in peripatetischer Terminologie gegeben, und hier wäre auch noch keine Differenz etwa zu dem Aristoteliker Zabarella (*De rebus naturalibus*; Frankfurt [Zetzner] 1607) gegeben, der die 'simplex' und 'individua substantia' der Seele (ebd. 729 ff) als sich gegen die Verschiedenheit der 'effectus' durchhaltende 'unitas' begreift:

> neque ob id (sc. der vielen Formen im beseelten Körper) tolli animalis unitatem, quum satis sit anima illis omnibus superveniens, & eas omnes continens, ad unitatem animalis constituendam (ebd. 731, vgl. auch 762).
> Ubi est anima, ibi sint originaliter omnes eius facultates, quias non potest animae essentia non esse fons omnium facultatum suarum (ebd. 763).

Der wesentliche Unterschied wird erst in einem Bereich deutlich, der, in der Sprache Zarabellas, die 'via naturalis' (d. h. den aristotelischen Weg sanktionierter Wissenschaft) übersteigt, hin zur "vera (d. h. christlichen) philosophia" und "divina revelatio" (*In Aristotelis libros de anima comm.*, Frankfurt [Zetzner] 1606, 741, vgl. auch 753)[53]. Diesen Bereich entfaltet der Peripatetiker Zabarella ebensowenig wie etwa der Aristoteles-Kritiker Telesio, der zwar die Realität einer 'anima a Deo immissa' anerkennt, damit aber gleichsam nur eine Pflichtübung gegenüber spezifisch christlichen Notwendigkeiten leistet. Obwohl die menschliche Seele in ihrem

---

52 P. O. Kristeller: Eight philosophers of the Italien Renaissance, London 1965, S. 102/3 bestimmt den Seelenbegriff Telesios als "distinctly neoplatonic".

53 Vgl. auch F. Suarez: Disputationes metaphysicae, Salamanca 1597 (Paris 1866) Prooemium p. 1.

göttlichen Kernbestand (wie auch bei Zabarella oder Suarez) mit der Erkenntnis und dem Erstreben der göttlichen Dinge als ihrem 'proprium' befaßt sei (rer. nat. V 2 [210] u. 3 [216 f]; VIII 15 - 19), ist Telesios Untersuchung mit den Problemen der Seele qua 'spiritus' beschäftigt, einer "realtà fisica, capace di sentire" (E. Garin[54]).

Bei Kircher dagegen werden die angeführten aristotelischen Bestimmungen vor einen der Sache nach pythagoreisch–neuplatonischen Horizont gestellt. Beispielhaft kann hierfür die Verwendung des Topos der Dimensionenfolge zur Erschließung des generischen Zusammenhanges der verschiedenen ontologisch–noetischen Stufungen stehen[55]:

> Monas itaque primaeva, principium omnium, in tempore in dyadem se explicans, indefinitam dualitatem sive materiam produxit; siquidem ex monade & dualitate numeri, ex numeris puncta, ex puncti lineae, ex lineis superficies, ex superficiebus, denique solida corpora profluxerunt; quatuor videlicet elementa, primaria rerum fundamenta (IE 422).

Solches war über Sextus Empiricus[56], Plutarch[57] oder etwa Philoponus[58] zugänglich, insbesondere aber auch über Cusanus, einen der immer wieder von Kircher beigezogenen Platoniker[59].

Neben der durch solche Zahlen- und Dimensionen-Ontologie begründbaren, den intellektuellen und psychischen Vermögen entsprechen-

---

54 Storia di filosofia italiana, Torino 1966, II 654.

55 Vgl. H. J. Krämer: Der Ursprung der Geistmetaphysik (s. Anm. 26), S. 266 ff;
   P. Kucharski: Aux frontiers du platonisme et du pythagoreisme, in: Archives de Philosophie 19 (1956). Zum platonischen Ursprung K. Gaiser: Platons ungeschriebene Lehre, Stuttgart ²1968, S. 48, 60.

56 Vgl. Adv. math. III 19 f. IV 4 ff; wichtig die Analogie von zahlhafter Bestimmung und Beseelung: ὡς γὰρ τὸν ὅλον κόσμον κατὰ ἁρμονίαν λέγουσι (sc. die Pythagoräer) διοικεῖσθαι, οὕτω καὶ τὸ ζῷον ψυχοῦσθαι.

57 De E apud Delphos 390 C - D.

58 Comm. in De an. 77, 27 (Hayduck) mit demselben Entsprechungsverhältnis von Zahl–Ordnungs–Struktur und Seele–Erkenntnisvermögen, auf das ja auch im enzyklopädischen Denken des 17. Jahrhunderts alles ankam: οὕτω μὲν οὖν ἐν τοῖς αἰσθητοῖς μονάς, δυάς, τριάς, τετρὰς ὑπάρχει. ἐπειδὴ οὖν ἡ ψυχὴ πάντα τὰ ὄντα γιγνώσκει, καὶ αὐτὴν εἰκότως ἐκ τῶν ἀρχῶν τούτων ἔλεγεν (Platon) εἶναι, ἵνα γινώσκῃ πάντα.

59 Vgl. insbesondere die von Kircher verschiedentlich benutzte und teilweise ad litteram ausgezogene Schrift De coniecturis, dort insbesondere Buch I 2 n. 7 (H III 11): quod eo (sc. numero) sublato nihil omnium remansisse. 4 n 12 ff (de quatuor unitatibus); vgl. II 16 n. 169 (H III 171) zur im Text angeführten Stelle AMS 126. Vgl. zur 'Wirkung' der "mathematischen Mystik" des Cusanus den Teilbericht bei G. Gawlik: Zur Nachwirkung Cusanischer Ideen im 17. und 18. Jahrhundert, in: Nicolò Cusano agli inizi del mondo moderno. Atti del congresso internazionale .., Firenze 1964, S. 226/7.

den Struktur von Welt interessierte Kircher eine Integration dieses Argumentes in seine Analogie-Lehre und sein didaktisches Grundkonzept[60]:

> per quantitatem praedicamentalem seu materialem nos, secundum analogiam quandam & Artis nostrae analogica praecepta, in notitiam quantitatis Spiritualis, quae in Angelo & Anima potissimum consideratur, facile pervenire posse. Sicuti enim punctum se habet ad lineam, & punctum & linea ad superficiem; & punctum, linea & superficies ad corpus, ita continuitas essentiae intellectus, seu intellectualis puncto, a qua promanat, comparari potest, natura lineae, vires superficiei, viribus operationes, quae uti essentiam, naturam & vires complicant, ita corpori apte applicari possunt. Quae si nostris principiis adaptantur, ingentem philosophandi materiam suppeditunt (AMS 126, vgl. auch 127/8)[61].

Die hohe Dignität der Zahl als Sein strukturierend und konstituierend sowie als noetisch-erkenntnistheoretisches Organon (ebd. 154: "intelligis numerus, intelligis omnia") konnte sich für Kircher aufs Beste mit seiner platonisch fundierten Pansophie verbinden. Der Rekurs auf sie soll für jetzt das letzte Indiz einer Distanz zu Aristoteles gewesen sein.

VI

Kircher gehört, wie wohl die meisten Autoren im 17. Jahrhundert, zu den Denkern, die von dem, was von der aristotelischen Philosophie übrig geblieben war, einen gleichsam quodlibetalen Gebrauch machten[62]. Was R. Lenoble einmal als "aristotélisme corrigé" bezeichnet hat[63], als Resultat der Entschärfung des Aristoteles durch die Scholastik, dies wiederholt sich unter anderen Voraussetzungen in den philosophischen Entwürfen, für die Kircher hier beispielhaft stehen sollte. Es ist schwierig, etwas über 'Kircher und Aristoteles' zu sagen, gerade auch weil die intellektuellen Positionen von Autoren wie Kircher auf philosophiegeschichtlichen Zusammenhängen und Entscheidungen beruhen, die historisch früher sind und daher den Zugriff auf ‚Autoritäten' schon von vorneherein präjudizierten. Nicht immer werden solche Entscheidungen dann auch bewußt und begründet zu den eigenen gemacht. Um aber das Eine, die Weise des Zugriffes, verstehen zu können, muß man das Andere, die Vor-Entscheidungen, mit in den Blick nehmen. Kirchers Platonismus, soweit ich ihn bisher be-

---

60 Der didaktische und pädagogische Aspekt gehört seit Lullus zu den nicht hintergehbaren Kriterien der Kombinatorik. Vgl. P. Rossi: Clavis universalis (s. Anm. 3), S. 74 ff, 199 ff.

61 Vgl. bei Kircher auch OA II/1, 236. 283.

62 Vgl. W. Schmidt-Biggemann: Aristoteles im Barock. Über den Wandel der Wissenschaften, in: Wolfenbütteler Arbeiten zur Barockforschung Bd. 14, 1987, S. 281 – 298.

63 R. Lenoble: Mersenne ou la naissance du mécanisme, Paris 1943, S. 200.

greifen konnte, schien mir daher eine gute Möglichkeit, seinen limitierten Gebrauch des Aristotelismus bzw. der peripatischen Tradition etwas deutlich zu machen. Der erstaunlich durchgehende und quantitativ beachtliche Bezug, den Kircher auf die Schriften des Aristoteles oder die seiner Kommentatoren nimmt, erweist sich nach diesen Betrachtungen nicht als Ausdruck und Frucht einer systematischen Affirmation, sondern eher als basierend auf einem breiten Feld zerstreuter einzelner Fragestellungen, für deren Beantwortung sie noch Kredit haben, deren weiteren Hintergrund jedoch platonische Philosopheme bilden.

LIST OF PUBLICATIONS BY C. B. SCHMITT

This is substantially the list, dated 15 March 1986, prepared by Charles Schmitt himself and recording his publications to the end of 1984. Publications of later years have been added, as far as they are known.

Abbreviations

AIHS – *Archives internationales d'histoire des sciences*
ARG – *Archiv für Reformationsgeschichte*
AS – *Annals of Science*
BHR – *Bibliothèque d'humanisme et Renaissance*
BJHS – *British Journal for the History of Science*
BJPS – *British Journal for the Philosophy of Science*
CR – *Classical Review*
CTC – *Catalogus translationum et commentariorum*, ed. P. O. Kristeller et al. (Washington, D. C. 1960 f.)
DBI – *Dizionario biografico degli italiani*
DSB – *Dictionary of Scientific Biography*, ed. C. C. Gillispie (New York, 1970 – 8)
EHR – *English Historical Review*
HPL – *History and Philosophy of Logic*
HS – *History of Science*
HU – *History of Universities*
IPQ – *International Philosophical Quarterly*
ISP – *International Studies in Philosophy*
JHP – *Journal of the History of Philosophy*
JMH – *Journal of Modern History*
RQ – *Renaissance Quarterly* [formerly *Renaissance News*]
RR – *Romanic Review*
SR – *Studies in the Renaissance*
THES – *Times Higher Education Supplement*
TLS – *Times Literary Supplement*
WRM – *Wolfenbütteler Renaissance-Mitteilungen*

1963

a) 'Henry of Ghent, Duns Scotus, and Gianfrancesco Pico on Illumination', *Mediaeval Studies* XXV, 231 – 58
b) Review of Richard H. Popkin, *History of Scepticism from Erasmus to Descartes*, in *Philosophy and Phenomenological Research*, XXIII, 455

1964

a) 'Who Read Gianfrancesco Pico della Mirandola?', *SR* XI, 105 – 32
b) Review of *The Natural Philosopher 2*, in *IPQ* IV, 493 –4
c) Review of Frances A. Yates, *Giordano Bruno and the Hermetic Tradition* and G. Bruno, *The Expulsion of the Triumphant Beast*, ed. & trans. A. D. Imerti, in *IPQ* IV, 626 – 8

1965

a) 'A Note on the First Edition of Gianfrancesco Pico's *Hymni Heroici Tres*', *Papers of the Bibliographical Society of America* LIX, 45 – 8
b) 'Gianfrancesco Pico's Attitude towards His Uncle', in *L'Opera e il pensiero di Giovanni Pico della Mirandola* (Florence: Istituto Nazionale di Studi sul Rinascimento) II, 305 – 13
c) 'Aristotle as a Cuttlefish: The Origin and Development of a Renaissance Image', *SR* XII, 60 – 72
d) 'Humanism', in *The Catholic Encyclopedia for School and Home* (New York: McGraw–Hill)
e) 'Renaissance Philosophy', *ibid.*
f) Review of G. Toffanin, *Storia dell'Umanesimo* and D. C. Allen, *Doubt's Boundless Sea*, in *IPQ* V, 321 – 4
g) Review of *Cusano e Galileo: Archivio di Filosofia (1964)*, in *RQ* XVIII, 304 – 5

1966

a) 'Perennial Philosophy: From Agostino Steuco to Leibniz', in *Journal of the History of Ideas* XXVII, 505 – 32
b) 'Acquisition of Early French Books and Manuscripts', in *UCLA Librarian* XIX, 25
c) Review of G. di Napoli, *L'Immortalità dell'anima nel Rinascimento*, in *JHP* IV, 344 – 6
d) Review of G. Pico della Mirandola, *On the Dignity of Man* etc., ed. P. Miller, in *JHP* IV, 346

1967

a) *Gianfrancesco Pico della Mirandola (1469 – 1533) and His Critique of Aristotle.* The Hague: Martinus Nijhoff (International Archive of the History of Ideas, vol. XXIII) Pp. xiv + 252

b) 'Giulio Castellani (1528 – 1586): A Sixteenth-Century Opponent of Scepticism', in *JHP* V, 15 – 39

c) 'A Fifteenth-Century Translation of Poggio's Letter on Jerome of Prague', in *ARG* LVIII, 5 – 15

d) 'Experimehtal Evidence for and against a Void: The Sixteenth-Century Arguments', in *Isis* LVIII, 352 – 66

e) 'Ficino, Marsilio', *New Catholic Encyclopedia* (New York: McGraw-Hill) V, 907 – 8

f) 'Pico della Mirandola', *ibid.* XI, 347 – 8

g) 'Pomponazzi, Pietro', *ibid.* XI, 546

h) Review of C. G. Nauert, *Agrippa and the Crisis of Renaissance Thought*, in *JHP* V, 86 – 8

i) Review of *The Renaissance Image of Man*, ed. B. O'Kelly, in *JHP* V, 173

j) Review of C. D. O'Malley, *Andreas Vesalius of Brussels*, in *JHP* V, 174 – 6

k) Review of Giordano Bruno, *The Heroic Frenzies*, trans. P. E. Memmo, in *RR* LVIII, 45 – 7

l) Review of C. Maddison, *Marcantonio Flaminio*, in *RR* LVIII, 214 – 5

1968

a) 'An Unknown Seventeenth-Century French Translation of Sextus Empiricus', in *JHP* VI, 69 – 76

b) 'Changing Conceptions of Vacuum (1500 – 1650)', in *Actes du XIe Congrès international d'histoire des sciences* (Warsaw etc.) III, 340 – 43

c) 'Bruno, Giordano', *Encyclopedia International* (New York: Grolier) II, 338

d) 'Deism', *ibid.* V, 496

e) Review of A. Koyré, *Essays in the Scientific Revolution*, in *Nature* CCXVIII, 1277

f) Review of three books by Eugenio Garin, in *IPQ* VIII, 297 – 303

g) Review of R. H. Kargon, *Atomism in England from Hariot to Newton*, in *AIHS* XXI, 157 – 9

h) Review of R. J. Durling, *A Catalogue of Sixteenth-Century Printed Books in the National Library of Medicine*, in *BJHS* IV, 187 – 8

i) Review of O. and C. L. Temkin (eds.), *Ancient Medicine: Selected Papers of Ludwig Edelstein*, in *The American Scientist* LVI, 185A – 186A

219

1969

a) 'Experience and Experiment: A Comparison of Zabarella's View with Galileo's in *De motu' SR* XVI, 80 – 138
b) 'Some Notes on Jacobus Dalechampius and his Translation of Theophrastus (Manuscript: BN lat. 11, 857)', *Gesnerus* XXVI, 36 – 53
c) Review of two editions of works of Nicole Oresme, in *American Historical Review* LXXV, 106 – 7
d) Review of Albertus Magnus, *Book of Minerals*, ed. D. Wyckoff, in *BJHS* IV, 418

1970

a) '*Prisca theologia e philosophia perennis*: due temi del Rinascimento italiano e la loro fortuna', in *Atti del V Convegno internazionale del Centro di Studi Umanistici: Il pensiero italiano del Rinascimento e il tempo nostro* (Firenze: Leo S. Olschki), 211 – 36
b) 'Gianfrancesco Pico and the Fifth Lateran Council', *ARG* LXI, 161 – 78
c) 'A Fresh Look at Mechanics in Sixteenth–Century Italy', *Studies in the History and Philosophy of Science* I, 161 – 75
d) 'Experience and Experiment in Galileo's *De motu*', *Actes du XIIᵉ Congrès international d'histoire des sciences* (Paris: A. Blanchard) II, 101 – 3
e) 'A Survey of Some of the Manuscripts of the Biblioteca Lancisiana in Rome', *Medical History* XIV, 289 – 94
f) 'Bonaventura, Federigo', *DSB* II, 283
g) Review of A. Antonaci, *Francesco Storella*, in *JHP* VIII, 103 – 4
h) Review of F. Papi, *Antropologia e civiltà nel pensiero di Giordano Bruno*, in *JHP* VIII, 211 – 2
i) Review of A. Crescini, *Le origini del metodo analitico: Il Cinquecento*, in *JHP* VIII, 475 – 7
j) Review of St. Thomas Aquinas, *Summa theologiae*, vol. X, ed. W. A. Wallace, in *AIHS* XXIII, 126 – 7
k) Review of C. Maccagni's edition of G. B. Benedetti, in *AIHS* XXIII, 281 – 2
l) Review of Johannes Philoponus, ed. E. Böhm, in *AIHS* XXIII, 242 – 4
m) Review of C. Singleton (ed.), *Art, Science, and History in the Renaissance*, in *BJHS* V, 98 – 9

1971

a) *A Critical Survey and Bibliography of Studies on Renaissance Aristotelianism, 1958 – 1969* (Padova: Antenore, Saggi e testi, vol. XI), Pp. 196

b) 'Theophrastus', in *CTC* II, 239 – 322
c) 'Olympiodorus Alexandrinus Philosophus', in *CTC* II, 199 – 204
d) [with Charles Webster] 'Harvey and M. A. Severino: A Neglected Medical Relationship', *Bulletin of the History of Medicine* XLV, 49 – 75
e) 'Theophrastus in the Middle Ages', in *Viator* II, 251 – 70
f) 'Daléchamps, Jacques', *DSB* III, 533 – 4
g) 'Gassendi, Pierre', *Encyclopedia Americana* XII, 340
h) 'Guericke, Otto von', *ibid.* XIII, 556
i) Review of E. J. Dijksterhuis, *Simon Stevin*, in *Nature* CCXXIX, 506
j) Review of S. Miccolis, *Francesco Sanchez*, in *JHP* IX, 92 – 3
k) Review of E. Namer, *Documents sur la vie de J. – C. Vanini de Taurisano*, in *JHP* IX, 249 – 50
l) Review of Antonio de Gouveia, *Comentário*, ed. M. Pinto de Meneses, in *JHP* IX, 382 – 3
m) Review of J. F. D. Shrewsbury, *A History of the Bubonic Plague in the British Isles*, in *BJHS* V, 302 – 3
n) Review of C. Maccagni (ed.), *Atti del primo convegno internazionale...*, in *Isis* LXII, 245 – 6
o) Review of P. Rossi, *Philosophy, Technology and the Arts in the Early Modern Era*, in *Isis* LXII, 401 – 2

1972

a) *Cicero Scepticus: A Study of the Influence of the Academica in the Renaissance* (The Hague: Martinus Nijhoff, International Archives of the History of Ideas, vol. LII), Pp. xiii + 214
b) 'The Faculty of Arts at Pisa at the Time of Galileo', in *Physis* XIV, 243 – 72
c) 'The Recovery and Assimilation of Ancient Scepticism in the Renaissance', *Rivista critica di storia della filosofia* XXVII, 363 – 84
d) [with Charles Webster] 'Marco Aurelio Severino and His Relationship to William Harvey: Some Preliminary Considerations', in A. G. Debus (ed.), *Science, Medicine, and Society in the Renaissance* II, 63 – 72
e) 'On a Poem Misattributed to Galileo', in *Isis* LXIII, 95 – 7
f) Introduction to reprint of Augustinus Steuchus, *De perenni philosophia* (New York–London: Johnson Reprint), Pp. v – xvii
g) 'A Garin Compendium' [review article], in *Isis* LXIII, 419 – 22
h) Review of R. Lenoble, *Esquisse d'une histoire de l'idée de nature*, in *BJHS* VI, 85
i) Review of G. Crapulli, *Mathesis universalis*, in *Isis* LXIII, 277 – 8
j) Review of F. Patrizi, *Della poetica*, ed. D. Aguzzi Barbagli, in *RR* XLIX, 262 – 4

1973

a) 'Towards a Reassessment of Renaissance Aristotelianism', in *HS* XI, 159 – 93

b) Review of G. Whitteridge, *William Harvey and the Circulation of Blood*, in *BJHS* VI, 320 – 1

c) Review of W. A. Wallace, *Causality and Scientific Explanation*, vol. 1, in *Nature* 244, 243 – 4

d) Review of Matthias Flacius Illyricus, *De ratione cognoscendi sacras literas*, ed. L. Geldsetzer, in *Isis* LXIV, 419

e) Review of A. Poppi, *La dottrina della scienza in Giacomo Zabarella*, in *BJHS* VI, 440 – 2

f) Review of *Repertorio de historia de las ciencias eclesiàsticas en España*, vol. IV, in *The Thomist* XXXXVII, 632 – 4

1974

a) 'The University of Pisa in the Renaissance', in *History of Education* III, 3 – 17

b) 'Maignan, Emanuel', *DSB* IX, 25

c) 'Patrizi, Francesco', *DSB* X, 416 – 7

d) Review of W. R. Shea, *Galileo's Intellectual Revolution*, in *BJHS* VII, 90 – 1

e) Review of E. G. Ruestow, *Physics at 17th and 18th Century Leiden*, in *Nature* CCXLIX, 677

f) Review of two books on Gassendi, in *BJHS* VII, 188 – 9

g) Review of A. F. Verde, *Lo studio fiorentino,* in *Education* III, 79 – 80

1975

a) 'Philosophy and Science in Sixteenth-Century Universities: Some Preliminary Comments', in J. E. Murdoch & E. D. Sylla (eds.), *The Cultural Context of Medieval Learning* (Dordrecht: Reidel), 485 – 537

b) 'Science in the Italian Universities of the Sixteenth and Early Seventeenth Centuries', in M. P. Crosland (ed.), *The Emergence of Science in Western Europe* (London: Macmillan), 35 – 56

c) 'Schegk, Jakob', *DSB* XII, 150 – 1

d) 'Severino, M. A.', *DSB* XII, 332 – 4

e) Review of M. Soppelsa, *Genesi del metodo galileiano e tramonto dell'aristotelismo nella scuola di Padova*, in *AS* XXXII, 80 – 1

f) Review of P. Zambelli (ed.), *Ricerche sulla cultura dell'Italia moderna*, in *Isis* LXVI, 108 – 9

g) Review of A. Maieru, *Terminologia logica della tarda scolastica*, in *JHP* XIII, 99

h) Review of A. Crescini, *Il problema metodologico alle origini della scienza moderna*, in *Isis* LXVI, 278

i) Review of Galileo, *Two New Sciences*, trans. S. Drake, in *BJPS* XXVI, 268 – 9

j) Review of *The Letters of Marsilio Ficino*, vol. 1, in *TLS* 17 Oct., 1232

k) Review of E. J. Ashworth, *Language and Logic in the Post-Medieval Period*, in *AS* XXXII, 516 – 7

l) Review of three studies on Aristotelianism, in *Isis* LXVI, 422 – 5

m) Review of W. L. Wisan, *The New Science of Motion. A Study of Galileo's De motu locali*, in *BJHS* VIII, 256 – 7

1976

a) 'An Unstudied Fifteenth-Century Latin Translation of Sextus Empiricus by Giovanni Lorenzi (Vat. Lat. 290)', in *Cultural Aspects of the Italian Renaissance. Essays in Honour of Paul Oskar Kristeller*, ed. C. H. Clough (Manchester: Manchester University Press), 244 – 61

b) 'L'Introduction de la philosophie platonicienne dans l'enseignement des universités à la Renaissance', in *Platon et Aristote à la Renaissance* (Paris: J. Vrin), 93 – 104

c) 'Lydus, Priscianus', *CTC* III, 75 – 82

d) 'Girolamo Borro's *Multae sunt nostrarum ignorationum causae* (Ms. Vat. Ross. 1009)', in *Philosophy and Humanism: Renaissance Essays in Honor of Paul Oskar Kristeller*, ed. E. P. Mahoney (Leiden: E. J. Brill), 462 – 76

e) 'John Case on Art and Nature', in *AS* XXXIII, 543 – 59

f) 'Filippo Fabri and Scepticism: A Forgotten Defence of Scotus', in *Storia e cultura al Santo di Padova fra il XIII e il XX secolo* (Vicenza: Neri Pozza), 309 – 12

g) 'Hieronymus Picus, Renaissance Platonism and the Calculator', in *ISP* VIII, 57 – 80

h) 'Thomas Linacre and Italy', in *Linacre Studies*, ed. F. Maddison *et al.* (Oxford: Oxford University Press), 35 – 76

i) 'Zabarella, J.', *DSB* XIV, 580 – 2

j) Review of L. E. Loemker, *Struggle for Synthesis*, in *AIHS* XXV, 140 – 1

k) Review of P. H. Michel, *The Cosmology of Giordano Bruno*, trans. R. E. W. Maddison, in *AIHS* XXV, 165 – 6

l) Review of D. Shapere, *Galileo*, in *RQ* XXVIII, 362 – 3

m) Review of H. B. Adelmann (ed.), *The Correspondence of Marcello Malpighi*, in *TLS*, 13 Feb., 172

n) Review of E. Grant, *A Source Book in Medieval Science*, in *BJHS* IX, 74 – 5

o) Review article 'Scientific Knowledge in the Seventeenth Century', in *History of Education Quarterly*, XV, 475 – 82

p) Review of L. Ferrari & N. Tartaglia, *Cartelli di sfida matematica*, ed. A. Masotti, in *AS* XXXIII, 325 – 6

q) Review of E. N. Tigerstedt, *The Decline and Fall of the Neoplatonic Interpretation of Plato*, in *JHP* XIV, 364 – 6

r) Review of D. M. Schullian (ed.), *The Baglivi Correspondence*, in *Journal of the History of Mediciene* XXXI, 469 – 70

s) Review of L. R. Lind, *Studies in Pre–Vesalian Anatomy, ibid.* XXXI, 474 – 5

t) Review of J. Monfasani, *George of Trebizond*, in *TLS*, 19 Nov., 1453

u) Review of C. Vasoli, *Profezia e ragione*, in *Isis* LXVII, 637 – 8

v) Review of E. A. Moody, *Studies in Medieval Philosophy, Science and Logic*, in *ISP* VIII, 227 – 8

1977

a) 'The Correspondence of Jacques Daléchamps (1513 – 1588)', in *Viator* VIII, 399 – 434

b) Review of O. Hannaway, *The Chemist and the Word*, in *AS* XXXIV, 86 – 8

c) Review of C. Landino, *Scritti critici e teorici*, ed. R. Cardini, in *RQ* XXX, 64 – 6

d) Review of F. Patrizi, *Lettere ed opuscoli inediti*, ed. D. Aguzzi–Barbagli, in *RQ* XXX, 228 – 30

1978

a) 'Reappraisals in Renaissance Science', in *HS* XVI, 200 – 14

b) 'John Case and Machiavelli', in *Essays Presented to Myron P. Gilmore*, eds. S. Bertelli & G. Ramakus (Firenze: La Nuova Italia), 1, 231 – 40

c) 'Filippo Fabri's *Philosophia naturalis Io. Duns Scoti* and its Relation to Paduan Aristotelianism', in *Regnum hominis et regnum Dei*, ed. C. Bérubé (Romae: Societas Internationalis Scotistica), II, 305 – 12

d) 'Filippo Fantoni, Galileo Galilei's Predecessor as Mathematics Lecturer at Pisa', in *Science and History. Studies in Honor of Edward Rosen*, ed. P. Czartoryski (Wrocław etc.: Ossolineum), 53 – 62

e) 'Castellani, Giulio', *DBI* XXI, 624 – 5

f) 'Borro, Girolamo', *DSB* XV, 44 – 6

g) 'Campanella, Tommaso', *DSB* XV, 68 – 70

h) Review of *The Various and Ingenious Machines of Agostino Rameli, (1588)*, trans. M. T. Gnudi, in *AS* XXXV, 89 – 90

i) Review of G. Leff, *Dissolution of the Medieval Outlook* & W. Ullmann, *Medieval Foundations of Renaissance Humanism*, in *TLS*, 17 March, 329

j) Review of *Aristotle's Posterior Analytics*, trans. J. Barnes, in *BJHS* XI, 73 – 74

k) Review of S. K. Heninger, *Touches of Sweet Harmony* & G. L. Hersey, *Pythagorean Palaces*, in *BJHS* XI, 78 – 9

l) Review of S. Lindroth, *History of Uppsala University*, in *AS* XXXV, 208 – 9

m) Review of *Letters of Marsilio Ficino*, vol. II, in *TLS*, 28 July, 864

n) Review of R. R. Bolgar (ed.), *Classical influences on European Culture A. D. 1500 – 1700*, in *CR* XCII, 135 – 6

o) Review of O. Fatio, *Méthode et théologie*, in *JHP* XVI, 355

p) Review of A. F. Verde, *Lo studio fiorentino*, vol. III, in *TLS*, 13 Oct., 1177 – 8

q) Review of N. G. Siraisi & L. Demaitre (eds.), *Science, Medicine, and the University 1200 – 1550. Essays in Honor of Pearl Kibre*, in *AS* XXXV, 547

r) Review of M. Fierz, *Girolamo Cardano*, in *Isis* LXIX, 624 – 5

1979

a) 'Filosofia e scienza nelle università italiane del XVI secolo', in *Rinascimento: interpretazioni e problemi* (Bari: Laterza), 353 – 98

b) 'Renaissance Averroism Studie Through the Venetian Editions of Aristotle–Averroes (with Particular Reference to the Giunta Edition of 1550 – 2)', in *L'Averroismo in Italia* (Roma: Accademia Nazionale dei Lincei), 121 – 42

c) 'Etyka Aristotelesa w XVI wieku: Rozwazania wstepne', in *Odrodzenie i Reformacja w Polsce* XXIV, 21 – 41 [Polish trans. of 1979 f]

d) 'La scienza nelle università italiane nel Cinquecento e agli inizi del Seicento', in *L'Affermazione della scienza moderna in Europa* (Bologna: Mulino), 45 – 68 [italian trans. of 1975 b]

e) [with J. J. Bono] 'An Unknown Letter of Jacques Daléchamps to Jean Fernel', in *Bulletin of the History of Medicine* LIII, 100 – 27

f) 'Aristotle's Ethics in the Sixteenth Century: Some Preliminary Considerations', in *Ethik im Humanismus*, eds. W. Ruëgg & D. Wuttke (Boppard: Harald Boldt Verlag = Beiträge zur Humanismusforschung, Bd. V), 87 – 112

g) Review of *Ricerche sull'atomismo del Seicento*, in *BJHS* XII, 103

h) Review of D. C. Lindberg (ed.), *Science in the Middle Ages*, *Science*, 4 May, 493

i) Review of S. K. Heninger, *The Cosmographical Glass*, in *BJHS* XII, 663 – 6

j) Review of A. G. Debus, *The Chemical Philosophy*, in *AS* XXXVI, 663 – 6

k) Review of C. Partee, *Calvin and Classical Philosophy* and J. P. Donelly, *Calvinism and Scholasticism*, in *JHP* XVII, 466 – 8

l) Review of A. Schindling, *Humanistische Hochschule und freie Reichsstadt*, in *EHR* XCIV, 180 – 1

1980

a) *Cesare Cremonini: un aristotelico al tempo di Galilei* (Venezia: Centro tedesco di studi veneziani, Quaderno n. XVI), 21 pp.

b) Foreword to C. Lewis, *The Merton Tradition and Kinematics in Late Sixteenth and Early Seventeenth Century Italy* (Padua: Antenore), xi – xvii

c) 'Awerroizm padewski w swietle weneckich wydan Arystotelesa– Awerroesa', in *Odrodzenie i reformacja w Polsce* XXV, 53 – 77 [Polish trans. of 1979 b]

d) Review of E. L. Eisenstein, *The Printing Press as an Agent of Change*, in *JMH* LII, 110 – 3

e) Review of M. Lowry, *The World of Aldus Manutius*, in *History* LXV, 294 – 5

f) Review of C. Lohr (ed.), *Commentaria in Aristotelem Graeca*, in *CR* n. s. XXX, 173 – 4

g) Review of R. Mandrou, *From Humanism to Science*, in *ibid.*, 176

h) Review of R. R. Bolgar (ed.), *Classical Influences on Western Thought, A. D. 1650 – 1870*, in *ibid.*, 176 – 7

i) Review of P. O. Kristeller, *Renaissance Thought and Its Sources*, in *TLS*, 25 July, 856

j) Review of R. E. Butts & J. C. Pitt (eds.), *New Perspectives on Galileo*, in *BJPS* XXXI, 195 – 9

k) Review of two books by R. H. Popkin, in *TLS*, 26 Sept., 1074

l) Review of P. Marangon, *Alle origini dell'aristotelismo padovano*, in *BJHS* XIII, 67-8

m) Review of A. G. Debus, *Man and Nature in the Renaissance*, in *BJHS* XIII, 68 – 70

n) Review of J. W. O'Malley, *Praise and Blame in Renaissance Rome*, in *JMH* LII, 709 – 10

o) Review of J. Paquet & J. Ijsewijn (eds.), *Les universités à la fin du moyen âge*, in *History of European Ideas* I, 89 – 90

p) Review of M. Clagett, *Archimedes in the Middle Ages III*, in *BJHS* XIII, 163 – 4

1981

a) *Studies in Renaissance Philosophy and Science* (London: Variorum), Pp. 342 [reprint of the following items with new introduction, addenda, and indices: 1966a, 1967d, 1969a, 1970a, 1970c, 1972b, 1973a, 1975a, 1976b, 1976d, 1978a, 1978c]

b) [editor] *History of Universities* (Amersham: Avebury Publishing Co.), vol. I, Pp. viii + 225

c) 'Alberto Pio and the Aristotelian Studies of His Time', in *Società, politica e cultura a Carpi ai Tempi di Alberto Pio* (Padua: Antenore), 43 - 64

d) 'La funzione internazionale dell'Istituto per gli Studi Filosofici', in *Annali di pubblica istruzione* no. IV (Luglio–agosto, 1981), 6 - 7

e) 'Aristotle' (pp. 35 - 6), 'Cabbala' (p. 65), 'Epicurus' (p. 124), 'Hermeticism' (pp. 168 - 9), 'Plato and Neo-Platonism' (pp. 256 - 7), 'Plotinus '(p. 258), 'Scepticism' (pp. 294 - 5), and 'Stoicism '(p. 305) in J. R. Hale (ed.), *A Concise Encyclopaedia of the Italian Renaissance* (London: Thames & Hudson)

f) Review of T. Pesenti Marangon, *La Biblioteca universitaria di Padova*, in *HU* 1, 219 - 20

g) Review of M. Ciliberto, *Lessico di Giordano Bruno* & Giordano Bruno, *Opere latine*, ed. C. Monti, in *AS* XXXVIII, 381 - 2

h) Review of A. Pastore, *Marcantonio Flaminio*, in *WRM* V, 81

i) Review of two editions of Juan Luis Vives, *In pseudodialecticos*, in *JHP* XIX, 111 - 2

j) Review of R. H. Popkin, *History of Scepticism*, in *RQ* XXXIV, 97 - 8

k) Review of S. Tugnoli Pattaro, *Metodo e sistema delle scienze nel pensiero di Ulisse Aldrovandi*, in *WRM* V, 133 - 4

l) Review of L. Bolzoni, *L'Universo dei poemi possibili*, in *ibid.*, 134 - 5

m) Review of A. Antonaci, *Marcantonio Zimara*, vol. 2, in *JHP* XIX, 506 - 7

1982

a) [Editor] *History of Universities* (Amersham: Avebury Publishing Co.), vol. II, Pp. vii + 263

b) 'Andreas Camutius on the Concord of Plato and Aristotle with Scripture', in D. J. O'Meara (ed.), *Neoplatonism and Christian Thought* (Norfolk: International Society for Neoplatonic Studies), 178 - 84, 282 - 6

c) 'Philosophy and Science in Sixteenth-Century Italian Universities', in *The Renaissance: Essays in Interpretation* (London–New York: Methuen), 297 - 336 [English version of 1979a]

d) 'John Case e l'aristotelismo nell'Inghilterra del Rinascimento', in *Giornale critico della filosofia italiana* LXI (LXIII), 129 - 52

e) 'La cultura scientifica in Italia nel Quattrocento: problemi d'interpretazioni', in *Studi filosofici* III, 55 - 70

f) 'Dame Frances Yates (1899 - 1981)', in *Nouvelles de la République des Lettres* II, 199 - 204

g) 'In memoriam: Frances A. Yates', in *Estudios Lulianos* XXIV, 226 - 8 [abbreviated Catalan version of 1982f]

h) Review of J. A. Weisheipl (ed.), *Albertus Magnus and the Sciences*, in *AS* XXXIX, 84 - 5

i) Review of E. Grant, *Much Ado About Nothing*, in *THES*, 26 March

j) Review of J. Lounela, *Die Logik im XVII. Jahrhundert in Finnland*, in *HPL* II, 175 - 6

k) Review of S. J. Dick, *Plurality of Worlds*, in *THES*, 16 July, 19

l) Review of B. Eastlea, *Witch-hunting, Magic and the New Philosophy*, in *BJPS* XXXIII, 226 - 7

m) Review of M. Fattori, *Lessico del Novum Organum di Francesco Bacone*, in *HPL* III, 216 - 7

n) Review of N. G. Siraisi, *Taddeo Alderotti and His Pupils*, in *RQ* XXXV, 269 - 71

o) Review of two books on Anneliese Maier, in *THES*, 17 Dec., 15

p) Review of R. G. Frank, *Harvey and the Oxford Physiologists*, in *Isis* LXXIII, 432 - 3

q) Review of S. Guenée, *Bibliographie des universités françaises*, in *HU* II, 241

r) Review of J. K. Farge, *Bibliographical Register of Paris Doctors of Theology, 1500 - 1536*, in *ibid.*, 250 - 1

1983

a) *Aristotle and the Renaissance* (Cambridge, Mass. & London: Harvard University Press, The Martin Classical Lectures, vol. XXVII), Pp. ix + 187

b) *John Case and Aristotelianism in Renaissance England* (Kingston–Montreal: McGill–Queen's University Press, McGill–Queen's Studies in the History of Ideas, vol. V), Pp. xvi + 303

c) [Edited with W. F. Ryan] *Pseudo-Aristotle, The Secret of Secrets. Sources and Influences* (London: The Warburg Institute, Warburg Institute Surveys, vol. IX), Pp. vi + 148

d) 'Francesco Storella and the Last Printed Edition of the Latin *Secretum secretorum* (1555)', in 1983c, 124 - 31

e) 'Recent Trends in the Study of Medieval and Renaissance Science', in P. Corsi & P. Weindling (eds.), *Information Sources in the History of Science and Medicine* (London etc.: Butterworth Scientific), 221 - 40

f) 'L'Aristotelismo nel Veneto e le origini della scienza moderna: alcuni-considerazioni sul problema della continuità (with English version of the same)', in L. Olivieri (ed.), *Aristotelismo veneto e scienza moderna* (Padua: Antenore), 79 - 123

g) 'The Rediscovery of Ancient Skepticism in Modern Times' (revised version of 1972c]), in M. Burnyeat (ed.), *The Skeptical Tradition* (Berkeley etc.: University of California Press), 225 - 51

h) 'He exelixe tes historias tou panepistemiou', *Sunchrona Themata*, Jan. – Feb., 69 – 70

i) 'Science, Philosophy and Humanism in Fifteenth-Century Italy', in *Studia Mediewistyczne* XXII, 111 – 21 [English version of 1982e]

j) 'Aristotelian Textual Studies at Padua: The Case of Francesco Cavalli', in *Scienza e filosofia all'Università di Padova nel Quattrocento* (Padua-Trieste: Edizione LINT), 287 – 314

k) 'The *Studio Pisano* in the European Cultural Context of the Sixteenth Century', in *Firenze e la Toscana dei Medici nell'Europa del 1500* (Florence: Leo S. Olschki), I, 19 – 36

l) 'Galilei and the Seventeenth-Century Text-Book Tradition', in P. Galluzzi (ed.), *Novità celesti e crisi del sapere* (Florence: Istituto e Museo di Storia della Scienza, Monografia, n. VII), 217 – 28

m) 'Prefazione', to S. De Rosa, *Una biblioteca universitaria del secondo 600: La Libraria de Sapienza dello Studio Pisano (1666 – 1700)*, (Florence: Leo S. Olschki), 5 – 9

n) Review of W. Reinhard, *Freunde und Kreaturen*, in *EHR* IIC, 192

o) Review of W. A. Wallace, *Prelude to Galileo*, in *AS* XL, 211 – 2

p) Review of R. Olson, *Science Deified and Science Defied*, in *THES*

q) Review of A. R. Hall, *Philosophers at War*, in *BJHS* XXXIV, 71

r) Review of G. Santinello (ed.), *Storia delle storie generali della filosofia*, in *TLS*, 6 May, 463

s) Review of T. J. Reiss, *The Discourse of Modernism*, in *BHR* XLV, 549 – 50

t) Review of E. Grant, *Much Ado About Nothing*, in *JHP* XXI, 278 – 80

u) Review of A. Favaro, *Amici e corrispondenti di Galileo*, ed. P. Galluzzi, in *AS* XL, 663

v) Review of C. S. M. Rademaker, *Life and Work of Gerardus Joannes Vossius*, in *JMH* LV, 768 – 70

w) Review of R. Custance (ed.), *Winchester College*, in *RQ* XXXVI, 430–1

x) Review of L. Boehm & E. Raimondi (eds.), *Università, accademie e società scientifiche*, in *AIHS* XXXIII, 394 – 5

1984

a) *The Aristotelian Tradition and Renaissance Universities* (London: Variorum), Pp. 362 [reprint of the following items with new introduction, addenda and indices: 1965c, 1971e, 1975b, 1976g, 1976h, 1978c, 1979b, 1979f, 1980a, 1982c, 1982e, 1983d, 1983f and 1983j]

b) F. E. Cranz, *A Bibliography of Aristotle Editions, 1501 – 1600*. Second Edition with addenda and revisions by Charles B. Schmitt (Baden-Baden: Verlag Valentin Koerner) [Bibliotheca Bibliographica Aureliana, XXXVIII*], Pp. xxxiii + 247.

c) *Problemi dell'aristotelismo rinascimentale* (Naples: Bibliopolis) [Lezioni della Scuola di Studi Superiori in Napoli, n. III], pp. 221. Italian translation of 1983a.

d) [With Katharine Park] Introduction to Gianfrancesco Pico della Mirandola, *Ueber die Vorstellung (De imaginatione)*, ed. E. Kessler (Munich: Wilhelm Fink), 7 – 44

e) [editor] *History of Universities* (Amersham: Avebury Publishing Company), vol. III. Pp. vi + 215

f) 'William Harvey and Renaissance Aristotelianism', in *Humanismus und Medizin*, ed. R. Schmitz & G. Keil (Weinheim: Acta humaniora = Mitteilung XI der Kommission für Humanismusforschung), 117 – 38

g) 'Cesare Cremonini' in *DBI* XXX, 617 – 22

h) 'Tommaso Campanella', in *Liber amicorum*, ed. R. Porter (Florence: F. M. Ricci) vol. I, 167

i) Review of D. J. Boorstein, *The Discoverers*, in *THES*, 14 September, 20

j) Review of L. Zampieri, *Un illustre medico umanista dell Studio pisano: Giulio Angeli*, in *HU* III, 203

k) Review of H. - B. Gerl, *Philosophie und Philologie*, in *CR* XXXIV, 363

l) Review of B. Vickers (ed.), *Occult and Scientific Mentalities in the Renaissance*, in *THES*, 2 November, 1243

m) Review of F. Bottin, *La scienza degli occamisti*, in *WRM*, VIII, 150 – 2

n) Review of various publications from the Centro studi matematici medioevale, Siena, in *AS* XLI, 405 – 7

o) Review of C. Meinel, *Der handschriftliche Nachlaß von Joachim Jungius* in *AS*, XLI, 601 – 2

1985

a) [with Dilwyn Knox] *Pseudo-Aristoteles Latinus. A Guide to Latin Works falsely attributed to Aristotle before 1500* (London: The Warburg Institute, Warburg Institute Surveys and Texts, vol. XII), Pp. VII + 103

b) *La tradizione aristotelica fra Italia e Inghilterra* (Naples: Bibliopolis), [Memorie dell'Istituto Italiano per gli Studi Filosofici, XII], Pp. 111

c) [Editor] *History of Universities* (Oxford: Oxford University Press), vol. IV, Pp. 222

d) [Editor with W. F. Ryan] *Pseudo-Bede. De mundi colestis terrestrisque constitutione* ... Ed. and trans. Charles Burnett (London: The Warburg Institute, Warburg Institute Surveys and Texts, vol. X), Pp. VIII + 88

e) [Editor with W. F. Ryan] Warburg Institute Surveys and Texts, vol. XII = (a) above

f) 'Aristotle among the Physicians', in A. Wear et al. [eds.], *The Medical Renaissance of the Sixteenth Century* (Cambridge: Cambridge University Press), 1 – 15, 271 – 9

g) Essay review of 'Three Important Publications for University History', in (c) above, 179 – 85

h) Review of M. J. B. Allen, *The Philosophy of Marsilio Ficino*, in *TLS*, 21 June, 688

i) Review of G. Canziani and G. Paganini (eds), *Theophrastus Redivivus*, in *History of European Ideas*, VI, 367 – 9

j) Review of G. Federici Vescovini, *"Arti" e filosofia nel secolo XIV°. Studi sulla tradizione aristotelica e i "moderni"*, in *BHR*, XLVII, 475 – 6

k) Review of E. Garin, *Astrology in the Renaissance*, in *Heythrop Journal*, XXVI, 440 – 1

l) Review of D. C. Lindberg, *Roger Bacon's Philosophy of Nature*, in *BJHS*, XVIII, 95 – 6

m) Review of A. Pagden, *The Fall of Natural Man. The American Indian and the Origins of Comparative Ethnology*, in *EHR*, C, 407 – 9

n) Review of W. Schmidt-Biggemann, *Topica universalis. Eine Modellgeschichte humanistischer und barocker Wissenschaft*, in *JHP*, XXIII, 257 – 9

1986

a) [Editor with Jill Kraye and W. F. Ryan] *Pseudo–Aristotle in the Middle Ages. The 'Theology' and other Texts* (London: The Warburg Institute, Warburg Institute Surveys and Texts, vol. XI), Pp. VI + 295

b) [Editor with W. F. Ryan] *Horoscopes and History*, J. D. North (London: The Warburg Institute, Warburg Institute Surveys and Texts, vol. XIII), Pp. XII + 232

c) 'Pseudo–Aristotle in the Latin Middle Ages', in (a) above, 3 – 14

d) [Editor] *History of Universities* (Oxford: Oxford University Press), vol. V, Pp. 227

e) Review of Joseph S. Freedman, *Deutsche Schulphilosophie im Reformationszeitalter, 1500 – 1650*, 2nd ed., in (d) above, 199 – 200

f) Review of *Hermann Conring, 1606 – 1681*, in (d) above, 207 – 8

g) Review of Joaquim de Carvalho, *Obra completa*, ed. J. V. de Pina Martins, in *JHP*, XXIV, 134 – 6

h) Review of *Selected Works of Ramon Lull (1232 – 1316)*, ed. and trans. Anthony Bonner, in *THES*, 25 April, 20

i) Review of A. Broadie, *George Lokert. Late–Scholastic Logician*, in *JHP*, XXIV, 407 – 8

j) Review of L. Jilek, *Historical Compendium of European Universities*, in (d) above, 188 – 9

k) Review of J. M. Kittelson and P. J. Transue, *Rebirth, Reform and Resilience. Universities in Transition, 1300 – 1700*, in *RQ*, XXXIX, 76 – 8

a) *'Auctoritates, repertorium, dicta, sententiae, flores, thesaurus* and *axiomata*: Latin Aristotelian *florilegia* in the Renaissance', in *Aristoteles, Werk und Wirkung.* Paul Moraux gewidmet. II. Band. *Kommentierung, Überlieferung, Nachleben.* Hrsg. von Jürgen Wiesner (Berlin [etc.]: de Gruyter), 515 - 37

b) 'Philoponus' Commentary on Aristotle's Physics in the Sixteenth Century', in R. R. K. Sorabji, ed., *Philoponus and the Rejection of Aristotelian Science* (London: Duckworth), 210 - 30

c) 'Giambattista Benedetti and the Aristotelian Tradition', in *Atti del Convegno internazionale di studio: Giovan Battista Benedetti e il suo Tempo* (Venice: Ateneo Veneto) 127 - 37

1988

a) [General Editor] *The Cambridge History of Renaissance Philosophy* (Cambridge: Cambridge University Press), Pp. 968

b) 'The Rise of the Philosophical Text-Book', in (a) above, 792 - 804

c) [With Michael J. Wilmott] 'Bibliography' and 'Bio-bibliographies', in (a) above, 805 - 930

d) [Editor with Richard H. Popkin] *Scepticism from the Renaissance to the Enlightenment* (Wolfenbüttel: Herzog August Bibliothek), Pp. 206

e) 'The Development of the Historiography of Scepticism from the Renaissance to Brucker', in (d) above, 185 - 200

f) 'Towards a History of Renaissance Philosophy', in the present volume

Forthcoming, date unknown

a) *Aristotle* [completed by Charles Lohr and Theo Pindl-Büchel], in *CTC*

b) *Aristote et la Renaissance* [French translation of 1983 (a) above] (Paris: PUF)

c) *Renaissance Philosophy* [completed by Brian P. Copenhaver], Oxford: Oxford University Press (OPUS Book)

d) 'Astronomy in the Universities, 1550 - 1650', in M. A. Hoskin [editor], *A General History of Astronomy*, vol. III

e) *Reappraisals in Renaissance Thought: Collected Essays*, vol. III [see above 1981a, 1984a], ed. Charles Webster (London: Variorum) [reprint of the following articles: 1969b, 1971d, 1974a, 1977a, 1979e, 1983e, 1983g, 1983k, 1983l, 1984f, 1985f, 1986c, 1987b, 1988e, 1988f].

Personenregister

Achenwall, Gottfried 192
Aconcio, Giacomo 27
Aepinus, Franz Albert 185
Agricola, Rudolph 46, 75 f., 83, 133
Albert von Sachsen 63
Alberti, Valentin 178
Aldus Manutius 49
Alexander von Aphrodisias 83
Alstedt, Johann Heinrich 166, 200, 203
Althusius, Johannes 166 ff., 175, 180
Amabile, Luigi 11
Ambrosius 208
Ammonius 83
Amort, Eusebius 136
Arnisaeus, Henning 157, 166, 176
Arriaga, Rodericus de 133
Augustinus 169, 203, 208, 210
Averroes 53, 83, 86, 117
Avicenna 53, 117

Bacon, Francis 9 ff., 13, 24, 42, 170, 185
Bartholinus, Caspar 158, 160
Basilius 208
Becher, Johann Joachim 168
Becmann, Johann Christoph 168, 183
Bergsträsser, Arnold 165
Bernardus a Bononia 131
Bernegger, Matthias 166, 176
Besold, Christoph 167, 179
Blackwell, Constance 28
Bodin, Jean 165, 175, 180
Boecler, Johann Heinrich 166, 181, 184, 190
Boethius 9, 53
Bonet, Nicholas 95
Borro, Girolamo 49

Bouelles, Charles de 198
Bovillus, Carolus s. Charles de Bouelles
Brochard, Victor 47
Brockliss, Laurence 40
Brucker, Johann Jakob 10, 43, 186 f.,191
Bruno, Giordano 10, 12, 15, 207, 209
Bruyère, Nelly 198
Budde, Johann Franz 170, 184, 190
Buridan, Jean 121 ff.

Cajetanus, Thomas de Vio 90
Calixt, Georg 183
Calov, Abraham 154, 158, 160
Campanella, Thomas 10 f., 15, 136
Cano, Melchior 106
Caramuel Lobkowitz, Juan 200
Cardano, Girolamo 24, 212
Cardanus, Hieronymus s. Girolamo Cardano
Carnap, Rudolf 47
Carpentarius, Jacobus 196
Case, John 20 f., 24, 49, 180
Cassirer, Ernst 11, 19, 43, 212
Certeau, Michel de 30
Chariander, Georg 196
Cicero 18, 54, 82 f., 131
Clasen, Daniel 181
Coccejus, Johannes 187
Columbus, Christoph 9
Comenius, Johann Amos 200
Conring, Hermann 166, 172, 176 f., 181, 183, 198 ff.
Copenhaver, Brian P. 28
Cornoldi, Johannes M. 137
Cremonini, Cesare 49, 55, 201
Cusanus s. Nikolaus von Kues

233

Verzeichnis der Mitarbeiter

Professor Dr. E. J. Ashworth, University of Waterloo, Faculty of Arts, Department of Philosophy, CND-Waterloo, Ont. N2L 2G1

Dr. Paul Richard Blum, Freie Universität Berlin, Fachbereich Philosophie und Sozialwissenschaften I, Königin-Luise-Straße 34, D-1000 Berlin 33

Dr. Jean-François Courtine, Directeur de Recherche au C.N.R.S., 88, rue Bonaparte, F-75006 Paris

Professor Dr. Horst Dreitzel, Universität Bielefeld, Fakultät für Geschichtswissenschaft und Philosophie, Postfach 86 40, D-4800 Bielefeld 1

Professor Dr. Luce Giard, 9, rue Eugène Gibez, F-75015 Paris

Professor Dr. Eckhard Keßler, Universität München, Institut für Geistesgeschichte und Philosophie der Renaissance, Ludwigstraße 31, D-8000 München 22

Dr. Thomas Leinkauf, Via Pietro d'Assisi 5, I-00151 Roma

Professor Dr. Ulrich G. Leinsle, Katholisch-Theologische Hochschule Linz, Bethlehemstraße 20, A-4020 Linz

Professor Dr. Charles H. Lohr, Universität Freiburg, Theologische Fakultät, Werthmannplatz, D-7800 Freiburg i. Br.

Professor Dr. Walter Sparn, Universität Bayreuth, Lehrstuhl für Evangelische Theologie I, Systematische Theologie, Postfach 10 12 51, D-8580 Bayreuth

Professor Joseph Trapp, University of London, The Warburg Institute, Woburn Square, GB-London WC1H OAB